echtsschutz in der DDR

Studien zur Sozialwissenschaft

Band 62

Westdeutscher Verlag

Ulrich Lohmann

# Gerichtsverfassung und Rechtsschutz in der DDR

Westdeutscher Verlag

CIP-Kurztitelaufnahme der Deutschen Bibliothek

**Lohmann, Ulrich:**
Gerichtsverfassung und Rechtsschutz in der DDR /
Ulrich Lohmann. – Opladen: Westdeutscher Verlag,
1986.
(Studien zur Sozialwissenschaft; Bd. 62)

NE: GT



Umschlaggestaltung: studio für visuelle kommunikation, Düsseldorf
Satz: Schreibbüro Ewert, Braunschweig

ISBN 978-3-531-11801-7    ISBN 978-3-322-91774-4 (eBook)
DOI 10.1007/978-3-322-91774-4

# Inhalt

# Abkürzungen

| | |
|---|---|
| a.a.O. | am angegebenen Ort |
| AGB | Arbeitsgesetzbuch |
| Anm. | Anmerkung |
| AO | Anordnung |
| AöR | Archiv des öffentlichen Rechts |
| ARSP | Archiv für Rechts- und Sozialphilosophie |
| Art. | Artikel |
| ASR | Akademie für Staats- und Rechtswissenschaft |
| AuA | Arbeit und Arbeitsrecht |
| Aufl. | Auflage |
| bzw. | beziehungsweise |
| ca. | circa |
| DA | Deutschland-Archiv |
| DB | Durchführungsbestimmung |
| DDR | Deutsche Demokratische Republik |
| ders. | derselbe |
| dies. | dieselbe/dieselben |
| d. h. | das heißt |
| DÖV | Die Öffentliche Verwaltung |
| DRiZ | Deutsche Richterzeitung |
| DVO | Durchführungsverordnung |
| ebd. | ebenda |
| EG | Einführungsgesetz |
| evtl. | eventuell |
| f. | folgende(r) |
| FDGB | Freier Deutscher Gewerkschaftsbund |
| ff. | fortfolgende(r) |
| G | Gesetz |
| GBl. | Gesetzblatt |
| GGG | Gesetz über die gesellschaftlichen Gerichte |
| GR | Gesamtredaktion |
| GVG | Gerichtsverfassungsgesetz |
| Hg. | Herausgeber |
| i. e. | id est |
| i. d. F. | in der Fassung |
| insb. | insbesondere |
| JOR | Jahrbuch für Ostrecht |
| JR | Juristische Rundschau |
| Jus | Juristische Schulung |
| JZ | Juristenzeitung |
| Kap. | Kapitel |
| LAK | Leiter des Autorenkollektivs |
| LRK | Leiter des Redaktionskollektivs |
| lit. | Buchstabe |
| MilGO | Militärgerichtsordnung |
| NJ | Neue Justiz |

| | |
|---|---|
| NJW | Neue Juristische Wochenschrift |
| o. J. | ohne Jahr |
| o. O. | ohne Ort |
| Pkt. | Punkt |
| RAKG | Gesetz über die Kollegien der Rechtsanwälte |
| RdA | Recht der Arbeit |
| Red. | Redaktion |
| ROW | Recht in Ost und West |
| s. | siehe |
| S. | Seite |
| SED | Sozialistische Einheitspartei Deutschlands |
| StAG | Gesetz über die Staatsanwaltschaft |
| StGB | Strafgesetzbuch |
| StPO | Strafprozeßordnung |
| v. | vom |
| Verf. | Verfassung |
| vgl. | vergleiche |
| vs. | versus |
| wiss. | wissenschaftlich |
| z. B. | zum Beispiel |
| Ziff. | Ziffer |
| ZPO | Zivilprozeßordnung |
| ZStW | Zeitschrift für die gesamte Strafrechtswissenschaft |

# 1 Einleitung

## 1.1 Problemstellung

Die nachfolgende Arbeit beschäftigt sich mit der Verfassung der Gerichte und ihrer Haupttätigkeit, der Rechtsprechung, sowie dem damit zusammenhängenden Bereich des gerichtlichen wie des an seiner Stelle angegebenen anderweitigen Rechtsschutzes in der DDR.

Dabei besteht, wie bei allen fundamentaleren Gegebenheiten, weder allgemein noch auch in der DDR eine eindeutige und übereinstimmende Auffassung darüber, was ‚Rechtsprechung' im Kern ausmacht, was sie im Vergleich etwa zur Rechtsanwendung durch ein staatliches Verwaltungsorgan, zum Ausspruch einer Ordnungsstrafe wegen einer Ordnungswidrigkeit[1], zur Ahndung einer Verfehlung durch die Polizei[2] bzw. des Leiters einer Verkaufseinrichtung[3] oder zur Staatlichen Vertragsgerichtsbarkeit und zur internationalen Handelsschiedsgerichtsbarkeit konstitutiv unterscheidet.

Einigkeit herrscht nur hinsichtlich der formalen Bestimmung von Rechtsprechung, daß sie nämlich allein von Gerichten ausgeübt wird und die (Haupt-) Tätigkeit der Gerichte Rechtsprechung ist, also eine ein-eindeutige Zuordnung von Gerichten und Rechtsprechung besteht.[4]

Was aber könnte als inhaltliches Kriterium gelten? Sieht man sich die oben aufgeführten, der Rechtsprechung benachbarten Beispiele an, so lassen sich drei Elemente in unterschiedlich häufigem Auftreten und in unterschiedlicher Kombination herausschälen:

1) Es geht um von der Rechtsordnung zugeschriebene[5] bestrittene oder unklare Rechte und Pflichten;
2) die Entscheidung darüber ergeht durch unbeteiligte, d. h. das Verfahren nicht selbst in Gang setzende und an seinem Ausgang nicht unmittelbar interessierte Dritte sowie
3) das Ergebnis kann notfalls zwangsweise realisiert werden.

Die drei Elemente treten zusammen in und nur in der Rechtsprechung auf; der administrativen Rechtsanwendung fehlt in der Regel die Strittigkeit, auf alle Fälle jedoch, wie den Ordnungsstrafmaßnahmen und der Ahndung einer Verfehlung, die Entscheidung durch unbeteiligte Dritte. Auf der anderen Seite des Spektrums ist zwar eine solche Drittentscheidung gegeben, aber die Entscheidungen in der Vertragsgerichtsbarkeit werden nicht allein auf der Grundlage von Rechten und Pflichten gefällt (sondern auch – dazu unten ausführlicher – nach ökonomischer Zweckmäßigkeit), und der Handelsschiedsgerichtsbarkeit fehlt das Element der originären zwangsweisen Durchsetzung der Entscheidung.[6]

Die Hervorhebung und Zugrundelegung der drei Elemente stellt keine additive Dezision dar, sondern diese stehen in einem inneren Zusammenhang und sind nur verschiedene Ausdrucksformen ein- und derselben Rationalität[7], die dann die Rechtsprechung mit ihrer alleinigen Präsenz aller drei Elemente zum Idealtypus der Streitentscheidung macht. So scheint es evident, daß strittige

Rechtsansprüche am besten nicht von einer beteiligten Partei, sondern von nicht selbst an einem bestimmten Ausgang der Sache interessierten Dritten entschieden werden können und daß andererseits solcher Art unbeteiligte Dritte am ehesten in der Lage sind, die nach der Rechtslage indizierte Entscheidung, auch unabhängig von eventuell bestehenden gravierenden Interessendifferenzen, Zweckmäßigkeitsvorstellungen und Machtgefällen zwischen den Parteien, zu treffen. Aus dem strittigen Charakter des Rechtsanspruchs und ggf. auch noch der Gerichtsentscheidung folgt dann sinnvollerweise die Möglichkeit der zwangsweisen Durchsetzung durch eine Instanz des im Staat verkörperten Gewaltmonopols.

Aus dem Umstand, daß Rechtsprechung mit (bestrittenen oder unklaren) Rechten und Pflichten zu tun hat, folgt, daß zunächst die Bürger als Träger von solchen Rechten und Pflichten als beteiligte Partei in Betracht kommen. Neben den Bürgern als natürlichen Personen könnten weiterhin aber auch Wirtschaftsbetriebe und Staatsbehörden als juristische Personen untereinander als Kläger und Beklagte auftreten, wenn und soweit sie Träger von rechtlich ausgeformten Rechten und Pflichten sind und das Verhältnis zwischen ihnen damit als Rechtsverhältnis gestaltet ist. Ist diese Bedingung erfüllt, ist es unerheblich, ob es sich mit den Bürgern um natürliche Personen oder mit Betrieben und Behörden um juristische Personen handelt. Die Beschränkung des Bereichs der Rechtspflege und damit zuvörderst der Rechtsprechung in der DDR-Literatur auf Verfahren, „an denen zumindest ein Bürger beteiligt ist“[8], stellt daher theoretisch eine Verwechslung der Frage nach dem bestehenden rechtlichen Charakter des Verhältnisses zwischen zwei Subjekten und der Beschaffenheit der Rechtsinhaber dar. Eine solche Abgrenzung der Rechtspflege einschließlich der Rechtsprechung würde zwar ein erfreulich eindeutiges, geradezu mechanisches Kriterium der Objektbestimmung liefern, doch basiert sie auf nicht zentralen Aspekten der in Frage stehenden Elemente.

Dieses Vorgehen erscheint nicht zufällig; ein solches Abgrenzungskriterium weicht der expliziten Frage nach dem Status und der Rechtssubjektivität der wirtschaftenden und lokalen staatlichen Institutionen aus und läßt im Dunkeln, daß die Beziehungen zwischen ihnen auch im Streitfalle offensichtlich nicht ausschlaggebend nach Rechtsregeln, sondern nach ökonomischer Zweckmäßigkeit oder politischer Opportunität entschieden werden. Das soll hier nicht Gegenstand von Kritik sein, es geht vorerst um eine angemessene substanzielle Bestimmung von Rechtsprechung. Diese muß dahingehend lauten, daß ‚Rechtsprechung‘ eine Entscheidung über (An-)Forderungen von und gegenüber Rechtssubjekten ist und die Frage, wer oder welche Institutionen Rechtssubjekte sind, davon systematisch zu scheiden ist.

Komplementär zu diesem materialen Begriff von Rechtsprechung kann bestimmt werden, was unter ‚Rechtsschutz‘ zu verstehen ist: idealiter die Möglichkeit des einzelnen Rechtsinhabers,[9] sein bestrittenes Recht durch unbeteiligte Dritte prüfen und notfalls zwangsweise durchsetzen zu lassen. Insofern reproduziert das hier behandelte Begriffspaar Rechtsprechung/Rechtsschutz die bekannte Polarität von objektivem und subjektivem Recht.

## 1.2 Zum Forschungsstand

Im Vordergrund des Interesses bei der Betrachtung einer fremden Rechtsordnung, so auch heutzutage hinsichtlich der DDR, steht in der Regel das materielle Recht, weil in ihm die primären sozial gestaltenden Normen enthalten sind. Mit Abstand folgen dann in der wissenschaftlichen Behandlung die formaleren Fragen des Verfahrens- und Justizorganisationsrechts. Dies ist jedoch nur bedingt gerechtfertigt, weil es bei der Erforschung einer fremden Rechtsordnung wegen fehlender Einflußnahme nicht so sehr darum gehen kann, was *de lege lata* oder *de lege ferenda* gelten soll, sondern mehr um das ‚juristische Endprodukt', das Wirken des Rechts in der Gesellschaft. In gleicher Weise wie dem Inhalt der Normen müßte daher der Frage der Rechtsverwirklichung Aufmerksamkeit[10] geschenkt werden, weil das materielle Recht erst durch und in dem Maße seiner Realisierung soziale Wirkung entfaltet.

Desungeachtet ist das westliche Schrifttum über die Gerichtsverfassung der DDR, auch im Vergleich zu Abhandlungen über das materielle Recht, nicht sehr zahlreich und nicht auf dem neuesten Stand. Die letzte auf eine systematische Darstellung angelegte eigenständige Publikation stammt mit der Schrift von W. Rosenthal: „Die Justiz in der Sowjetzone" aus dem Jahre 1962[11] und damit aus der Zeit vor der mit dem Rechtspflegeerlaß[12] 1963 initiierten grundlegenden Reform. Neben Dissertationen und Monografien zu mehr oder minder großen Teilfragen[13] und einigen Aufsätzen[14] widmen die dem Vergleich der Staats- und Rechtsordnungen der Bundesrepublik Deutschland und der DDR gewidmeten „Materialien zum Bericht zur Lage der Nation" 1972[15] der ‚Rechtspflege' dann 63 Seiten, doch – neben der quantitativen Beschränkung – konnten dort die Auswirkungen der staats- und auch justizpolitischen und -organisatorischen Änderungen im Gefolge des VIII. Parteitages der SED 1971, die sich u. a. auch im neuen Gerichtsverfassungsgesetz von 1974[16] niederschlugen, nicht berücksichtigt werden.

Auch in der DDR sah die Literaturlage bis vor kurzem nicht wesentlich besser aus. Nach der Grundlagenreform von 1963 ist lange keine Hochschulschrift oder Verlagsmonographie zum Thema erschienen[17], obgleich das Gerichtsverfassungsrecht längere Zeit als eigener Rechtszweig angesehen wurde[18]. 1969 war ein einschlägiges Lehrbuch angekündigt[19], erschien jedoch nicht und die damaligen Vorarbeiten wurden durch die politische Zäsur von 1971/1974 überholt. Ende 1983 erschien das Lehrbuch „Grundlagen der Rechtspflege", mit dem „erstmalig ein geschlossener, systematisch gegliederter Überblick über die politischen, insbesondere die rechtlichen Grundlagen der sozialistischen Rechtspflege in der DDR gegeben werden"[20] soll.

Die vorhandene Aufsatz- und Broschürenliteratur in der DDR ist von unterschiedlichem Charakter. Zunächst gibt es vielleicht appellativ zu nennende Stücke, die der erstmaligen oder wiederholten kampagnemäßigen Propagierung bestimmter justizpolitischer Schwerpunkte dienen.[21] Ihr wissenschaftlicher Anspruch und Rang ist gering, sie können als Informationsquelle über das den behandelten Vorschriften beigemessene Gewicht und eventuelle Umsetzungsprobleme dienen.

Zu einer zweiten Kategorie läßt sich jene systematisch-informatorische Literatur zusammenfassen, die der breiten Popularisierung des Gesamtwerks der Normen für alle jene dient, die in oder mit den Gerichten zu tun haben.[22]

Diese informatorische Literatur will keine Streitfragen aufwerfen oder neue Probleme zur Diskussion stellen, sondern ‚gesichertes Wissen' breitenwirksam vermitteln. Aus ihnen läßt sich dann die allseits verbreitete Auffassung über die ‚richtige' wortlautmäßige, systematische und teleologische Interpretation der Vorschriften entnehmen.

Es bleiben einige Aufsätze, die der wissenschaftlich-reflektierenden Literatur zuzurechnen sind und in denen die theoretischen Grundlagen von Rechtspflege und Rechtsprechung angegangen werden.[23] Es zeigt sich, daß (auch) in der DDR hinsichtlich der Erfassung und Erklärung solcher komplexer Fragen fundamentale Meinungsunterschiede bestehen. Dies bleibt jedoch anscheinend (auch) dort ohne Relevanz für eine pragmatisch verfahrende Justizpraxis und Justizpolitik, was allerdings der reklamierten „wissenschaftlichen" und damit alternativlos zu akzeptierenden Leitungstätigkeit der Zentrale den legitimatorischen Boden entzieht.

## 1.3 Zur Methode und zum Gang der Untersuchung

Als Titel der Arbeit ist eine duale Formulierung gewählt, wobei dem nicht die Vorstellung einer additiven Zusammenfügung eigentlich unverbundener Problembereiche zugrunde liegt, sondern davon ausgegangen wird, daß Rechtsprechung einerseits und die Möglichkeit der Inanspruchnahme von gerichtlichem Rechtsschutz andererseits nur einmal der gesamtgesellschaftlich-staatliche und zum anderen der individuelle Aspekt desselben Sachverhalts bilden. Durch die damit einhergehende Breite und Offenheit des Ansatzes kann und soll eine *ex ante* vorgenommene Festlegung auf eine Individual- oder Systemperspektive vermieden werden. Ansonsten wäre allein durch die fokussierende Fragestellung unvermeidlich eine Parteinahme zugunsten des Einzelnen oder der Gesamtheit impliziert. Individuelle und gesellschaftliche Interessen sollen jedoch erst einmal mit gleicher Statthaftigkeit in den Blick kommen, um die spezifische – grob gesagt – westlich-individuelle und östlich-kollektive Reduktion des Menschenbildes zugunsten der Annahme von zwei vielleicht gleichwichtigen menschlichen ‚Aggregatzuständen', der Individualität und der Sozialität, zu vermeiden, um der Komplexität einer humanen Existenz nach Möglichkeit Rechnung zu tragen.

Die Arbeit zielt als Ergebnis nicht auf die Beantwortung der Frage, was nach Recht und Gesetz, gewonnen durch wortlautmäßige, systematische, teleologische und historische Auslegung der einschlägigen Normen ‚gilt', wie es dogmatische Rechtswissenschaft zum Zwecke der ‚richtigen' Rechtsanwendung tut. Da eine westlich-externe Einflußnahme auf die Rechtsanwendung in der DDR nicht gegeben ist, läuft insofern die dogmatische Methode leer. Das notwendige Wissen um den Geltungsbereich und Geltungsinhalt der Normen wird hier aus einem rezeptiven – statt kritischen – Verständnis der Vorschriften und der – in der Regel nicht kontroversen – Lehre der DDR geschöpft. Dieses Verständnis der DDR hinsichtlich des von ihr gesetzten Rechts wird als gültige Interpretation angenommen[24], es soll nicht, wie in der dogmatischen Streitpraxis der hiesigen westlichen Rechtswissenschaft, versucht werden, Denkweisen der Vorautoren wegen Fehlerhaftigkeit zu kritisieren und eine eigene neue Bedeutung der Rechtsnormen vorzulegen.

Gleichermaßen soll auch nicht, wenn eine Bedeutung damit so oder so feststeht, diese an bestimmten Wertskalen gemessen und nach den – auszufüllenden – Kriterien ‚gut' und ‚schlecht' beurteilt und eventuell wertorientierte Verbesserungsvorschläge vorgelegt werden, wie es Rechtswissenschaft als Rechtspolitik sinnvollerweise in der eigenen Gesellschaft, aber im Verhältnis Bundesrepublik Deutschland/DDR, auch ein großer Teil der hiesigen Ostrechtsforschung in Bezug auf die DDR macht.

Beabsichtigt ist vielmehr, in einer umfassenderen Betrachtungsweise Gerichtsverfassung und Rechtsschutz als Teil von Gesellschaft aufzufassen und – in einer Intention von Rechtswissenschaft als sektoraler Gesellschaftswissenschaft[25] – nach deren gesellschaftlicher Funktion zu fragen und hierin *vice versa* ihre *raison d'être* zu ergründen. Rechtswissenschaftlich ist das Vorgehen deshalb, weil Aussagen über Recht gewonnen werden sollen und Recht zum strukturierenden[26] Bezugs- oder Fluchtpunkt von gesellschaftlichen Vorgängen gemacht wird; sozialwissenschaftlich ist das Vorgehen insofern, als Recht nicht isoliert und auch nicht nur eingebettet in Gesellschaft, sondern als Teil von Gesellschaft verstanden wird.

Ausgangspunkt der Untersuchung sind zunächst die in der Verfassung und nachgeordneten Gesetzen normativ ausgewiesenen Funktionen der Rechtsprechung, wie sie sich aus dem Wortlaut und der Interpretation in der DDR-Rechtslehre ergeben. Die entsprechenden Bestimmungen werden zusammengestellt, verglichen, systematisiert und als Aufgabe der Rechtssprechung in der DDR genommen. Als zweiter Schritt werden dann die zur Erfüllung dieser Aufgaben bereitgestellten Mittel untersucht, wobei deren Erfassung in Anlehnung an die systemtheoretischen Kategorien[27] Struktur, Rolle und Prozeß untergliedert wird in die institutionelle, personelle, und prozessuelle Organisation der Rechtsprechung.

Die institutionelle oder Strukturanalyse umfaßt zunächst die Erstreckung der sachlichen und instanziellen Zuständigkeit der eingerichteten Staatlichen und Gesellschaftlichen Gerichtsbarkeit sowie die Untersuchung der Institutionen des Verwaltungs- und Verfassungsrechtsschutzes als mögliche Äquivalente zu Gerichtsbarkeit. Mit zur Rechtsprechungsorganisation wird auch die Justizaufsicht und -verwaltung gezählt.

Neben der institutionellen Aufbauorganisation werden die beteiligten Personen unter dem Gesichtspunkt der von ihnen wahrzunehmenden Rolle einschließlich der geforderten Persönlichkeitsmerkmale und Handlungsorientierungen untersucht.

Sind mit der institutionellen und personellen Organisation die eher statischen Elemente des Rechtsprechungssystems angesprochen, bleibt als drittes das dynamische Element, die Ablauf- oder prozessuelle Organisation zu untersuchen in Form der Prinzipien der Verfahrensgestaltung, der Urteilsfindung und der Vereinheitlichung und Nachprüfbarkeit der Rechtsprechung.

Das so gewonnene und aufbereitete Bild des Rechtsprechungssystems soll dann auf einer ersten Vergleichsebene mit den eingangs eruierten innerstaatlich normierten Zielen und Aufgaben konfrontiert werden, um zu sehen, ob die bereitgestellten Mittel der Aufgabenstellung gerecht werden. Danach soll das Rechtsprechungssystem der DDR in einem zweiten normativen Schritt an den einschlägigen Bestimmungen der UN-Konvention über Bürger- und politische Rechte von 1966 gemessen werden. Da die DDR selber Mitglied der Konvention ist, wird ihr dadurch kein äußerlicher, zurückweisbarer Wertungsmaßstab aufgezwungen. Darüber hinaus soll in einer sozialwissenschaftlichen Sicht nach einer Erklärung des vorgefundenen Zustandes und seinen sozialen und personalen Auswirkungen gefragt werden.

# 2 Die normierten Aufgaben der Rechtsprechung

## 2.1 Zur Eigenständigkeit der Aufgabenstellung der gerichtlichen Rechtspflege in der DDR

Auch in der DDR leben Staat und Recht, ungeachtet möglicher anderslautender Erwartungen an ein sich sozialistisch nennendes Gemeinwesen fort, ja, ihre Bedeutung soll sogar noch wachsen.[1]

Unbeschadet der strikten Ablehnung des Gewaltenteilungsprinzips[2] und der Rede von der „einheitlichen sozialistischen Staatsmacht"[3] sind auch die klassischen drei Funktionen der Staatsmacht: Gesetzgebung, Ausführung und Rechtsprechung (auf Republiksebene) in Form der Volkskammer, des Ministerrats und des Obersten Gerichts voneinander geschieden und als eigene Organe ausgestaltet. Rechtsprechung wird dabei von und nur von der Judikative ausgeübt, wenn sie auch der Volksvertretung verantwortlich ist (Art. 93 III Verf.) und der Aufsicht hinsichtlich der Verfassungsmäßigkeit und Gesetzlichkeit ihrer Tätigkeit durch den Staatsrat unterliegt (Art. 74 I Verf.).

Der Rechtsprechung sind in dieser zwar nicht gewalten- aber doch funktionengeteilten[4] Staatsorganisation dann gleichfalls keine zielmäßig anderen, jedoch eigene, spezifische[5] Aufgaben zugewiesen. Diese sind entsprechend dem allgemeinen, mehrgliedrigen hierarchischen Normenaufbau auf den verschiedenen Ebenen der Rechtsordnung: der Verfassung, den Gesetzen sowie nachgeordneten Verordnungen bzw. Anordnungen, niedergelegt, wobei auch in der DDR die Pflicht zur Konformität der niederrangigen Norm besteht, d. h., das Prinzip der Verfassungsmäßigkeit der Gesetze und anderen Rechtsvorschriften[6] sowie der Vorrang des Gesetzes (gegenüber Verordnungen[7] gilt.

## 2.2 Gesetzliche Aufgabenbestimmungen

### *2.2.1 Verfassung*

In der Verfassung der DDR werden die Aufgaben der Rechtspflege und damit ihres bedeutendsten Teils, der Rechtsprechung, insbesondere im Rahmen des der „Sozialistischen Gesetzlichkeit und Rechtspflege" gewidmeten Abschnitts IV in Art. 90 I bestimmt. Danach dient der Rechtspflege

- „der Durchführung der sozialistischen Gesetzlichkeit,
- dem Schutz und der Entwicklung der Deutschen Demokratischen Republik und ihrer Staats- und Gesellschaftsordnung".

Desweiteren schützt sie

- „die Freiheit, das friedliche Leben, die Rechte und die Würde des Menschen". (Spiegelstriche eingefügt)

Nicht im Kapitel über die Rechtspflege, sondern mehr unter dem Gesichtspunkt des Rechtsschutzes zu Beginn des Kapitels über die Grundrechte und Grundpflichten, bestimmt die Verfassung, daß die DDR allgemein und damit nicht zuletzt die gerichtliche Rechtspflege

– „die sozialistische Gesetzlichkeit und Rechtssicherheit (gewährleistet)". (Art. 19 I, Satz 2 Verf.; Spiegelstriche eingefügt)

In der interpretierenden Wiedergabe der Verfassungsbestimmungen in dem 1969 zur ursprünglichen Fassung erschienenen Kommentar[8] zur insoweit jedoch 1974 unverändert gebliebenen Verfassung[9], dessen Aussagen wegen der mehrheitlichen Personalunion der Mitglieder des Autorenkollektivs mit den in Partei- und Staatsfunktionen an der Ausarbeitung der Verfassung Beteiligten[10] gleichsam der Status von Motiven des Gesetzgebers zuzusprechen ist, soll die Rechtspflege in der DDR in einer – pathetisch geratenen – globalen Umschreibung

– „Das glückliche Leben des werktätigen Volkes
– und jedes einzelnen Bürgers
– in Frieden und Sozialismus ... gewährleisten."[11] (Spiegelstriche eingefügt)

Oder, etwas nüchterner formuliert, sie sei „darauf gerichtet ...,

– die Entwicklung der sozialistischen Gesellschaft aktiv zu fördern,
– die Errungenschaften sowie
– die Rechte und Interessen der Werktätigen zu schützen."[12] (Spiegelstriche eingefügt)

In einer gleichfalls wegen der Position des Autors als authentisch einzustufenden konkretisierenden Aktualisierung im Gefolge der 1971 auf dem SED-Parteitag aufgestellten und 1974 in die Verfassung und 1976 in das Parteiprogramm übernommenen „Hauptaufgabe"[13] leisten die Gerichte ihren Beitrag zu deren allseitiger Durchsetzung „mittels ihrer Rechtsprechung vor allem bei

– dem wirksamen Schutz der Interessen des sozialistischen Staates in allen Bereichen,
– der konsequenten Durchsetzung der gesetzlich garantierten Rechte und Interessen der Bürger,
– dem Schutz des sozialistischen Eigentums und der leitenden und planenden Tätigkeit des sozialistischen Staates,
– der rationellen Nutzung des gesellschaftlichen Arbeitsvermögens, vor allem im Hinblick auf eine hohe Arbeitsdisziplin sowie auf Ordnung und Sicherheit,
– der Förderung der Neuerertätigkeit,
– der Unterstützung des Wohnungsbauprogramms mit zivilrechtlichen Mitteln und der Förderung der Mietzahlungsdisziplin,
– der differenzierten Behandlung der sich vor allem aus den Kooperationsbeziehungen in der Landwirtschaft ergebenden Rechtsfragen"[14] (Spiegelstriche im Original)

oder, wie derselbe Autor 1979 wieder genereller formuliert, gewährleistet die Rechtsprechung

– „den zuverlässigen Schutz der Souveränität der DDR und der sozialistischen Errungenschaften,
– des friedlichen Lebens und der schöpferischen Arbeit der Menschen,
– der freien Entwicklung und der Rechte jedes Bürgers."[15] (Spiegelstriche eingefügt).

Wieder fünf Jahre später dient nach seinen Worten die Rechtsprechung in aktualisierter Terminologie und zeitgemäßer Akzentuierung „vor allem

– der Unterstützung der außenpolitischen Zielstellungen und Maßnahmen

unseres Staates, insbesondere dem Kampf um den Frieden, der Festigung der sozialistischen Staatengemeinschaft und der anti-imperialistischen Solidarität;
- der Stärkung der staatlichen Sicherheit der DDR, vor allem durch konsequenten Schutz aller sozialistischen Errungenschaften vor feindlichen Anschlägen, und der Festigung der Macht der Arbeiter und Bauern;
- der Unterstützung der ökonomischen Strategie der Partei der Arbeiterklasse und des Staates, vor allem durch Verhinderung von volkswirtschaftlichen Verlusten, bei der konsequenten Durchsetzung des sozialistischen Rechts in der Volkswirtschaft und bei der Förderung des Leistungswillens der Werktätigen;
- der Festigung des Vertrauensverhältnisses der Bürger zum sozialistischen Staat und zur Partei der Arbeiterklasse durch die Sicherung des Lebens, der Gesundheit und des Eigentums der Bürger und die allseitige Achtung ihrer berechtigten Interessen, indem schnell auf Gesetzesverletzungen reagiert und gerechte Entscheidungen getroffen werden".[16] (Spiegelstriche im Original)

### 2.2.2 *Einfachgesetzliche und nachgeordnete Bestimmungen*

Auf der einfachgesetzlichen und nachrangigen Ebene normiert zunächst allgemein das Gerichtsverfassungsgesetz in § 3 die Aufgaben der Rechtsprechung:

„Die Rechtsprechung und die damit verbundene Tätigkeit der Gerichte haben zur Lösung der Aufgaben der sozialistischen Staatsmacht bei der Gestaltung der entwickelten sozialistischen Gesellschaft beizutragen, vor allem
- die sozialistische Staats- und Gesellschaftsordnung, die sozialistische Volkswirtschaft und das sozialistische Eigentum von Angriffen und Beeinträchtigungen zu schützen,
- die gesetzlich garantierten Rechte und Interessen der Bürger zu schützen, zu wahren und durchzusetzen,
- die sozialistischen Beziehungen der Bürger untereinander, zur Gesellschaft und zu ihrem Staat zu fördern,
- das sozialistische Staats- und Rechtsbewußtsein der Bürger zu festigen und ihre gesellschaftliche Aktivität, Wachsamkeit und Unduldsamkeit gegen jegliche Rechtsverletzungen zu erhöhen,
- die gesetzlich garantierten Rechte und Interessen der Staatsorgane, der wirtschaftsleitenden Organe, Kombinate, Betriebe, Genossenschaften, Einrichtungen und gesellschaftlichen Organisationen zu schützen, zu wahren und durchzusetzen,
- die Leiter der Staatsorgane, der wirtschaftsleitenden Organe, der Kombinate, der Betriebe und Einrichtungen, die Vorstände der Genossenschaften und die Leitungen der gesellschaftlichen Organisationen bei der Wahrnehmung ihrer Verantwortung für die Gewährleistung von Gesetzlichkeit, Ordnung, Sicherheit und Disziplin zu unterstützen sowie auf die konsequente Erfüllung der mit dieser Verantwortung verbundenen Pflichten hinzuwirken."

(Spiegelstriche im Original)

Bei der Rede zur Begründung des Gesetzes in der Volkskammer führte der zuständige Justizminister hinsichtlich der Zielsetzung der neuen Bestimmungen aus, daß die Rechtsprechung der Gerichte

- zur Gestaltung der Entwickelten Sozialistischen Gesellschaft,
- zum Schutz der Staats- und Gesellschaftsordnung, der Volkswirtschaft und des sozialistischen Eigentums vor Angriffen und Beeinträchtigungen,
- zur Wahrung und Durchsetzung der gesetzlich garantierten Rechte und Interessen der Bürger[17] (Spiegelstriche eingefügt)

beitragen soll. In dem popularisierend-informatorischen Literaturartikel[18] nach Inkrafttreten des Gerichtsverfassungsgesetzes heißt es neben zitatenweisen Wiederholungen des Gesetzeswortlauts globaler, daß das neue Gesetz auf die

- Verwirklichung des Rechts,
- Vorbeugung und Bekämpfung von Rechtsverletzungen sowie die
- Erziehung der Bürger zu gesetzmäßigem Handeln[19] (Spiegelstriche eingefügt)

gerichtet sei.

Für die Militärgerichte ist die Aufgabenstellung spezifiziert in einer durch § 2 II Gerichtsverfassungsgesetz ermächtigten Anordnung des Nationalen Verteidigungsrates, der Militärgerichtsordnung. Es heißt dort in § 2:

(1) Durch ihre Tätigkeit tragen die Militärgerichte zur

- Gewährleistung der militärischen Sicherheit der Deutschen Demokratischen Republik und
- weiteren Festigung der sozialistischen Gesetzlichkeit

in der Nationalen Volksarmee, den Grenztruppen der DDR und den Organen des Wehrersatzdienstes bei.

(2) Die Militärgerichte wirken im Rahmen ihrer Verantwortung an der Erziehung der Angehörigen der Nationalen Volksarmee, der Grenztruppen der DDR und der Organe des Wehrersatzdienstes zur gewissenhaften Einhaltung der Gesetze und anderen Rechtsvorschriften, der militärischen Befehle und anderen militärischen Bestimmungen sowie der militärischen Disziplin und Ordnung mit.

(3) Die Militärgerichte unterstützen die Kommandeure, Politorgane, militärischen Kollektive und Leitungen der gesellschaftlichen Organisationen bei der Wahrnehmung ihrer Verantwortung zur Gewährleistung von Gesetzlichkeit, militärischer Disziplin und Ordnung. Sie arbeiten eng mit ihnen zusammen." (Spiegelstriche eingefügt)

Eine gesonderte Erläuterung der Aufgaben der Militärgerichte ist nicht ersichtlich, bei ihrer Darstellung wird immer betont, daß sie prinzipiell „nach den gleichen Gesetzen und Grundsätzen"[20], bzw. „den gleichen materiellen und verfahrensrechtlichen Bestimmungen"[21] wie die anderen Staatlichen Gerichte Recht sprechen.

Gesetzgebungstechnisch überschneidend, findet sich auch in § 2 I der Zivilprozeßordnung eine im Verhältnis zum Gerichtsverfassungsgesetz fast, aber nur fast gleichlautende Bestimmung, nach der die (Staatlichen)

„Gerichte die Aufgabe (haben),

- die sozialistische Staats- und Gesellschaftsordnung zu schützen,
- gesetzlich garantierte Rechte und Interessen zu wahren und durchzusetzen sowie
- durch eine hohe Wirksamkeit des gerichtlichen Verfahrens dazu beizutragen,

sozialistische Beziehungen im gesellschaftlichen Zusammenleben der Bürger zu fördern." (Spiegelstriche eingefügt)

In der erläuternden Darstellung des einschlägigen, in enger Zusammenarbeit mit dem Justizministerium und dem Obersten Gericht erarbeiteten Lehrbuchs[22] wird, wie sich aus doppelten Paragraphenverweisungen auf das Gerichtsverfassungsgesetz und die Zivilprozeßordnung ergibt, von einer Übereinstimmung dieser Teilziele mit den entsprechenden Bestimmungen im Gerichtsverfassungsgesetz ausgegangen. Des weiteren wird auch eine Übereinstimmung zwischen den Teilzielen postuliert, wenn es heißt: „Im Vordergrund steht der Schutz der sozialistischen Staats- und Gesellschaftsordnung (§ 3, 1. Spiegelstr. GVG, § 2 Abs. 1 ZPO) ... Zwischen dem Schutz der sozialistischen Staats- und Gesellschaftsordnung und der Wahrung und Durchsetzung der gesetzlich garantierten Rechte und Interessen der Bürger, Staatsorgane, Betriebe usw. besteht daher volle Übereinstimmung (§ 3, 2. und 5. Spiegelstr. GVG, § 2 Abs. 1 ZPO) ... Ähnliche Zusammenhänge bestehen schließlich auch zur dritten Teilaufgabe ..."[23]

Bezogen auf das Strafverfahren bestimmt separat die Strafprozeßordnung in § 1, daß dieses

- „der gerechten Anwendung des sozialistischen Strafrechts und damit
- dem Schutz der sozialistischen Staats- und Gesellschaftsordnung und
- jedes Bürgers (dient)" (Spiegelstriche eingefügt)

und sich damit nach dem ministeriell anerkannten einschlägigen Lehrbuch[24] „als Bestandteil der sozialistischen Rechtspflege, der die Aufgabe gestellt ist, der Durchführung der sozialistischen Gesetzlichkeit, dem Schutz und der Entwicklung der Deutschen Demokratischen Republik und ihrer Staats- und Gesellschaftsordnung zu dienen sowie die Freiheit, das friedliche Leben, die Rechte und die Würde der Menschen zu schützen (Art. 90 Verf.) (erweist)"[25].

Neben den Staatlichen Gerichten üben in der DDR Gesellschaftliche Gerichte Rechtsprechung aus.[26] Ihre Tätigkeit ist gemäß § 3 I des Gesetzes über die gesellschaftlichen Gerichte darauf gerichtet,

- „die sozialistische Staats- und Gesellschaftsordnung sowie das sozialistische Eigentum zu schützen,
- die gesetzlich garantierten Rechte und Interessen der Bürger zu schützen, zu wahren und durchzusetzen,
- das sozialistische Staats- und Rechtsbewußtsein der Bürger zu festigen, ihre Bereitschaft zur freiwilligen Einhaltung des sozialistischen Rechts zu fördern und ihre Unduldsamkeit gegenüber nicht gesellschaftsgemäßem Verhalten zu verstärken." (Spiegelstriche im Original)

Nach der Umschreibung dieser Aufgabenstellung bei der Begründung des Gesetzentwurfes in der Volkskammer sollen die Gesellschaftlichen Gerichte einen Beitrag leisten

- „zur Stärkung der Staatlichen Sicherheit,
- zur Verhütung von Straftaten und anderen Rechtsverletzungen sowie zur Erziehung straffällig gewordener Bürger ...",

des weiteren

- „die gesetzlich garantierten Rechte der Bürger schützen, wahren und durchsetzen."[27] (Spiegelstriche eingefügt)

## 2.3 Systematisierung und Zusammenfassung der Aufgabenstellung

### *2.3.1 Nach rechtswissenschaftlichen Gesichtspunkten*

Ein Überblick über die in Wortlaut und Interpretation wiedergegebenen Aufgabenstellungen in den verschiedenen Normativakten zeigt, daß der Rechtsprechung in der DDR keine einheitliche Aufgabenstellung zugrunde liegt, sondern daß für verschiedene Gerichtsbarkeiten und/oder in verschiedenen Rechtsgrundlagen unterschiedliche Aufgabenstellungen formuliert sind.

Es fragt sich dann in einer rechtswissenschaftlichen Betrachtung, ob die einfachgesetzlichen und nachrangigen Rechtsvorschriften verfassungskonform sind, d. h., den Verfassungsauftrag angemessen in konkrete Organisationsnormen umsetzen sowie keine der Verfassung widersprechende Teilbestimmung enthalten. Zum anderen ist zu fragen, ob und welche systematische Ordnung einer konstatierten Differenzierung erkennbar ist.

Die von der Verfassung gestellte Teilaufgabe der „Durchführung der sozialistischen Gesetzlichkeit"[28] findet sich direkt nur in der Strafprozeßordnung und der Militärgerichtsordnung, also in dem allgemeinen und besonderen Strafprozeßbereich wieder. Das Gesetz über die gesellschaftlichen Gerichte macht die „Durchsetzung der Sozialistischen Gesetzlichkeit" den Gesellschaftlichen Gerichten nicht unmittelbar zur Aufgabe, sondern (nur) eine Förderung entsprechender „gesellschaftlicher Aktivitäten"[29]. Da die Zuständigkeit der Gesellschaftlichen Gerichte sich neben anderem auch auf die Verhandlung von Rechtsverletzungen (Ordnungswidrigkeiten, Verfehlungen, Vergehen)[30] erstreckt, ist auch hier eine enge Beziehung von ‚Sozialistischer Gesetzlichkeit' und Strafverfolgung erkennbar. Das Gerichtsverfassungsgesetz und die Zivilprozeßordnung verwenden den Begriff bei der Aufgabenbeschreibung der verbleibenden Gerichtsbarkeiten, der Staatlichen Zivil-, Familien- und Arbeitsgerichtsbarkeit nicht. Das könnte auf den ersten Blick damit zusammenhängen, daß in diesen drei Gerichtsbarkeiten das Partei- oder Dispositionsprinzip[31] vorherrscht, es also im Prinzip dem (vermeintlichen oder wirklichen) Inhaber einer Forderung überlassen bleibt, zur Geltendmachung seiner Forderung ein gerichtliches Verfahren ablaufen zu lassen. Bei einer solchen Sachlage wäre es organisatorisch verfehlt, weil das Kongruenzgebot von Aufgabe und Kompetenz mißachtend, den Gerichten die Anwendung des Rechts aufzuerlegen, wenn sie mangels Klageerhebung seitens der exklusiv berechtigten Partei kein Verfahren durchführen können. Auf den zweiten Blick ist diese Ableitung jedoch nicht zwingend, da auch im Strafprozeß die Gerichte nur auf Antrag[32], nämlich der Staatsanwaltschaft, tätig werden. Diese hat jedoch im Gegensatz zu Zivil- und Familienrechts- auch in allen Arbeitsrechtsstreitigkeiten ein Klagerecht (§ 304 AGB), das sie wegen ihrer unbedingten Verpflichtung zur Wachung „über die strikte Einhaltung der sozialistischen Gesetzlichkeit" (Art. 97 Verf.) bei Bekanntwerden rechtswidriger Verhältnisse auch auszuüben hat. Insofern unterscheidet sich die Situation hinsichtlich des Straf- und des Arbeitsrechtsstreitverfahrens nicht. Von daher müßte die Sozialistische Gesetzlichkeit auch in allen Arbeitsrechtsverhältnissen notfalls ohne Beachtung des Willens der Betroffenen durchgeführt werden und man könnte der Arbeits- gleichwie der Strafgerichtsbarkeit[33] dies in ihren Aufgabenkatalog hineinschreiben. Doch liegt diese Konsequenz offenbar nicht im Blickfeld der DDR-Rechtslehre, wenn sie das Dispositionsprinzip als „prozeßrechtliche Leitidee“[34] der Zivilprozeßordnung bezeichnet und auch den Arbeitsrechtssubjekten eine Verzichtsmöglichkeit „auf diese Rechte und die Rechtsverfolgung“[35] zuschreibt. Es wird die überwältigende Praxis sein, die diese verfälschende Sicht bewirkt, da „der Staatsanwalt nur ausnahmsweise Veranlassung (hat), von seinem Klagerecht Gebrauch zu machen“.[36]

Der als zweites Teilziel in Art. 90 der Verfassung im Verbund normierte „Schutz und die Entwicklung der Deutschen Demokratischen Republik und ihrer Staats- und Gesellschaftsordnung“ sollen hier gleichfalls als einheitliche Aufgabe[37] genommen werden. Bei der Durchsicht der nachrangigen Normativakte ergibt sich dann, daß dieses Teilziel inhaltlich in allen fünf Rechtsvorschriften wiederkehrt, zum Teil ergänzt durch die Wahrung und Durchsetzung der Rechte und Interessen der Staats-, Wirtschafts- und Gesellschaftlichen Institutionen wie in dem Gerichtsverfassungsgesetz und der Zivilprozeßordnung, zum Teil spezifiziert auf den Aspekt des militärischen Schutzes wie in der Militärgerichtsordnung.

Das dritte in der Verfassung angesprochene Teilziel[38], der Schutz der Freiheit, des friedlichen Lebens, der Rechte und der Würde „der Menschen“, ist in dem individualisierenden Sinne verstanden, daß die Rechte und Interessen jedes Einzelnen als Schutzobjekt gemeint sind. Das ergibt sich aus der einheitlichen Auslegung und (systematischen) Interpretation der DDR-Rechtslehre, wenn sie das zweite und dritte Verfassungsteilziel parallel zur Dualität von Gesamtheit und Individuum[39] gegeneinander abhebt[40] sowie aus dem feststellbaren Sprachgebrauch in der DDR, nach dem in der Regel bei der kollektiven Bedeutungsvariante[41] von dem (werktätigen) Volk[42] die Rede ist.

In Einfachgesetzen kehrt dieses Verfassungsteilziel wieder, wobei neben den Rechten Freiheit, friedliches Leben und Würde zu „Interessen“ zusammengezogen sind. Mit der gewählten Pluralform des *genitivus subiectivus* („der Bürger“) teilt die Formulierung die o. g. semantische Uneindeutigkeit, wird jedoch in gleicher Weise einheitlich in dem individuell-subjektiven Sinn verstanden. Im Gerichtsverfassungsgesetz und im Gesetz über die Gesellschaftlichen Gerichte sind die Bürger direkt angesprochen, in der Zivilprozeßordnung fehlt eine differenzierte Benennung der Rechtsträger, doch steht außer Zweifel, daß zu Ihnen auch die Bürger gehören.

Die Militärgerichtsordnung nimmt dieses Teilziel nicht wieder auf, die Strafprozeßordnung führt „den Schutz ... jedes Bürgers“, sogar im Singular als Aufgabe des Strafverfahrens an, allerdings in anderer als bisher bekanntgewordener Zielrichtung, da mit der Heranziehung zur strafrechtlichen Verantwortlichkeit nicht der unmittelbar verfahrensbeteiligte Angeklagte, sondern gerade alle anderen Mitbürger als potentielle Opfer geschützt werden sollen.

Hinsichtlich der reziproken Blickrichtung, der Frage nach der Verfassungskonformität oder -widrigkeit der als Niederschlag der drei Verfassungsteilziele aufgefundenen einfachgesetzlichen und nachrangigen Rechtsregelungen, kann aus dem oben Erörterten der Schluß gezogen werden, daß die bisher behandelten konkreten Bestimmungen sich ihrerseits im Rahmen der Verfassung bewegen. Sie haben alle mit mehr oder minder großer sprachlicher Variation, aber inhaltlich sinngleich, Teilziele des Art. 90 der Verfassung entfaltet.

Neben den bisher aufgrund ihres Niederschlags aus Art. 90 der Verfassung aufgefundenen und erörterten Aufgabenelementen in einfachgesetzlichen und nachgeordneten Rechtsvorschriften enthalten deren Aufgabenkataloge noch weitere, wortlautmäßig mehr oder minder variierte Aufgabengruppen. Eine erste ist auf die Bürger bezogen und umfaßt den äußerlich-organisatorischen Unterfall „Förderung der sozialistischen Beziehungen zwischen den Bürgern" im Gerichtsverfassungsgesetz und der Zivilprozeßordnung sowie den auf die innere Anschauung und Überzeugung gerichteten Unterfall „Festigung des Staats- und Rechtsbewußtseins" im Gerichtsverfassungsgesetz, der Militärgerichtsordnung und dem Gesetz über die gesellschaftlichen Gerichte. Diese Aufgaben finden zwar keine verfassungsmäßige Fundierung im Kapitel über die Sozialistische Gesetzlichkeit und Rechtspflege, doch sind alle Staats- und damit auch Rechtsprechungsorgane letztlich nach Art. 1 Satz 1 der Verfassung, der herausragend plazierten Leitbestimmung der gesamten Staats- und, da Staat und Gesellschaft nicht mehr getrennt sein sollen, auch Gesellschaftsordnung der DDR, nicht nur legitimiert, sondern gehalten, das globale Ziel ‚Sozialismus/Kommunismus' mit durchzusetzen. Dieses Ziel erschöpft sich nicht im Staatlich-organisatorischen, sondern umfaßt daneben, mindestens gleichgewichtig, gesellschaftsorganisatorische sowie individuelle Anschauungs- und Motivationselemente.[43] Von daher leitet sich die (Rechte und Pflichten umfassende) Kompetenz der Staats- einschließlich der Rechtsprechungsorgane zu dieser auf den Bürger bezogenen Aufgabengruppe ab.

Auch die zweite nicht von Art. 90 der Verfassung getragene Aufgabengruppe der „Unterstützung der Leiter anderer staatlicher und gesellschaftlicher Einrichtungen" im Gerichtsverfassungsgesetz, der Militärgerichtsordnung und dem Gesetz über die gesellschaftlichen Gerichte findet ihre verfassungsmäßige Sanktionierung im zielgerichteten Aufbauprogramm der Präambel und des Art. 1 Satz 1 der Verfassung sowie der organisatorischen Ablehnung der Gewaltenteilung und der Normierung des (Demokratischen) Zentralismus in den Art. 48 und 47 der Verfassung, was zusammengenommen das Ordnungsmodell der einheitlichen Staatsmacht mit der allgegenwärtigen Verpflichtung zur Errichtung des Sozialismus/Kommunismus ergibt. Diese Grundlage führt dann folgerichtig zu einem allseitigem Unterstützungsgebot.

Nachdem die Umsetzung der in Art. 90 der Verfassung normierten Teilziele in die einfachgesetzlichen und nachgeordneten Normaktivakte sowie die unmittelbare oder generellere Verfassungsmäßigkeit aller Aufgabenbestimmungen in den nachverfassungsrechtlichen Normen geprüft ist, bleibt auf der rechtswissenschaftlichen Betrachtungsebene zu erörtern, in welchem Verhältnis die Aufgabenstellungen der Einfachgesetze und der Anordnung zueinander stehen, welche systematische Ordnung ihnen zugrunde liegt. Als erstes Ergebnis der Durchsicht ergibt sich, daß der Schutz der Sozialistischen Staats- und Gesellschaftsordnung allen Gerichten/Verfahren in gleicher Weise obliegt, diese Aufgabe also als uneingeschränkt wichtig angesehen wird und keine Institution von ihrer Erfüllungsmithilfe ausgenommen bleibt. Exkursorisch ist anzumerken, daß mit dieser aktuellen Rechtslage die Gesellschaftlichen Gerichte (auch) hinsichtlich der ihnen gestellten Aufgaben aufgewertet worden sind, da ihnen dieses Ziel erst mit der Gesetzesneufassung 1982/83 zugesprochen worden ist.[44] Dies kann einmal als Indiz für die Konsolidierung und gewonnene Festigkeit der Gesellschaftlichen Gerichte genommen werden, zum anderen stellt es einen weiteren Schritt der Verzahnung[45] des Staates mit der organisierten Gesellschaft bis zu dem Punkt dar, daß der Staat sich von gesellschaftlichen Kräften schützen läßt.

Die Zielstellung der Stärkung der Sozialistischen Gesetzlichkeit auf der einen und des Schutzes der verfahrensbeteiligten Bürger durch die Rechtsprechung auf der anderen Seite stellen sich hingegen als selektiv und, genauer, alternativ heraus. Jede(s) Organ/Verfahrensart, soll eine, und nur eine der beiden Aufgaben erfüllen. Alle nicht strafrechtlichen Verfahren sollen die verfahrensbeteiligten Bürger schützen, haben aber keine spezifizierten Aufgaben im Bereich der Sozialistischen Gesetzlichkeit, das allgemeine und das Militärstrafverfahren sollen hingegen die Sozialistische Gesetzlichkeit (auf dem Gebiet des Strafrechts) durchsetzen, nicht aber die verfahrensbeteiligten Bürger schützen. Das gibt einen Sinn, wenn man rechtstheoretisch davon ausgeht, daß die Normen im Bereich der strafrechtlichen Verantwortlichkeit nicht, auch nicht im Nebenzweck, zum Wohle der verfahrensbeteiligten Bürger (Beschuldigter, Angeklagter, Verurteilter) Anwendung finden, sondern daß sie für sie nur Negatives bereit halten. Eine solche, quasi antagonistisch-widersprüchliche Grundannahme stößt sich aber mit einer Sicht des Sozialistischen Strafrechts als (Re-)Sozialisierungsrecht, als Recht der Maßnahmen, der, zwar durch das Maß der Schuld begrenzten, aber immer nur auf sein Bestes ausgehenden, ‚nachgeholten' Erziehung des Täters zur Sozialistischen Lebensweise und Eingliederung in die Sozialistische Gesellschaft.[46]

Doch die Gesetzgebung der DDR tut gut an der von ihr verwandten alternativen Konstruktion, da die praktisch-quantitativ zwar unbedeutende, prinzipiell aber einschneidend-wichtige Todesstrafe bei politischen Delikten und Mord[47] das Strafrecht der DDR seines bestimmenden Maßnahme-, statt Strafcharakters entkleidet, denn der (heteronome) Tod stellt für den Täter kein wie auch immer geartetes *bonum* dar.[48]

Andererseits zeigt die fehlende Erstreckung des Gebots der Durchsetzung der Sozialistischen Gesetzlichkeit auf den Zivil-, Familien- und Arbeitsrechtsbereich, daß die DDR die praktische Konsequenz aus der theoretisch reklamierten Interessenidentität oder zumindest -harmonie nicht ziehen möchte, was insbesondere im „volkseigenen" Arbeitssektor nur mit Sprüngen in der Argumentation erkauft werden kann.[49]

Zusammenfassend läßt sich festhalten, daß die drei in Art. 90 genannten Verfassungsteilaufgaben nie zusammen vorkommen, sondern alle nachverfassungsrangigen gerichtsverfassungsrechtlichen/verfahrensrechtlichen Rechtsvorschriften jeweils selektive Spezialisierungen darstellen. Das überrascht beim Gerichtsverfassungsgesetz, da ein solches Gesetz eigentlich nicht selektiv vorgehen, sondern alle Aspekte konkretisierend ausbauen sollte. Der gegebene Umstand wird jedoch mit den obigen Überlegungen nachvollziehbar.

Insgesamt gesehen hat die Rechtsprechung nach den einschlägigen Verfassungsnormen wie den zusammengenommenen einfachgesetzlichen und nachgeordneten Rechtsvorschriften jedenfalls – global gefaßt – die drei Hauptaufgaben der Durchführung der Sozialistischen Gesetzlichkeit, des Schutzes und der Entwicklung der DDR sowie des Schutzes der Rechte jedes Bürgers. Es ist später zu prüfen, ob sie mit den ihr unten zu erörternden zur Verfügung stehenden organisatorischen, personellen und prozessuellen Mitteln den Aufgaben gerecht werden kann.

### *2.3.2 Nach sozialwissenschaftlichen Gesichtspunkten*

Anders als eine rechtswissenschaftliche Betrachtungsweise, die fragt, ob die zu untersuchenden Normen (a) in der horizontalen begrifflich-logischen Verträglichkeit sowie der (b) vertikalen hierarchischen Deduzierbarkeit (c) systematisch widerspruchslos zusammenpassen, bzw. wie sie zur Erreichung dieses Zustandes auszulegen sind, fragt eine sozialwissenschaftliche Betrachtung hinsichtlich des hier behandelten Ausschnitts[50] generell danach, wie die Normen im zusammenspielenden Endergebnis in der zwar in sich höchstkomplexen, aber einebenigen sozialen Realität wirken. Auch eine solche wissenschaftliche Problemstellung ist natürlich unserer direkten Erkenntnis oder der unmittelbaren sinnlichen Wahrnehmung nicht zugänglich, sondern erfordert mindestens gleichschwierige kategoriale und methodische Anstrengungen, wie die Vielzahl der entstandenen sozialwissenschaftlichen Richtungen und Unterströmungen[51] zeigt. Insofern basieren die nachfolgenden Überlegungen nicht auf „der" Sozialwissenschaft, sondern erfolgen angelehnt an systemtheoretisch-funktionalistische Modellvorstellungen[52]. In diesem Bezugsrahmen wird unter anderem gefragt, wie das Handeln von Teilsystemen, wie hier der Rechtsprechung, gesteuert wird, welcher Art Programmierung es unterliegt. Auf unserer ganz fundamentalen Ebene der Unterscheidung von Form und Inhalt wird dann zwischen einer formalen und einer materialen Steuerung, einer Konditional- und Zielprogrammierung unterschieden. Rechtsprechung traditionell und dann auch erst einmal die DDR-Rechtsprechung ist bei dieser Alternative konditional programmiert. *Wenn* bestimmte (rechts-)materielle und (verfahrens-)formelle Voraussetzungen vorliegen, dann und nur dann spricht das Gericht die vorab festliegende, im Prozeß nur erkannte Rechtsfolge aus. Welche Folgen im sozialen Leben dadurch ausgelöst werden, ist klassischerweise weder Sache der Erkenntnis noch auch der Verantwortung des Gerichts[53]. Wie aber schon die Tatbestand/Rechtsfolge-Normstruktur in der DDR durch die in den Präambeln vorausgeschickten sozialen Zweckbestimmungen überlagert oder weitergehend durch Aufgabennormen[54] ersetzt ist, so pflanzt sich diese Modifikation auch in die Rechtsprechung fort. Die Gerichte sollen gemäß Art. 90 der Verfassung bei ihrer Rechtsprechung auch der Entwicklung der DDR und ihrer Staats- und Gesellschaftsordnung dienen, das heißt auch die (a) zukünftigen (b) politisch-sozialen Folgen ihrer Entscheidungen, statt allein das Gegebensein (a) erfüllt vorliegender (b) rechtlich qualifizierter Tatbestandselemente zur Grundlage ihrer Spruchtätigkeit machen. Im Gerichtsverfassungsgesetz kehrt diese Konstruktion wieder, indem die Gerichte quasi in einer inneren Paragraphenpräambel in Paragraph 3, erster Halbsatz, zur Gestaltung der ‚entwickelten sozialistischen Gesellschaft' beizutragen haben, ‚Gestaltung' gleicherweise auf zukünftige politisch-soziale Verhältnisse zielend.

Damit ist neben die Konditionalprogrammierung eine Steuerung durch materiale Zielbestimmungen, eine Zweckprogrammierung getreten. Dieser Umstand wird in der Regel in einer Rechtsordnung wie der der DDR ohne problematische Folgen bleiben, da, soweit der Gesetzgeber sich über künftige Anwendungsfälle seiner materiell-rechtlichen Kodizes Vorstellungen gemacht hat, der Inhalt der Tatbestand/Rechtsfolge-Normen gleichfalls zur Entwicklung der DDR bzw. Gestaltung der ‚entwickelten sozialistischen Gesellschaft' beitragen soll. Es kann jedoch und wird immer wieder Fälle geben, die der Gesetzgeber nicht mitbedacht hat und bei denen das konditionale wenn/dann-Resultat mit dem angestrebten inhaltlichen Ergebnis in Differenz und gar Widerspruch gerät. Dann stellt sich die DDR-Doppelprogrammierung als Überprogrammierung heraus, weil einem Urteilsfindungsgebot zuwidergehandelt werden muß. Da zumindest auf der Rechtsebene nicht vorab normiert ist, welchem, gewinnt das Rechtsprechungssystem in solchen Problemfällen auch im Idealmodell eine mehrstellige *output*-Variationsbreite, seine Eigengesetzlichkeit und folglich Eigensteuerungstendenz relativiert sich. Der erste sozialwissenschaftliche Befund lautet also dahin, daß das DDR-Rechtsprechungssystem keiner einheitlichen Steuerung folgt, sondern doppelt und damit überprogrammiert[55] ist mit der Folge größerer Variabilität, bzw. geringerer Vorhersehbarkeit der Entscheidungen.

Als zweiter anzumerkender Umstand tritt hervor, daß die im vorigen Absatz erörterte außerrechtliche Folgenorientierung asymmetrisch nur zugunsten von Staat und Gesellschaft, nicht auch zugunsten des Bürgers eingeführt ist. Zwar spricht auf der Verfassungsebene Art. 90 neben den Rechten auch von der Freiheit, dem friedlichen Leben und der Würde der Menschen, die zu schützen seien, doch sind diese Begriffe im gegebenen Kontext in ihrer juristischen und nicht in einer sozialen oder anthropologischen Bedeutung gemeint. Wichtiger ist jedoch noch, daß die Bürgerinteressen unabhängig von dem Bedeutungssektor nicht an einer dynamischen Entwicklungs-/Gestaltungsperspektive teilhaben. Auf der einfachgesetzlichen Ebene sprechen das Gerichtsverfassungsgesetz, die Zivilprozeßordnung und das Gesetz über die gesellschaftlichen Gerichte als nahester Möglichkeit der Ausrichtung der Rechtsprechung auch an außerrechtlichen zwischenmenschlichen und persönlichen Perspektiven von den „gesetzlich garantierten Rechten und Interessen". Auch hier ergibt sich jedoch eindeutig, daß die sprachlich-grammatikalische Unklarheit, ob sich die eingrenzende Spezifikation der gesetzlichen Garantierung auch auf die Interessen oder nur auf die Rechte bezieht, dahingehend auflöst, daß nur die rechtlich garantierten Interessen im Sinne von „berechtigten Bürgerinteressen"[56] von der Rechtsprechung geschützt, gewahrt und durchgesetzt werden sollen.

Mindestens im Fall, daß zugunsten von Staat/organisierter Gesellschaft und Bürger jeweils gleich gute Rechsgründe sprechen, fallen die außerrechtlichen Entwicklungs-/Gestaltungsbelange des Kollektivs mit in die Waagschale und werden für das Entscheidungsergebnis ausschlaggebend. Die sich durch die partielle Doppelprogrammierung einstellende größere Variationsbreite des *output* der gerichtlichen Rechtsprechung kommt also nur dem Staat bzw. der organisierten Gesellschaft, nicht dem Einzelnen zugute.

# 3 Institutionelle Organisation der Rechtsprechung

## 3.1 Staatliche allgemeine Gerichtsbarkeit

### *3.1.1 Sachliche Zuständigkeit (horizontale Kompetenzorganisation)*

Rechtsprechung wird in der DDR zunächst von der Staatlichen Gerichtsbarkeit ausgeübt. Sie erstreckt sich gemäß § 4 Satz 1 GVG erst einmal global und unbeschadet etwaiger zwingender anderer Eingangsinstanzregelungen auf die Gebiete[1] des Straf-, Zivil-, Familien- und Arbeitsrechts einschließlich des Neuererrechts[2], die weitgehend durch die entsprechenden Gesetzbücher (Zivilgesetzbuch, Familiengesetzbuch, Arbeitsgesetzbuch,[3] Strafgesetzbuch) abgesteckt sind und für die bei den Gerichten (statt der möglichen Ausformung eigenständiger Gerichtszweige) spezialisierte Kammern bzw. Senate gebildet werden.[4] Darüber hinaus können den Gerichten gemäß § 4 I Satz 2 GVG durch Rechtsvorschriften weitere Zuständigkeiten übertragen werden. Das ist in verschiedenen Gesetzen und Verordnungen punktuell geschehen. So sind die Staatlichen allgemeinen Gerichte unmittelbar als gerichtliche Instanz zuständig für Entscheidungen über

1) Einsprüche gegen die Nichtaufnahme in die Wählerliste zur Wahl der Volksvertretungen[5] (§ 23 GVG; § 27 I, II Wahlgesetz[6]);
2) Beschwerden gegen eine Entscheidung des Staatlichen Notariats bzw. eines Einzelnotars (§ 59 GVG; § 17 II, III Notariatsgesetz[7]);
3) unbefristete Einweisungen in eine Einrichtung für psychisch Kranke (§§ 5, 11 ff. Einweisungsgesetz[8]);
4) Anträge auf gerichtliche Entscheidung über eine polizeiliche Strafverfügung wegen einer Verfehlung (§ 23 GVG; § 5 278 ff. StPO, § IV 1. DVO zum EG StGB[9]);
5) vermögensrechtliche Streitigkeiten zwischen der LPG und ihren Mitgliedern (§ 28 LPG-Gesetz[10]);
6) Patent-, Muster-, Kennzeichen- und Urheberrechtsstreitigkeiten[11] (§ 30 III Satz 1 GVG);
7) die Höhe der Entschädigung bei Impfschäden (§ 16 II der 2. DB zum Gesetz zur Verhütung und Bekämpfung übertragbarer Krankheiten beim Menschen[12]);
8) die Person eines Entschädigungsberechtigten bei Streitigkeiten nach dem Entschädigungsgesetz[13]);
9) die (abgelehnte) Beschwerde eines Dritten im verwaltungsrechtlichen Vollstreckungsverfahren (§ 18 der VO über die Vollstreckung wegen Geldforderungen der Staatsorgane und staatlichen Einrichtungen[13a]);
10) den Antrag der Exekutivorgane, einen Ausländer zwecks Durchführung der Ausweisung in Gewahrsam zu nehmen (§ 8 II des Ausländergesetzes[14]).

Durch Einsprüche gegen Entscheidungen der Gesellschaftlichen Gerichte in Angelegenheiten aus Rechtsbereichen über die bisher aufgeführten hinaus, können die Staatlichen allgemeinen Gerichte zuständig werden für

1) Schulpflichtverletzungen;
2) Ordnungswidrigkeiten, soweit sie von ‚Ordnungsstrafbefugten' an die Gesellschaftlichen Gerichte übergeben wurden;
3) Verfehlungen, soweit sie nicht von der Polizei strafverfügt wurden;
4) Vergehen, soweit sie von den Untersuchungsorganen an die Gesellschaftlichen Gerichte übergeben wurden (§ 5, 13 ff. GGG).

Eine durchschaubare systematische Konzeption ist den aufgelisteten punktuellen Eröffnungen des Gerichtsweges schwer zu entnehmen. Die DDR-Rechtslehre reklamiert eine solche Systematik auch nicht, wenn sie vage „differenzierte Leitungsanforderungen" und die „Berücksichtigung des erreichten Standes der gesellschaftlichen Entwicklung"[15] anführt, wobei sogar noch offenbleibt, ob weitere sozialistische Entwicklung positiv oder negativ mit dem Maß des gerichtlichen Rechtsschutzes korrelieren soll.[16] Der pragmatische Hinweis der Nutzung des gerichtlichen Verfahrens, „um das Vertrauen der Bürger zum sozialistischen Staat zu vertiefen und ihre Rechte unbedingt zu wahren"[17], trifft inhaltlich sicher zu, stellt aber auch keine hinreichende Erklärung dar, da dieser Gedanke noch für eine ganze Reihe anderer Rechtsstreitigkeiten passen würde. Stellt man eigene nachlaufende Plausibilitätserwägungen an, so könnten die Fälle 1, 2 und 5 dadurch bedingt sein, daß die ursprünglichen Entscheidungsorgane im Gegensatz zur sonstigen politisch-administrativen Struktur keinen eigenen (effektiven) organisatorischen Überbau haben, der als Kontrollinstanz fungieren könnte. Hinsichtlich der Kreiswahlkommissionen wäre zwar die Bezirks- und/oder Republikswahlkommssion als Überprüfungsorgan denkbar, doch könnte die, Sachkenntnis und Schnelligkeit vermittelnde, Nähe des Kreisgerichts den Ausschlag geben. Die Fälle 3 und 4 sowie partiell 7 und 8 bis 10 könnten unter dem Gesichtspunkt der zwar abgestuften, aber in allen Fällen gegebenen großen bis existenziellen Bedeutungen für den betroffenen Bürger zusammengefaßt werden, obwohl andere Fälle mindestens gleicher Wichtigkeit nicht zur gleichen Folge führen. Die Fälle 5 und 6 sind zivil- und arbeitsrechtlichen Äquivalenzbeziehungen von Leistung und Gegenleistung verwandt[18], wo offensichtlich die unbedingte Sicherheit der Gegenleistung durch Drittentscheidung zur Leistungsstimulierung beitragen soll. Ein vergleichbarer Mechanismus könnte im Fall 7 der Erhöhung der Akzeptanz des Impfgebots dienen.

Neben den behandelten Erweiterungen zu den vier großen Rechtsgebieten gibt es auch Einschränkungen der Zulässigkeit des gerichtlichen Rechtsweges, wenn nämlich zur Entscheidung einer eigentlich in die Gerichtskompetenz fallenden Rechtsangelegenheit eine Vorfrage aus den *Tabu*-Rechtsgebieten verhandelt und entschieden werden müßte. Im Zweifelsfall werden also eher zum Beispiel zivil- oder arbeitsrechtliche Streitfragen nicht gerichtlich geklärt, als daß die Gerichte implizit eine staats-, verwaltungs- oder wirtschaftsrechtliche Vorfrage mitentscheiden.[19] So hat das Oberste Gericht entschieden, daß der Gerichtsweg unzulässig ist, wenn eine arbeitsrechtliche Forderung des Werktätigen gegen den Betrieb auf die Überprüfung einer Leitungsentscheidung über Strukturveränderungen hinausläuft.[20]

Die Kompetenz zur Entscheidung über den Umfang ihrer Entscheidungskompetenz steht den Gerichten selbst zu, sie befinden über die Zulässigkeit des zu ihnen beschrittenen Rechtsweges. Einem aus der möglichen Kongruenz der

Interessen der rechtsuchenden Bürger auf gerichtliche Drittentscheidung und des Gerichts an einer Bedeutungserhöhung durch Kompetenzausweitung resultierenden tendenziellen Hinausschieben der engen Grenzen durch die Gerichte steht das Recht der Staatsanwaltschaft zur Mitwirkung in allen Gerichtsverfahren entgegen. Die Staatsanwaltschaft kann gegen eine ihrer Ansicht nach zu expansive Entscheidung Rechtsmittel einlegen bzw. deren Kassation beantragen.

### *3.1.2 Instanzielle Zuständigkeit (vertikale Kompetenzorganisation)*

Vertikal ist die Staatliche allgemeine Gerichtsbarkeit der DDR entsprechend der politisch-administrativen Gliederung in einem dreistufigen Aufbau in 236[21] Kreisgerichte flächendeckend in Land- und Stadtkreisen[22] sowie Stadtbezirken von Großstädten, 14 Bezirksgerichten und das „Stadtgericht Berlin, Hauptstadt der DDR"[23] sowie das Oberste Gericht der DDR organisiert. Generelle Eingangsinstanz der Staatlichen allgemeinen Gerichtsbarkeit sind die Kreisgerichte. Diese prinzipielle basisnahe Regelung soll Ausfluß des politischen Grundsatzes sein, „alle Fragen ... dort zu entscheiden, wo dies mit der erforderlichen Sachkunde im möglichst engen Kontakt mit der Bevölkerung und unter möglichst genauer Kenntnis der örtlichen Bedingungen geschehen kann".[24]

Quantitativ wird diese dem Subsidiaritätsprinzip entlehnt erscheinende Ausrichtung dadurch bekräftigt, daß mehr als 90 % aller Staatlichen Gerichtsverfahren bei den Kreisgerichten stattfinden.[25] Entsprechend dem allgemeinen leninistischen Organisationsmuster, daß jeweils zentralere Leitungsinstanzen im von ihnen definierten Bedarfsfalle Vorrang haben[26], gilt jedoch auch diese basisnahe Regelung nicht ohne qualitativ bestimmte Ausnahmen. Neben bestimmten, gesetzlich festgelegten schweren Straftaten kann weiterhin jeder Fall aus allen vier Rechtsgebieten wegen seiner „Bedeutung, Folgen oder Zusammenhänge" (§ 30 GVG) von der Staatsanwaltschaft vor das Bezirksgericht gebracht werden, bzw. vom Direktor des Bezirksgerichts an dieses herangezogen werden. ‚Folgen' oder ‚Zusammenhänge' könnte man dabei noch als ausreichend objektivierbare Begriffe ansehen, ‚Bedeutung' ist allein eine (rechts-)politisch-pragmatische Kategorie.

Im Strafrecht als dem in Teilen politisch relevantesten Rechtsgebiet setzt sich diese Variationsbreite der Eingangsinstanz zugunsten der Staatsanwaltschaft fort, da der Generalstaatsanwalt gleichfalls wegen der von ihm deklarierten „Bedeutung" (§ 37 I 1. Stabstr. GVG) Anklage vor dem Obersten Gericht erheben kann.

Eine ausschließliche örtliche Zuständigkeitskonzentration und erstinstanzliche Festlegung für Streitigkeiten auf dem Gebiet des Patent-, Muster-, Kennzeichen- und Urheberrechts ist wegen der zu behandelnden schwierigen Spezialmaterie beim Bezirksgericht Leipzig getroffen worden.[27]

Aus gleicher Motivation heraus bestimmt § 115 V des Seehandelsschiffahrtsgesetzes der DDR die erstinstanzliche sachliche Zuständigkeit des Bezirksgerichts Rostock für Verfahren zur Durchführung der Beschränkung der Reederhaftung.[28]

Nach unten und außerhalb des Staatlichen Gerichtssystems verlagert ist die generelle Eingangsinstanz in Arbeitsrechtssachen. In solchen Streitsachen müssen zunächst die Konfliktkommissionen angerufen werden. Die Behandlung durch die Konfliktkommission ist Zulässigkeitsvoraussetzung der Klageerhebung beim Kreisgericht. Die DDR möchte mit diesem im Betriebsrahmen stattfindenden informelleren Verfahren die mit der Sachnähe, Personenkenntnis und gegenseitigen Vertrautheit oftmals einhergehende größere Kompromißbereitschaft und gütliche Einigungsmöglichkeit erstmal ausschöpfen, bevor eine eigendynamische Verfahrensschärfe aufkommen kann. Bei ein und dem gleichen Betriebseigentümer wie in der DDR macht es wenig Sinn, die ‚Lösung' von Konflikten in der Trennung von Betrieb und Werktätigem zu suchen.[29]

Vor diesem Hintergrund ergibt sich folgerichtig, daß die Anrufung der Konfliktkommission als Zulässigkeitsvoraussetzung einer Klage beim Kreisgericht entfällt[30], wenn der Bürger

- (bei Neuererrechtsstreitigkeiten) nie Werktätiger des Betriebes war,
- verstorben ist und Erben oder Hinterbliebene klagen,
- sich in Untersuchungshaft, im Strafvollzug oder im Wehrdienst befindet und das Arbeitsverhältnis dadurch schon anderweitig zumindest unterbrochen ist,
- inzwischen andernorts eine neue Arbeit aufgenommen hat.

Des weiteren erübrigt sich das personalere (Vor-)Verfahren, wenn der Betrieb als (pflichtwidriger) Drittschuldner von dem Gläubiger eines Werktätigen in Anspruch genommen wird, weil in diesen Fällen zwischen Betrieb und Werktätigem keine Differenzen auszuräumen sind.

Analog zu dem oben dargelegten Interventionsrecht der nächsthöheren Ebene innerhalb des Staatlichen Gerichtssystems besteht als zweite Art der Ausnahme der zwingenden Erstbefassung der Gesellschaftlichen Gerichte das Recht der Staatsanwaltschaft und hier des Kreisvorstandes des Gewerkschaftsbundes, die Arbeitsrechtsangelegenheit wegen ihrer „Bedeutung, Folgen oder Zusammenhänge" (§ 3 der 1. DB zur ZPO) direkt vor das Kreisgericht zu bringen, bzw. das Recht des Direktors des Kreisgerichts, sie an das Kreisgericht heranzuziehen.

Gleichfalls nach unten auf die Ebene der Gesellschaftlichen Gerichte ist die Eingangsinstanz für die Behandlung von zwischenmenschlich-nachbarschaftlichen Streitigkeiten, wie Beleidigungen, Verleumdungen und Hausfriedensbruch verlagert[31], die neben geringfügigen Eigentumsdelikten als „unbedeutende Verletzungen rechtlich geschützter Interessen" (§ 4 StGB) zur Gruppe der Verfehlungen zusammengefaßt sind. Auch hier soll der soziale Einfluß minder anonymer Verfahren, wenn nicht zur Aussöhnung, dann wenigstens zur Dämpfung der Streitbeteiligten und äußerlichen Wiederherstellung von Ruhe und Ordnung eingesetzt werden.

Die Zuständigkeit eines Gerichts ergibt sich des weiteren als zweitinstanzliche durch den Devolutionseffekt eingelegter Rechtsmittel. In der DDR können erstinstanzliche Urteile und Beschlüsse von den Parteien mit der Berufung[32] und der Beschwerde[33], vom Staatsanwalt mit dem Protest[34] angefochten werden. Die Rechtsmittel führen zur tatsächlichen und rechtlichen Überprüfung der erstinstanzlichen Entscheidung. Von diesem generellen Zwei-Instanzen-Prinzip gibt es als echte Ausnahme das erst- und letztinstanzliche Strafverfahren vor dem Obersten Gericht auf Anklage des Generalstaatsanwalts. Weiterhin sind einige Entscheidungen des Kreisgerichts als einzigem befaßtem Staatlichen Gericht endgültig, und zwar jene, bei denen es allein als Überprüfungsinstanz anderer spezialisierter Staatlicher oder Gesellschaftlicher Einrichtungen tätig wird, während die eigentliche Rechtsmaterie der Staatlichen Gerichtsbarkeit nicht unterliegt. Es sind dies die staats- und verwaltungsrechtlichen Angelegenheiten der verweigerten Eintragung in die Wählerliste[35], notarielle Entscheidungen[36], polizeitliche Strafverfügungen wegen Verfehlungen[37] sowie die Entscheidungen der Gesellschaftlichen Gerichte über die *eo ipso* oder durch Übergabeverfügung in ihre Zuständigkeit fallenden Vergehen, Verfehlungen, Schulpflichtverletzungen und Ordnungswidrigkeiten[38].

In den Fällen, in denen nicht direkt beteiligte Kollegialorgane die Erstentscheidung getroffen haben, wie die Wahlkommissionen hinsichtlich der Eintragung in die Wählerliste oder die Gesellschaftlichen Gerichte bei den von ihnen behandelten Rechtsverletzungen, läßt sich von einer nur unechten Ausnahme des Zwei-Instanzen-Prinzips sprechen, da die Angelegenheiten auch hier zweimal von ‚unbeteiligten Dritten' geprüft worden sind. In dieses Schema fügt sich auch die „Berufung" gegen eine Entscheidung der Spruchstelle für Nichtigkeitserklärungen des Amtes für Erfindungs- und Patentwesen beim Obersten Gericht ein (§ 37 I GVG). In den anderen erwähnten Fällen bleibt der gerichtliche Rechtsschutz auch der Sache nach auf eine Instanz verkürzt.

Die DDR kennt in der Kassation[39] rechtskräftiger Entscheidungen eine dritte hauptsächliche Form der zuständigen Befassung eines Gerichts mit einem Rechtsstreit. So kann das Präsidium des Obersten Gerichts auf Antrag seines Präsidenten oder des Generalstaatsanwalts Entscheidungen der Untergerichte und der Senate des Obersten Gerichts kassieren und in der Sache selbst neu entscheiden. Die gleiche Kompetenz steht dem Bezirksgericht auf Antrag seines Direktors oder des Bezirksstaatsanwalts hinsichtlich der Entscheidungen der Kreisgerichte zu. Der Antrag muß außer zugunsten von Strafverurteilten binnen Jahresfrist erfolgen. Die Partei des Rechtstreits bzw. der Verurteilte sind nicht selbst antragsberechtigt, sie können solche Anträge bei den Gerichtsleitern bzw. dem entsprechenden Staatsanwalt nur anregen.

Zusammenfassend läßt sich festhalten, daß die instanzielle Zuständigkeit der Gerichtsbarkeit in der DDR mit mindestens zwei sowie bei Strafverfahren und, unter Einbeziehung der Gesellschaftlichen Gerichte, bei Arbeitsrechtssachen sogar drei möglichen Eingangsinstanzen sehr variabel ausfällt. Des weiteren stehen die Möglichkeiten des vorlaufenden Heranziehens durch die übergeordnete Gerichtsleitung und der nachlaufenden Kassation durch das Obergericht sowie der devolutionierenden Beantragung durch den Staatsanwalt parallel zur erörterten asymetrischen Aufgabenstellung der Rechtsprechung ungleich verteilt allein den Vertretern des (zentraleren) Gesamtinteresses zu. Der Bürger hat geringere Möglichkeiten der Plazierung seines Rechtstreits bei unveränderter Tatsachen- bzw. Beweislage.[40].

### 3.2 Staatliche Militärgerichtsbarkeit

Neben der Staatlichen allgemeinen Gerichtsbarkeit besteht für die Rechtsprechung in Strafsachen gegen Militärpersonen und Personen in militärnahen Einrichtungen sowie gegen Personen, die Straftaten gegen die militärische Sicherheit begehen[41], eine besondere Militärgerichtsbarkeit. Die DDR wehrt sich gegen die Bezeichnung „Sondergerichte"[42] für diese speziellen Gerichtsorgane, doch da eine Differenzierung nach der der Rechtsprechung zugrunde liegenden Gesetzeskodifikation nicht vorliegt, ist das *Gericht* gesondert und der Begriff ‚Sondergericht' daher zutreffend. Die Militärgerichtsbarkeit ist parallel zur allgemeinen Gerichtsbarkeit mit Militärgerichten, Militärobergerichten und dem Militärkollegium des Obersten Gerichts dreistufig aufgebaut. Neben der bekannten Zuweisung bestimmter festgelegter schwerer Straftaten an die Mittelinstanz[43] und der Möglichkeit des Militärstaatsanwalts zur Anklageerhebung vor dem, bzw. der Heranziehung an das Militärobergericht durch dessen Leiter wegen der unbestimmten „Bedeutung, Folgen und Zusammenhänge" (§ 11 II Nr. 5 MilGO) von Strafsachen, zeichnet sich die instanzielle Zuständigkeit in der Militärgerichtsbarkeit dadurch aus, daß Militärpersonen je nach Rang und Stellung dreigestuft anzuklagen sind. Ab Dienstgrad Oberst/Kapitän zur See, bzw. ab Dienststellung Regimentskommandeur oder Gleichgestellte ist das Militärobergericht erstinstanzlich zuständig (§ 11 II Nr. 4 MilGO), ab Generalmajor/Konteradmiral bzw. ab Divisionskommandeur oder Gleichgestellter findet die erst- und letztinstanzliche Verhandlung vor dem Obersten Gericht statt (§ 14 I Nr. 2 MilGO). Wenn die Militärgerichte Rechtsprechung „nach den gleichen Gesetzen und Grundsätzen ... wie die anderen staatlichen Gerichte"[44] ausüben sollen, hätte man den mit den beiden herangezogenen Anknüpfungspunkten des Personal- und des Sachprinzips[45] einhergehenden Besonderheiten auch innerhalb der allgemeinen Gerichtsbarkeit Rechnung tragen können. So bleibt als relevante, wenn auch sehr globale Begründung der Einrichtung dieser Sondergerichte, daß sie „entsprechend der Bedeutung der Landesverteidigung und den Bedingungen des militärischen Lebens geschaffen worden (sind)".[46]

Durch diesen Rekurs auf Bedeutung und besondere Bedingungen und seine praktische Umsetzung wird einer Anschauung Vorschub geleistet, die dem Militär eine Position als ‚Staat im Staat' zubilligt. Nicht im Sinne einer politischen Verselbständigung[47], sondern auf dem vom Strafrecht mit geprägten Gebiet der Verhaltensnormierung. Sind z. B. allgemeine zwischenmenschliche Gewaltdelikte von Militärangehörigen anders zu bewerten als von Zivilbürgern? Wird dem Militär insgesamt eine im Zeitalter des atomaren Massentodes überholte[48] Sonderstellung eingeräumt, so setzt sich diese (vor-)gestrige Linie im Innern in Gestalt des rang- bzw. stellungsgemäßen Gerichts fort. In einem dem Anspruch nach volldemokratisierten Staat mutet es eigenartig an, daß man in der Militärgerichtsbarkeit davor bewahrt bleibt, sich vor Niederrangigen verantworten zu müssen.[49] Dem kann keine funktionelle, evtl. vertretbare, Differenzierung nach „Bedeutung, Folgen und Zusammenhängen" der zu be- und abzuurteilenden Tat zugrunde liegen, da diese Höherstufungsmotive bereits ausreichend von der Militärstaatsanwaltschaft und den Gerichtsleitern im Rahmen ihrer Antrags- bzw. Heranziehungskompetenz zur Geltung gebracht werden. Was daneben noch bleibt, sind allein Standes- oder Korpsgründe, die den General beim gleichen Eierdiebstahl vor ein anderes Gremium bringen als den Gefreiten.

Insgesamt dient die besondere Militärgerichtsbarkeit nicht der Eingliederung der Armee in die Gesellschaft und die Differenzierung im Innern nicht der demokratisch fundamental geforderten Statusgleichheit gegenüber dem Recht bzw. dem Gericht.[50]

## 3.3 Gesellschaftliche Gerichtsbarkeit

Neben den Staatlichen Gerichten wird in der DDR gemäß Art. 92 der Verfassung von den Gesellschaftlichen Gerichten Rechtsprechung ausgeübt. Die Gesellschaftlichen Gerichte unterscheiden sich von der sehr spezialisierten und artifiziellen Staatlichen Gerichtsbarkeit insbesondere dadurch, daß sie hinsichtlich der beteiligten Personen, praktizierten Verfahren und intendierten Wirkungsweise weniger von der gewöhnlichen sozialen Interaktion abweichen. So sind die Gesellschaftlichen Gerichte ausschließlich mit juristischen Laien der jeweiligen Wohn- oder Produktionseinheit besetzt, die ihre ‚richterliche' Tätigkeit neben- und ehrenamtlich verrichten. Des weiteren soll dadurch, daß die Mitglieder der Gesellschaftlichen Gerichte mit dem Arbeits- und Wohnbereich den Hintergrund der Rechtsangelegenheit und die beteiligten Kollegen bzw. Mitbürger aus eigenem alltäglichen Erleben kennen, eine größere Sachnähe und individuelle Angemessenheit der Entscheidung erreicht werden. Der erzieherisch akzentuierte Charakter der als Ergebnis der Beratung zu beschließenden Maßnahmen und das Verbleiben der ‚Richter' wie des Rechtsverletzers im gleichen sozialen Umfeld schließlich zielen neben der Verhaltens- primär auf eine Bewußtseins- und Einstellungsänderung.

Die Gerichtsform andererseits wird damit begründet, daß es zu einer geordneten und wirksamen Behandlung *rechtlich geschützter* Interessen einer strukturierten und organisierten Form in ständigen Spruchkörpern mit entsprechenden Regeln über Bildung, Verfahren, Entscheidungskompetenzen und Überprüfungsmöglichkeiten bedarf. Unbeschadet ihrer oben dargelegten sozialen Ausrichtung sind die Gesellschaftlichen Gerichte im Sinne der eingangs erörterten kennzeichnenden Elemente Rechtsprechungsorgane, weil sie auf und allein auf Antrag nach vorher festgelegten Rechtsregeln entscheiden (und ihre Entscheidungen notfalls zwangsweise durchgesetzt werden können). Die Gesellschaftlichen Gerichte haben keine eigene ordnungspolitische oder Untersuchungsfunktion, wie etwa die gleichfalls semiprofessionelle Arbeiter-und-Bauern-Inspektion.[51] Die Stellung der Gesellschaftlichen Gerichte im System der Rechtsprechung definierte das Oberste Gericht 1969[52] dahingehend, daß die Gesellschaftlichen Gerichte „auf der Grundlage des Art. 92 der Verfassung ... eine gleichberechtigte und gleichverpflichtete selbständige Stellung (haben) ... Sind die gesetzlichen Grundlagen für ihr Tätigwerden gegeben ... (sind sie) berechtigt und verpflichtet, über die Straftat zu entscheiden." In den Gründen wird zu diesen Leitsätzen ausgeführt, daß „die mit Art. 92 der Verfassung den gesellschaftlichen Gerichten übertragene höhere Rolle und Verantwortung im System der sozialistischen Rechtspflege eine Reihe rechtlicher Konsequenzen nach sich gezogen (hat). Die Gesellschaftlichen Gerichte üben die Rechtsprechung nicht neben den staatlichen Organen und von ihnen abgeleitet aus, sondern sie haben eine im System der Rechtsprechung gleichberechtigte und gleichverpflichtete selbständige Stellung ...". Die Qualifizierung und theoretische Einordnung der Gesellschaftlichen Gerichte als einem zwischen Staatlichem und Gesellschaftlichem changierendem *novum* wirft große Probleme auf, insbesondere wenn man die Frage vor dem Hintergrund der von den Sozialistischen Ländern verbal nicht aufgegebenen Entwicklungsperspektive des Absterbens des Staates[53] sieht. In der Stellungnahme des Verfassungs- und Rechtsausschusses zur Neufassung des Gesetzes über die gesellschaftlichen Gerichte heißt es dazu, daß die Gesellschaftlichen Gerichte „weder von den staatlichen Organen der Rechtsprechung isoliert (sind), noch sind sie selbst staatliche Organe".[54] Ihr „gesellschaftlicher Charakter" sei zu stärken.[55] Mit gleicher Tendenz hatte in der Ausarbeitungsphase der Staatssekretär im Justizministerium erklärt, daß es nicht beabsichtigt sei, „die gesellschaftlichen Gerichte etwa zu kleinen Kreisgerichten umzuprofilieren, vielmehr kommt es darauf an, ihren gesellschaftlichen Charakter weiter auszuprägen".[56] In der Literatur vertritt H. Grieger diese Position und schreibt den Gesellschaftlichen Gerichten einen „gesellschaftlichen Charakter" und eine „Stellung als nichtstaatliche Elemente in der politischen Organisation des Sozialismus der DDR"[57] zu. Demgegenüber beharrt F. Posorski darauf, die Gesellschaftlichen Gerichte setzten „*staatliche* Macht durch"[58] (Hervorhebung im Original) und vollbrächten „eine staatliche Tätigkeit".[59] Hinsichtlich des Verhältnisses handele es sich um eine „Verzahnung" staatlicher und nichtstaatlicher Elemente. Mögliche Eckpunkte einer Einordnung der Gesellschaftlichen Gerichtsbarkeit in klassischen Deutungsfiguren wären eine ‚Vergesellschaftung des Staates' *vs.* einer ‚Verstaatlichung der Gesellschaft'. Die Gesellschaftlichen Gerichte sind ihrem Charakter nach nicht gesellschaftlich, da sie neben dem relativ formellen Verfahren die Gesellschaft nicht, wie zu fordern wäre, abbilden, nach Auswahl und Absicht für die Bevölkerung nicht repräsentativ sind. Andererseits sind sie nicht staatlich, weil sie weitgehend unabgehoben von den konkreten Menschen und Situationen agieren. Es sind Elemente beider Pole in den Gesellschaftlichen Gerichten auszumachen. Die erreichte Situation ist jedoch besser als mit dem Bild der Verzahnung, bei der beide Seiten auf ihrem Terrain unverändert bleiben, als ein Stück Integration[60] von Staat und Gesellschaft zu kennzeichnen[61].

Die Gesellschaftlichen Gerichte bestehen entsprechend ihrer sozialen Ausrichtung in den beiden in der DDR für gleich grundlegend[62] und wichtig erachteten Lebensbereichen des Arbeitens und des Wohnens in Form von 26.282 Konfliktkommissionen[63] in Volkseigenen und ihnen gleichgestellten Betrieben, staatlichen Gesundheits-, Kultur-, Bildungs- und anderen Einrichtungen sowie in Gesellschaftlichen Organisationen mit mehr als 50 Betriebsangehörigen.[64] Als Regelobergrenze soll eine Konfliktkommission für nicht mehr als 300 Arbeiter und Angestellte zuständig sein. Auch in landwirtschaftlichen und gärtnerischen Produktionsgenossenschaften, in denen Gewerkschaftsorganisationen bestehen, werden „entsprechend den gesellschaftlichen Erfordernissen" Konfliktkommissionen eingerichtet. Ihre Zuständigkeit erstreckt sich dort auf „die im Arbeitsrechtsverhältnis stehenden Bürger", nicht auf die Genossenschaftsmitglieder.

Schiedskommissionen werden als territoriale oder produktionsgenossenschaftliche gebildet. Es bestehen 3.731 in Gemeinden, 1.728 in Wohngebieten der Städte und 93 in Produktionsgenossenschaften der Bauern, Gärtner, Fischer und Handwerker für Angelegenheiten der Mitglieder.[65] Der Einzugsbereich einer Schiedskommission soll als Obergrenze in den Städten 8.000 Bürger nicht überschreiten.[66]

Die sachliche Zuständigkeit der Gesellschaftlichen Gerichte erstreckt sich auf

a) Vergehen, wenn von den Untersuchungsorganen übergeben,
b) Verfehlungen (Eigentumsverfehlungen, Beleidigungen, Verleumdungen, Hausfriedensbruch),

c) Ordnungswidrigkeiten, wenn von den Ordnungsstrafbefugten übergeben,
d) Schulpflichtverletzungen,
e) einfache zivilrechtliche und andere Rechtsstreitigkeiten bis zu einem Wert von etwa 1 000 Mark

sowie hinsichtlich der Konfliktkommission auf

f) Arbeitsrechtsstreitigkeiten[67].

Damit lassen sich verschiedene Anknüpfungspunkte für die Zuständigkeit der Gesellschaftlichen Gerichte ausmachen. Die Fälle a) bis d) können unter dem finalen Gesichtspunkt der größeren erzieherischen Einflußmöglichkeit der Gesellschaftlichen Gerichte zusammengefaßt werden. Fall e) stellt auf die Einfachheit des Verfahrens ab. Hinsichtlich des Falles f) dürfte das oben erörterte Bemühen der Konflikteindämmung ausschlaggebend sein. Die in den Fällen b), d) und e) immer vorausgesetzte Einfachheit der tatsächlichen und juristischen Fallbehandlung sowie die in den Fällen a) und e) gegebene Flexibilität der Befassung der Gesellschaftlichen Gerichte stellt sicher, daß sie nicht überfordert werden, mindert aber in den beiden letztgenannten Fällen die Bestimmtheit und Vorhersehbarkeit des befaßten Sanktionsorgans. Hier besteht eine Variationsbreite zwischen Rechtsprechungs- und Exekutivorganen nach Wahl des Exekutivorgans.

Mengenmäßig nicht unbedeutend sind den Gesellschaftlichen Gerichten 1983 von den Untersuchungsorganen 24,2 % der Vergehen zur Behandlung übergeben worden.[68] Die Konfliktkommissionen haben insgesamt 73.022 Fälle[69] behandelt, was im Schnitt ca. 2,8 Fälle pro Kommission ausmacht. Die Schiedskommissionen wickelten 19.978 Verfahren[70] ab, was im Schnitt ca. 3,6 Fälle pro Kommission ergibt. Dazu sollen bei beiden Gesellschaftlichen Gerichten noch einmal etwa die gleiche Anzahl von rechtsfördernden anderen Aktivitäten hinzukommen[71].

Eine Strukturunterteilung der von den Konfliktkommissionen 1982 durchgeführten 68.741 Verfahren weist 51.411 mit arbeitsrechtlichen Ansprüchen aus. Die Arbeitsrechtsstreitigkeiten untergliederten sich wie folgt:

31.242 Materielle Verantwortlichkeit,
5.038 Lohn-, Gehalts- und Prämienfragen,
4.389 Einsprüche gegen Disziplinarmaßnahmen,
3.242 Anträge von Betrieben auf erzieherische Verfahren,
1.400 Beendigung von Arbeitsrechtsverhältnissen,
1.206 Einsprüche gegen Beurteilungen sowie
811 Anwendung des Neuererrechts.[72]

Die Strukturangaben lauten für die Schiedskommissionen für 1983 global, daß „rd. 12.000 [Beratungen] wegen einfacher zivilrechtlicher Streitigkeiten und Verfehlungen in Form von Beleidigung, Verleumdung und Hausfriedensbruch"[73] durchgeführt wurden. Für 1981 hieß es, daß zivilrechtliche Streitigkeiten und „Verfehlungen in Form von Beleidigungen und Verleumdungen" zusammen etwa 2/3 der behandelten Fälle und Vergehen ca. 29 % ausgemacht haben.[74] Für 1978 liegen noch detailliertere Zahlen vor. Danach betrafen 45 % der Verfahren Verfehlungen, 27 % zivilrechtliche Streitigkeiten und 23 % Vergehen und ein Rest von 5 % anderweitige Angelegenheiten.[75]

Neben Entscheidungen in Zivil- und Arbeitsrechtssachen, bei denen die Gesellschaftlichen Gerichte über Ansprüche befinden, können sie in den übrigen erzieherischen Verfahren[76]

a) die Verpflichtung auferlegen bzw. bestätigen zur
   - Entschuldigung beim Geschädigten oder vor dem Kollektiv,
   - Wiedergutmachtung des Schadens in Geld oder durch eigene Arbeit;
b) die Selbstverpflichtung bestätigen zur
   - gemeinnützigen Arbeit in der Freizeit,
   - Entwicklung, Förderung und Gewährleistung rechtsgemäßen Handelns;
c) eine Rüge erteilen;
d) eine Geldbuße von 10 bis 500 Mark auferlegen.

Aus dem erzieherischen Charakter des Verfahrens folgt, daß der betroffene Bürger vor dem Gesellschaftlichen Gericht „persönlich Stellung zu nehmen"[77] hat. Er kann sich zwar vor der Verhandlung u. a. durch Rechtsanwälte rechtlich beraten lassen, diese aber nicht mit seiner Vertretung vor dem Gesellschaftlichen Gericht beauftragen. Der Konfliktkommission soll Einblick in betriebliche Unterlagen gewährt werden, „soweit dies für die richtige Beurteilung der Sache und der Person des Werktätigen notwendig ist und dem keine gesellschaftlichen Interessen entgegenstehen"[78]; von möglicherweise entgegenstehenden persönlichen Interessen ist nicht die Rede.

Die Gesellschaftlichen Gerichte nehmen nach einem in der Volkskammer berichteten Fallbeispiel „je nach Erfordernis feinfühlig oder auch nachdrücklich"[79] auf die Rechtsverletzer Einfluß. Des weiteren können die Schiedskommissionen Ordnungsstrafen bis 50 Mark bei unbegründetem Fernbleiben oder Störung der Verhandlung verhängen. Den Konfliktkommissionen steht eine solche Ordnungsstrafkompetenz nicht zu; den erreichbareren Betriebsangehörigen gegenüber sollen informellere Beeinflussungsmethoden angewandt werden.

Weigert sich ein betroffener Bürger beharrlich vor dem Gesellschaftlichen Gericht zu erscheinen, so kann bei Verfahren wegen Leistungsansprüchen, Eigentumsverfehlungen und Schulpflichtverletzungen durch Erziehungsberechtigte auch in seiner Abwesenheit entschieden werden, bei den (anderen) erzieherischen Verfahren gibt das Gesellschaftliche Gericht die Sache an das übergebende Organ zurück[80], das dann andere, eventuell härtere Maßnahmen ergreift.

In früheren Zeiten wurde darüber berichtet, daß „Werktätige, denen ein Rechtsverstoß zur Last gelegt wird, häufig bestätigen, daß es ihnen unangenehmer sei, diesen in der Konfliktkommission behandelt zu sehen als in einem Gerichtsverfahren". Auch komme es „gelegentlich vor, daß ein betroffener Werktätiger während der Beratung erklärt, daß er sich außerstande sehe, in der Öffentlichkeit und vor der gesamten Kommission offen zu seinem Problem Stellung zu nehmen, jedoch bereit sei, sich gegenüber dem Vorsitzenden allein oder einem bestimmten Mitglied auszusprechen"[81]

Die erste Feststellung zumindest gilt auch heute noch, wie von fachkundiger staatsanwaltschaftlicher Seite im DDR-Fernsehen berichtet wurde.[82] Der Umstand wird jedoch positiv als vorwärtsweisender Effekt im Sinne der Erziehung zu sozialistischen Einstellungs- und Verhaltensweisen bewertet. Haben die Gesellschaftlichen Gerichte eine Entscheidung gefällt, ist die äußere Akzeptanz der Beschlüsse durch die betroffenen Bürger hoch, im Schnitt wurden 1981 nur 16,2 % der Beschlüsse der Gesellschaftlichen Gerichte beim Kreisgericht von den Beteiligten angefochten[83]; in über 90 % der Arbeitsrechtsstreitigkeiten entschieden die Konfliktkommissionen wie in früheren Jahren auch 1983 endgültig[84], das macht für alle anderen Rechtsgebiete eine Anfechtungsquote von ca. 25 %. Auch die juristische Qualität der Beschlüsse weist, sicherlich auch aufgrund der tatsächlichen Geklärtheit und rechtlichen Einfachheit der Fälle, mit denen sich die Gesellschaftlichen Gerichte befassen, einen hohen Stand auf, da die Staatsanwaltschaft, die alle Beschlüsse auf die Einhaltung der Gesetzlichkeit prüft, 1981 nur in ca. 1,5 % der Fälle ihrerseits Einspruch einlegte, die „grundsätzlich zur Aufhebung“[85] führten. Von den Einsprüchen der Betroffenen führten nur wenige zum Ziel, so daß insgesamt nur 2 % der Beschlüsse der Konfliktkommissionen[86] von den Kreisgerichten aufgehoben wurden. Gegen Entscheidungen der Schiedskommissionen wurden 1983 in 2,5 % der Fälle Einspruch eingelegt, wovon 1 % erfolgreich war.[87]

Die Gesellschaftlichen Gerichte unterliegen einer komplexen Leitung und Qualifizierung, an der auf zentraler Ebene das Oberste Gericht, der Gewerkschaftsbund und das Justizministerium in Zusammenwirken mit dem Generalstaatsanwalt, dem Innenministerium einschließlich der Volkspolizei sowie der Nationalen Front beteiligt sind.[88] Auf Bezirks- und Kreisebene wiederholt sich dieses Geflecht, wofür bei den Direktoren der jeweiligen Gerichte „Beiräte für Schiedskommissionen“ gebildet werden. Die Gewerkschaften hinsichtlich der Konfliktkommissionen[89] sowie die Kreisgerichte hinsichtlich der Schiedskommissionen[90] sind für die konkrete Anleitung und Schulung der Mitglieder der Gesellschaftlichen Gerichte zuständig. Neue Mitglieder sollen an einigen Wochenenden nach ihrer Wahl in die Grundlagen ihrer Tätigkeit eingeführt werden. Danach findet für die Mitglieder eine kontinuierliche Weiterbildung statt, die für die Konfliktkommissionsmitglieder in „planmäßige(r) monatliche(r) Schulung ... außerhalb der Arbeitszeit“[91] in Zirkeln von etwa 30 Mitgliedern durchgeführt wird. Die Schulung der Schiedskommisionsmitglieder ist zeitlich nicht so festgelegt, da in den ländlichen Gebieten in den Sommermonaten wohl nicht ausreichend Zeit für solche Aktivitäten zur Verfügung steht. Neben der Aneignung neuer materieller und Verfahrensrechtskenntnisse dient die Schulung hauptsächlich der Implantation rechts- und ordnungspolitischer Zielstellungen. „Es geht ... in der Schulung keineswegs vorrangig um die Vermittlung von Normenkenntnissen, sondern um die Festigung der politisch-ideologischen Position der Mitglieder der Schiedskommission im Simme der Weltanschauung und der Eigenschaften der führenden Arbeiterklasse. Die Schulung wird so aufgebaut sein, daß sich ... die Mitglieder der Schiedskommissionen mit den politisch-ideologischen Grundlagen der sozialistischen Rechtspflege und wichtigen gesellschaftlichen Zusammenhängen vertraut machen können“.[92]

Setzt man den skizzierten organisatorischen und personellen Aufwand für die Arbeit der Gesellschaftlichen Gerichte und insbesondere für die Schulung der Mitglieder mit dem von ihnen geleisteten Rechtsprechungsertrag von 2,5 bzw. 3,6 Beschlüssen pro Kommission und Jahr in Relation, so stellt sich die Frage nach der mit dieser Einrichtung auch über die Rechtsprechungsaufgabe hinaus verfolgten Zielstellung.

Zunächst wird die prozessuelle Effektivität positiv zu Buche schlagen, weil betriebliche und nachbarschaftliche Konflikte einer in hohem Grade sach- und personenangemessenen Lösung bei geringen finanziellen und allgemeinen materiellen Kosten zugeführt werden. Des weiteren liefert dieses System und nur dieses ein solches Maß an ‚Bürgernähe‘, im positiv gemeinten Sinne wie auch in dem Sinne, daß der Staat sich dem Bürger aufdrängt und mit psychologisch-sozialen Mitteln die individuelle Lebensgestaltung in eine umfassende „Leitung und Planung“[93] mit einbezieht.

Es bleibt aber ein weiteres Ziel zu vermuten, daß nämlich nicht zuletzt die Mitglieder der Gesellschaftlichen Gerichte selbst Adressaten der Bemühungen sind, daß erst einmal die ‚Erzieher' durch Stellung und Schulung ‚erzogen' werden sollen.[94] Es könnte die Erwartung eine Rolle spielen, daß die Kommissionsmitglieder sich als Reaktion auf ihre Außenaufgaben zunächst selbst in höherem Maße normkonform verhalten und ihren unmittelbaren Lebensbereich auf die Einhaltung der staatlichen und gesellschaftlichen Vorschriften ausrichten. Das ergäbe ein weitverzweigtes Netz von Norm-‚Stabilisatoren', das die Gesellschaft in allen Lebenslagen durchzieht. So wäre der Gebrauch des Indikativs in folgendem Zitat statt als faktische Beschreibung als eher noch verstärkter Imperativ zu interpretieren: „Sie [die Mitglieder der Konfliktkommissionen] gehen mit gutem Beispiel voran und sind ihren Kollegen Vorbild"[95].

Allein als Mitglied eines Gesellschaftlichen Gerichts[96] im Schnitt jedes dreißigste Betriebsmitglied und jeder dreißigste Bürger ein ‚Stabilisator' des öffentlichen Normengefüges, eine sehr dichte Zahl.

### 3.4 Vertragsgerichtsbarkeit

Für „Streitfälle bei der Gestaltung und Erfüllung von Wirtschaftsverträgen"[97] sowie „sonstige vermögensrechtliche Streitfälle zwischen sozialistischen Betrieben, sozialistischen Genossenschaften, staatlichen Organen, gesellschaftlichen Organisationen und Betrieben mit staatlicher Beteiligung"[98] ist nicht die oben behandelte Staatliche allgemeine Gerichtsbarkeit in Gestalt der Kreis- und Bezirksgerichte und des Obersten Gerichts, sondern das Staatliche Vertragsgericht mit den Bezirksvertragsgerichten und dem Zentralen Vertragsgericht zuständig.[99] Es ist trotz des insofern irreführenden Namens „kein Gericht im Sinne des Gerichtsverfassungsrechts"[100]. Verfahren zur Regelung des Verhältnisses zwischen zwei Wirtschaftssubjekten können zum Gegenstand haben

1. den Abschluß, die Änderung und die Aufhebung von Verträgen (Gestaltungsverfahren),
2. den Anspruch auf Leistungen aus Verträgen oder sonstige Leistungen (Leistungsverfahren),
3. die Feststellung des Bestehens oder Nichtbestehens eines Rechtsverhältnisses oder der Verantwortlichkeit für Vertragsverletzungen (Feststellungsverfahren),
4. die Sicherung der Vertragserfüllung (Kooperationssicherungsverfahren)[101].

Entscheidungskriterium des Vertragsgerichts bei den dabei gefällten „Schiedssprüchen"[102] ist nicht das Vorliegen oder Nichtvorliegen eines partikular-individuellen Rechtsanspruches der einen oder anderen Seite, sondern die „Durchführung der Aufgaben des Volkswirtschaftsplanes mit höchstem Nutzeffekt".[103] Insbesondere in den Gestaltungs- und Kooperationssicherungsverfahren findet die „wirtschaftsleitende Funktion des Staatlichen Vertragsgerichts ihren sichtbaren Ausdruck; über sie nimmt das Staatliche Vertragsgericht über seine organisatorischen und gestaltenden Entscheidungen unmittelbar Einfluß auf eine den gesellschaftlichen Erfordernissen entsprechende Gestaltung der Wirtschaftsverträge und ihrer realen Erfüllung."[104] Daß „hierbei das sozialistische Recht umfassend durchzusetzen"[105] sein soll, verleiht der Vertragsgerichtsbarkeit nicht den Charakter von Rechtsprechung, da dies als Kennzeichen *aller* Staatstätigkeit angegeben wird und wegen der vorherrschenden Aufgabennormen[106] gerade im Planrecht genau abzugrenzende Rechtsinhaberschaften und Tatbestand/Rechtsfolge-Normen als unabdingbare Voraussetzung für Rechtsprechung nicht in erforderlicher Bestimmtheit vorliegen. Folgerichtig ist dann das Vertragsgericht als prozessuale Entsprechung dieser inhaltlichen Zielstellung nicht nur nicht an die Anträge der Parteien gebunden (§ 37 I StVG-VO), sondern kann sogar bei den Verfahren ohne Antrag auf eigene – wirtschaftspolitische – Initiative hin tätig werden (§ 23 StVG-VO) und dazu auch vorbereitende Untersuchungen bei den Betroffenen durchführen. „Kooperationssicherungsverfahren" erfolgen, da beide Parteien zu einem von ihnen selbst nicht intendierten Verhalten gezwungen[107] werden sollen, nur in der Form von Verfahren ohne Antrag (§ 18a I StVG-VO). Neben diesen *quasi*-zivilrechtlichen Verfahren besteht weiterhin ein *quasi*-straf- bzw. disziplinarrechtliches Anerkennungs- bzw. Kontrollverfahren[108], in dem als Verfahren ohne Antrag ein einzelnes Wirtschaftssubjekt positiv oder negativ sanktioniert wird. Gegen negative Sanktionen können die Wirtschaftseinheiten und ihre übergeordneten Organe beim Vorsitzenden des Staatlichen Vertragsgerichts Einspruch einlegen.

Hinsichtlich seiner organisatorischen Stellung findet der Umstand, daß das Staatliche Vertragsgericht als Organ „der staatlichen Wirtschaftsleitung[109]" zu charakterisieren ist, seinen Ausdruck darin, daß es nicht dem Obersten Gericht und/oder dem Staatsrat und der Volkskammer untersteht, sondern dem „für die Durchführung der Staatspolitik" zuständigen exekutiven Ministerrat nachgeordnet ist.[110]

Über die einvernehmliche Feststellung hinaus, daß die Vertragsgerichtsbarkeit keine Rechtsprechung ausübt, ist in der DDR-Literatur umstritten, ob sie zumindest dem nächstgrößeren Kreis, der Rechtspflege zuzuordnen sei. Dazu wäre das Fehlen der Antragsvoraussetzung bzw. der ‚Drittentscheidung' kein Ausschließungsgrund, da diese Elemente nur weitergehende Spezifika der Rechtsprechung sind. R. Herrmann/R. Schüsseler/F.-K. Winkler[111] definieren als Rechtspflege alle „Maßnahmen, die *unmittelbar* auf die Festigung und Entwicklung der sozialistischen *Rechtsordnung* gerichtet sind und dazu dienen, in *allen* Bereichen des gesellschaftlichen Lebens die Übereinstimmung des Verhaltens der Staatsfunktionäre und Bürger mit Recht und Gesetz zu sichern" (Hervorhebung im Original) und zählen die Vertragsgerichtsbarkeit dann dazu. Damit stellen sie unzulässigerweise allein darauf ab, daß das Vertragsgericht auch „in Anwendung des sozialistischen Rechts"[112] entscheidet, vernachlässigen aber, daß die Spruchtätigkeit in bestimmender Weise der „Durchsetzung der *ökonomischen* Gesetze des Sozialismus"[113] (Hervorhebung U. L.) dient. So beharren G. Lehmann/H. Weber[114] unter Berufung auf Richter[115] richtigerweise darauf, daß die Tätigkeit des Staatlichen Vertragsgerichts „Wirtschaftsleitung" sei.[116]

Betrachtet man die Stellung und Funktion der Vertragsgerichtsbarkeit unter dem hier interessierenden Gesichtspunkt des Rechtsschutzes, so ergibt sich, daß die Betriebe und gleichgestellten Einrichtungen in von ihnen angestrengten Antragsverfahren die Beseitigung von Störungen ihrer planrechtlich geschützten Interessen beantragen können, die Entscheidung darüber aber nicht nach der Maxime des *‚suum cuique'* durch die unparteiische Anwendung vorab festliegender und in ihrer Interpretation prinzipiell kalkulierbarer Rechtsnormen, sondern zugunsten eines sich wandelnden, von den einzelnen Betrieben vorab nicht kalkulierbaren „volkswirtschaftlichem Gesamtinteresses“[117], dem *‚bonum commune‘* getroffen wird. Die Einräumung der Antragsmöglichkeit dient also nicht dem Rechtsschutz des betroffenen Betriebes, sondern der Erschließung einer weiteren Informationsquelle der Wirtschaftsleitung über Planstörungen. Bei den Verfahren ohne Antrag fällt auch das letzte an Rechtsprechung erinnernde Element weg, so daß keinerlei Rechtsschutzfunktion verbleibt. Sicherlich wird das Verfahren des öfteren Rechtsschutzreflexe auslösen, doch ist das nicht seine originäre Bestimmung.

Die getroffenen Feststellungen beziehen sich erst einmal direkt auf die Betriebe als fixierte Organisationseinheiten. Diese genießen gegenüber anderen Betrieben keinen Rechtsschutz, aber einen Schutz nach ökonomischer Opportunität, gegenüber zentralen Leitungsinstanzen überhaupt keinen Schutz. Das mag als Frage der organisatorischen Zweckmäßigkeit im hiesigen Kontext weniger relevant sein. Durch die schwache Stellung der Betriebe werden aber auch mittelbar die einzelnen Betriebsangehörigen negativ betroffen, weil die Höhe der individuellen Gratifikation aus dem Prämien- sowie dem Kultur- und Sozialfond von deren Füllung durch den Betriebsgewinn abhängt.

## 3.5 Institutionen des Verwaltungsrechtsschutzes

### *3.5.1 Ablehnung gerichtlicher Kontrolle*

Akte der Exekutivverwaltung oder, nach DDR-Sprachgebrauch, der vollziehend-verfügenden Tätigkeit der entsprechenden Staatsorgane in bezug auf die Bürger können in der DDR einer gerichtlichen Kontrolle generell nicht zugeführt werden[118]. „Die Gerichte sind in der Regel nicht befugt, Inhalt und Folgen staatlicher Entscheidungen in Ausübung vollziehend-verfügender Tätigkeit im Zuge der Rechtsprechung auf ihre Gesetzlichkeit hin zu überprüfen ... Gesonderte Verwaltungsgerichte bestehen in der DDR nicht.“[119] Das soll aus dem Prinzip der Gewalteneinheit folgen, nach dem die Volksvertretungen die staatliche Macht ungeteilt innehaben und keine andere staatliche Instanz[120] Entscheidungen der Volksvertretungen oder ihrer Organe, zu denen auch die exekutiven „Räte“ gezählt werden, überprüfen und aufheben können soll.[121] Unabhängig von der unten zu erörternden alternativen Konstruktion, daß eine Drittentscheidung im Konflikt Bürger/Verwaltung unter Wahrung der ungeteilten Gewalt der Volksvertretung möglich war, als sie nämlich selbst auch Einzelfallüberprüfungen vornahm, ist die zur Ablehnung der gerichtlichen Verwaltungskontrolle vorgetragene Argumentation auch in sich nicht zwingend. Die Zulassung einer Gerichtskontrolle würde in der DDR mit der programmatischen und personellen Nachordnung der Gerichte nicht dazu führen, daß politische Entscheidungen von außen kontrolliert würden, weil auch die Gerichte den Volksvertretungen gegenüber verantwortlich und rechenschaftspflichtig sind und eine eigene (rechts-)politische Linie gar nicht ausbilden können. Andererseits sind die „durchführenden“[122] Räte nicht so ununterscheidbar mit der Volksvertretung verbunden, daß sie nicht mindestens eine eigene ausdifferenzierte Funktion[123] ausüben. Gerichtliche Kontrolle exekutiver Maßnahmen würde in der DDR daher nur die Überprüfung eines Unterorgans durch ein anderes bedeuten, die volle Gewalteninnehabung durch die Volksvertretung wäre davon überhaupt nicht berührt. Die Argumentationsführung des Ausschlusses der gerichtlichen Verwaltungskontrolle zur Erhaltung der Machtposition eines ‚Obersten staatlichen Machtorgans' wäre dann schlüssig, wenn der Exekutivverwaltung dieser Platz eingeräumt wird. Denn daß die gerichtliche Kontrolle des Verwaltungshandelns die Machtfülle der Exekutive einschränkt, ist richtig.

### *3.5.2 Kontrolle durch Kollegialorgane*

Aus Gründen der systematischen Relevanz soll im folgenden die ansonsten vorgenommene Betrachtung allein des geltenden Rechtszustandes durchbrochen und die von 1969–1974 bei den örtlichen Volksvertretungen auf Bezirks-, Kreis- und Stadtebene bestehenden Beschwerdeausschüsse erörtert werden.[124] Mit ihnen hatte die DDR bei Wahrung der Gewalteneinheit sogar in ihrem sehr engen Sinne eine neue, beachtenswerte Form der Drittentscheidung in Konflikten zwischen Bürger und Verwaltung gefunden. Die Beschwerdeausschüsse wurden von den Volksvertretungen aus dem Kreis ihrer Mitglieder eingesetzt und bestanden aus 5 bis 9 Personen. Sie konnten von den Bürgern nach einem für sie erfolglosen verwaltungsinternen ‚Vorverfahren' gegen Entscheidungen der exekutiven Räte wegen „Verstöße(n) gegen die sozialistische Gesetzlichkeit und die Rechte der Bürger"[125] angerufen werden. Die Beschwerdeausschüsse konnten selbst keine Maßnahmen oder Entscheidungen der Verwaltung aufheben, jedoch zunächst bei Bedarf in einem *quasi*-Dringlichkeitsverfahren den Akt der Verwaltung „wegen offensichtlichen Verstoßes gegen die Gesetzlichkeit aussetzen[126]" und vom Vorsitzenden des zuständigen Rates dessen Aufhebung verlangen. Im Normalverfahren konnten sie „eine Entscheidung über die Sache durch den zuständigen Rat ... beantragen und dazu entsprechende Empfehlungen ... geben".[127] Bedeutet das bisher nur, daß sie den Rat zu einer Wiederbefassung mit einer Angelegenheit und Kenntnisnahme einer Empfehlung dazu zwingen konnten, so war diese Position doch nicht unbewehrt, denn, wollte der Rat der Empfehlung nicht oder nicht in genügendem Umfang folgen, so hatte er die Angelegenheit dem Plenum der Volksvertretung zur endgültigen Entscheidung vorzulegen.[128] Damit war ein Weg gefunden, unter Wahrung, wenn nicht gar Verstärkung der Machtfülle bei der Volksvertretung bei Streitigkeiten zwischen Bürgern und Verwaltung eine Streitentscheidung durch ‚unbeteiligte Dritte', in Form auch eines Kollegialorgans, des Plenums der Volksvertretung zu erlangen. Das kommt hinsichtlich der anzunehmenden Unvoreingenommenheit, Sachkunde und Verfahrenssicherheit einer verwaltungsgerichtlichen Überprüfung gleich. Es bleibt jedoch eine Verschiebung des Entscheidungsmaßstabes zu verzeichnen. Aus der Natur des Entscheidungsorgans ‚Volksvertretung' als allgemeinem politischem Organ und der nichtjuristischen Qualifikation seiner Mitglieder folgt, daß nicht allein und tendenziell auch nicht primär eine Überprüfung anhand von Rechtsregeln stattfand, sondern der Streitfall nach mehr oder minder rechtlich strukturierten und begrenzten politischen Gesichtspunkten entschieden wurde. Das bedeutet einen Verlust an Rechtssicherheit, eröffnet aber die Möglichkeit der Wahrung oder des Gewinns einer größeren Komplexität bei der Problemlösung[129], so daß eine solche Kriterienverschiebung nicht allein negativ zu beurteilen ist. Auf der Legitimationsebene wäre damit keine zusätzliche Problematik verbunden, da den Volksvertretungen ein unmittelbareres und allgemeineres demokratisches Mandat und von daher eine umfassendere Kompetenz zukommt als den Gerichten, die mittelbar für eine spezielle Funktion legitimiert sind.

Die Beschwerdeausschüsse wurden 1974 durch einen nur im Auszug veröffentlichten Beschluß des Ministerrates „über die weitere Verbesserung [!] der Arbeit der Räte der örtlichen Volksvertretungen in den Städten, Gemeinden ... (K)reisen und Bezirken mit den Bürgern"[130] ersatzlos liquidiert[131], ohne daß die Gründe dafür öffentlich angesprochen worden wären. Das wiegt um so schwerer, weil die Beschwerdeausschüsse bei ihrer Einführung mit großer Publizität – nicht zu Unrecht – als bedeutende Verbesserung des Schutzes der Rechte der Bürger und als wichtiger Bestandteil der Sozialistischen Demokratie herausgestellt worden waren[132]. Indirekt läßt sich die offizielle Begründungsversion für das überraschende Ende aus Formulierungen der Nachfolgeregelung und ihrer literarischen Wiedergabe entnehmen, nach denen diese „das Vertrauensverhältnis von Staat und Bürger weiter festigen, eine schnelle und sachgerechte Behandlung aller Eingaben und Vorschläge gewährleisten und die sozialistische Rechtsordnung stärken (muß), indem aufgeworfene Probleme in angemessenen Fristen zur endgültigen Erledigung gelangen".[133] Hinsichtlich des angesprochenen Vertrauensverhältnisses geht die DDR offensichtlich von der Annahme aus, daß ein solches um so fester sei, je weniger Kritik vorgebracht werden kann. Des weiteren ist sicherlich richtig, daß Überprüfungen Zeit kosten, relevanter ist jedoch die Frage, was der Einzelne sowie Gesellschaft und Staat um diesen Preis an Konsens und Legitimation erhalten können. Wenn schließlich die Entscheidung im Streitfall durch die Volksvertretung nicht als Sachgerechtigkeit gewährleistend angesehen wird, scheint es mit der angegebenen Sorge um deren ungeschmälerte Position nicht weit her zu sein.

Realistischer läßt sich erwägen, daß die Existenz und die Arbeit der Beschwerdeausschüsse einmal bei der Bevölkerung Erwartungen hinsichtlich der Einhaltung der Gesetze geweckt haben, die der Staatsapparat nicht einlösen konnte oder wollte. Des weiteren könnten die Mitglieder der Beschwerdeausschüsse, obwohl sicherlich loyale Staatsbürger der DDR und langbewährte Mitglieder der Volksvertretungen, durch ihre Konfrontation mit zu vielen und/ oder zu krassen Verwaltungsrechtsverletzungen ohne Einbindung in die Perspektive und den Korpsgeist der Verwaltung in einem neuen Rollenselbstverständnis zu einem zu kritischen Potential geworden sein.

Eine schwächere, bestehende Form der kollegialen Verwaltungskontrolle findet sich im Bereich der Sozialversicherung. Dort bestehen Beschwerdekommissionen,[134] die jedoch im Gegensatz zu den Beschwerdeausschüssen *in* der Verwaltung angesiedelt sind. Rechtsgrundlagen der Beschwerdekommissionen für Sozialversicherung des Freien Deutschen Gewerkschaftsbundes sind die §§ 302 f. des Arbeitsgesetzbuches v. 16. 6. 1977, § 88 der VO zur Sozialpflichtversicherung der Arbeiter und Angestellten v. 17. 11. 1977 sowie der Beschluß des Ministerrates und des Bundesvorstandes der FDGB zur Richtlinie über die Wahl, Aufgabe und Arbeitsweise der Beschwerdekommission für Sozialversicherung des FDGB.[135]

Sie werden auf Kreis-, Bezirks- und Republiksebene von den jeweiligen Vorständen des Gewerkschaftsbundes, der in der DDR die Sozialversicherung der Arbeiter und Angestellten leitet[136], wie die Richtlinie sagt, „gewählt"[137], besser wäre wohl der Ausdruck ‚bestellt' oder ‚ernannt', da es sich nicht um eine Bestimmung durch die Betroffenen, die Versicherten handelt. Die Kommissionen umfassen sieben (Kreis), zehn (Bezirk) und vierzehn (Republik) und entscheiden in der Besetzung von drei, fünf bzw. vierzehn Mitgliedern. Auch nach ihrer verwaltungsinternen Begründung vermittelt die Kommissionsmitgliedschaft keine Eigenständigkeit und Unabhängigkeit, da die Kommissionsmitglieder durch ihr Bestellungsorgan abberufbar sind, wenn sie, beliebig ausfüllbar, „das in sie gesetzte Vertrauen nicht rechtfertigen"[138]. Insbesondere die Werktätigen können bei Streitfällen über die ihnen „gesetzlich zustehenden Leistungen"[139] gegen die Bescheide der Sozialversicherungsverwaltung bei der Kreis- und gemäß dem auch hier anzutreffenden Zwei-Instanzen-Prinzip gegen deren Entscheidung bei der Bezirksbeschwerdekommission Einspruch einlegen. Die Zentrale Beschwerdekommission wird nur als Kassationsinstanz (binnen Jahresfrist) tätig.[140] Mit ihrer verwaltungsinternen Lozierung sowie der Tatsache, daß sie „auf der Grundlage der zutreffenden Rechtsvorschriften sowie der Beschlüsse des Bundesvorstandes des FDGB" entscheiden[141], stellen die Beschwerdekommissionen keine unparteiische Instanz zur Abwägung der rechtlich geschützten Interessen der beiden beteiligten Seiten dar, sondern können höchstens die innerverwaltungsmäßige Rationalität erhöhen, indem sie etwa Willkür- oder Entscheidungen aufgrund persönlicher Abneigung verbessern. Das kann gelegentlich mittelbar zu Rechtsschutzreflexen zugunsten der Bürger führen, ist bei der gewählten Konstruktion jedoch nicht der Hauptzweck.[142]

Die gleichen Überlegungen treffen auf die Beschwerdekommissionen für die Sozialversicherung bei der Staatlichen Versicherung der DDR[143] zu. Auch diese Kommissionen werden nicht von den Betroffenen gewählt, sondern von den Beiräten für die Sozialversicherung bei der Staatlichen Versicherung aus ihrer Mitte beschickt. Die Mitglieder der Beschwerdekommissionen können gleichfalls abberufen werden, „wenn sie ihre Pflichten gröblich verletzen oder sonst das in sie gesetzte Vertrauen nicht rechtfertigen". (§ 7 Beschwerdekommissionsordnung).

Die Kommissionen in Entschädigungsangelegenheiten[144] sind erstentscheidende Verwaltungsstellen, also keine hier allein betrachteten Kontroll- oder Überprüfungsorgane. Gegen die Entscheidung der Kommissionen ist das unten behandelte Rechtsmittel der Beschwerde beim Exekutivorgan Rat des Kreises und in zweiter Stufe bezüglich Grund und Höhe die Beschwerde beim Rat des Bezirkes bzw. bezüglich der Person des Entschädigungsberechtigten, wie oben erwähnt, der Einspruch beim Kreisgericht gegeben.

### *3.5.3 Kontrolle durch übergeordnete Organe*

Eine qualitativ schwächere Form des Verwaltungsrechtsschutzes als durch externe Kollegialorgane stellt die verwaltungsinterne Kontrolle dar, die in der DDR in der ausgebildeteren Form der Rechtsmittelbeschwerde und in der allgemeineren Form der Eingabenbeschwerde besteht. Zunächst ist die Mißlichkeit der sprachlichen Parallelität[145] festzuhalten, die der Klarheit und Handhabbarkeit des Beschwerdewesens nicht förderlich ist. Die Mißlichkeiten setzen sich dann im Rechtsmittelrecht fort. „In der DDR gibt es ausschließlich spezialnormativ geregelte Rechtsmittel des Verwaltungsrechts"[146]. Diese finden sich auf den meisten (auch) belastenden und versagenden Gebieten, wie z. B. beim Ordnungsstrafverfahren[147], bei der Staatshaftung[148] und im Steuerwesen[149], jedoch mit Ausnahmen wie z. B. dem Veranstaltungswesen, wo gegen die Versagung einer erlaubnispflichtigen Veranstaltung kein Rechtsmittel vorgesehen ist.[150] In dem Gesetz bzw. der Verordnung über die Neufassung von Regelungen über Rechtsmittel gegen Entscheidungen staatlicher Organe [151] sind selbst keine Verfahrensbestimmungen und Verfahrensgrundsätze enthalten, „sondern diese müssen aus den vielfältigen Einzelregelungen eruiert werden[152]", obwohl auch in der DDR gesehen wird, daß „der Vorteil eines allgemeinen Verwaltungsverfahrens in solchen grundsätzlichen Faktoren (liegt) wie größere Übersichtlichkeit über den Stand des Verfahrens, damit verbundene Rationalität der staatlichen Leitungstätigkeit, größere Publizität ihrer Handlungen usw."[153]

Was die quantitative Bedeutung und motivationale Aufteilung von Rechtsmittelbeschwerden angeht, so legten nach einer vorliegenden Mikroerhebung[154] mit $n = 416$ belastenden bzw. versagenden Verwaltungseinzelentscheidungen auf den Gebieten der Bauordnung und -sicherheit, der Wohnungswirtschaft und der Staatshaftung mit 46 % knapp die Hälfte der Betroffenen Beschwerde ein. Nach einer anderen Untersuchung von 189 eingelegten Beschwerden auf dem Gebiet der Wohnungswirtschaft und des Bauwesens erfolgten diese (nach DDR-Klassifikation) zu 55 % aus „persönlich motivierten Interessen", zu 40 % wegen „mangelhafter Begründung sowie Verletzungen sozialistischer staatlicher Leitungsprinzipien" und zu 5 % wegen „Verstoßes gegen die Gesetzlichkeit".[155]

Die spezialnormativen Verfahrensausgestaltungen der Rechtsmittelbeschwerden sind nun untereinander sehr uneinheitlich[156], was z. T. aus den unterschiedlichen geregelten Materien folgen soll, z. T. „gibt es ... Unterschiede, die nicht aus ihrer Sachbezogenheit zu erklären sind".[157]

Im folgenden wird eine aus unterschiedlichen Regelungen synthetisierte sehr rechtsschutzintensive Form eines Rechtsmittelbeschwerdeverfahrens behandelt, um bei der weiteren Erörterung von der maximal möglichen Rechtsschutzleistung dieses Instituts auszugehen. Zunächst könnten idealiter gegen *alle* belastenden Verwaltungseinzelentscheidungen Rechtsmittel eingelegt werden. Diese ergehen, soweit sie Verfügungen sind, schriftlich und mit Gründen versehen. Des weiteren enthalten sie eine Rechtsmittelbelehrung mit folgenden Angaben:

- Statthaftigkeit und Bezeichnung des Rechtsmittels,
- Form und Umfang der Einlegung,
- Adressat,
- Frist und Fristbeginn sowie
- mögliche Suspensivwirkung.[158]

R. Schmitt berichtet, daß von 78 untersuchten Rechtsmittelbelehrungen nur 28 „vollständig" waren.[159] Bernet kam auf 13 % fehlende Belehrungen.[160] Obwohl damit für den Bürger kein Rechtsnachteil entsteht, weil die Rechtsmittelfrist nicht zu laufen beginnt, erleidet der Betroffene doch angesichts der oben angesprochenen unübersichtlichen Lage der Rechtsmittelstatthaftigkeit einen eventuell ausschlaggebenden Informationsmangel. Schließlich ist die Verfügung auszuhändigen, zuzusenden oder zuzustellen.

Der Kreis der Rechtsmittelberechtigten erstreckt sich auf die von der Verfügung oder Maßnahme betroffenen, das sind auf alle Fälle die Adressaten, können aber auch Dritte sein, wie etwa der Eigentümer einer Sache, die beim

Besitzer Zwangsmaßnahmen unterworfen wird. Die Rechtsmittelbeschwerde ist längstens binnen vier Wochen einzulegen. Ob die Einlegung bei einem unzuständigen Organ die Frist wahrt oder die Weitersendungszeit auf Risiko des Bürgers geht, wird unterschiedlich gehandhabt.[161]

Das Rechtsmittel ist schriftlich oder zu Protokoll einzulegen. Nach der Auswertung von Bernet wurden zwei Drittel der Beschwerden mündlich, „(aber auch fernmündlich)", ein Drittel schriftlich eingereicht. „Bei etwa 5 % der eingereichten Rechtsmittel war ein Rechtsanwalt beteiligt".[162] Die Beschwerde soll begründet sein, damit eine möglichst sachgemäße Entscheidung getroffen werden kann. Das Fehlen einer Begründung führt aber nicht zur Zurückweisung der Beschwerde, sondern die Verwaltung hat den Bürger zur Nachholung aufzufordern.[163] Die Einlegung des Rechtsmittels kann eine aufschiebende Wirkung haben, das ist „in der überwiegenden Mehrzahl der Rechtsvorschriften"[164] der Fall. Ansonsten ist nach der Rechtsvorschrift der Suspensiveffekt gänzlich ausgeschlossen, tritt ein, wenn das verfügende Organ nichts Gegenteiliges bestimmt oder kann durch besondere Bestimmung des verfügenden Organs eintreten.

Das erstentscheidende Organ hat aufgrund der Beschwerde seine Entscheidung zu überprüfen. Bei Nichtstattgabe hat es die Angelegenheit unter Übergabebescheid an den Bürger binnen einer oder zwei Wochen dem übergeordneten Organ vorzulegen.[165] Das übergeordnete Organ ist nicht immer Teil der höheren Verwaltungsebene, für Erstentscheidungen auf Kreisebene also die Bezirksorgane, sondern schwächer auch der Rat des Kreises als Kollegialorgan oder der Vorsitzende des Rates gegenüber Entscheidungen der Fachorgane[166]. Der Betroffene hat das „Recht auf Gehör" gegenüber der zweitentscheidenen Instanz.[167] Diese muß innerhalb vier Wochen entscheiden. Dabei kann sie generell die Entscheidung aufgrund neu bekannt werdender Tatsachen oder einer bisherigen falschen Rechtsanwendung auch zu ungunsten des Betroffenen ändern, nicht jedoch allein aus Zwecksmäßigkeitserwägungen. In Ordnungsstrafverfahren ist eine *reformatio in peius* ausgeschlossen.[168] Gleichfalls ist dort eine Nachbesserung, z. B. der Austausch einer fehlerhaften Rechtsgrundlage gegen eine zutreffende, nicht zulässig, die Ordnungsstrafmaßnahme ist aufzuheben und der zugrunde liegende Sachverhalt aufgrund der allgemeinen Bestimmungen (einschließlich der Verjährungsfrist) neu zu untersuchen.[169]

Die Entscheidung der Rechtsmittelinstanz ergeht schriftlich und mit Begründung. Sie wird zugesandt oder zugestellt. Sie ist endgültig, das Rechtsmittelverfahren ist erschöpft. Unbeschadet dessen kann das verfügende oder das ihm übergeordnete Organ belastende rechtswidrige Entscheidungen aufheben, im Ordnungsstrafverfahren gemäß § 35 Ordnungswidrigkeitengesetz innerhalb eines Jahres, sonst weitgehend ohne gesetzliche Grundlagen[170] und Einschränkungen.

Auf dem der Sache nach schwächeren Gebiet des Eingabenrechts besteht eine größere Verfahrenseinheitlichkeit und damit Übersichtlichkeit in Form des Eingabengesetzes,[171] in dem die Voraussetzungen und Formen von Eingaben sehr großzügig, die Verbindlichkeit und Folgen dann jedoch eher restriktiv geregelt sind. Die Bürger können sich neben Vorschlägen, Hinweisen und Anliegen auch mit „Beschwerden" (§ 1 I EingabenG) schriftlich und mündlich an alle Staatsorgane und Wirtschaftseinheiten wenden.[172] Ein Kriterium für die Bearbeitung der Eingaben ist auch die Sozialistische Gesetzlichkeit, so daß – unter dem Gesichtspunkt des Rechtsschutzes – auch mit einer Eingabenbeschwerde die Rechtswidrigkeit von Verwaltungshandeln gerügt werden kann. Eine bei einem unzuständigen Organ eingebrachte Eingabe ist an das zuständige Organ unter unverzüglicher[173] Informierung des Bürgers weiterzuleiten. Die Leiter der Organe sind für die ordnungsgemäße Eingabenarbeit „persönlich" verantwortlich und haben sie „exakt" zu regeln (§ 4 III EingabenG), bei Verstößen gegen das Eingabengesetz sind sie „disziplinarisch zur Verantwortung zu ziehen" (§ 13 EingabenG). Statt des verbalen Kraftaufwandes wäre größeres Gewicht auf der Folgenseite angezeigt, da „Fälle vorkommen, in denen die Fristen zur Eingabenbearbeitung nicht eingehalten wurden, die Bürger unkonkrete Antworten erhalten oder auf bestimmte Anliegen überhaupt nicht reagiert wird".[174] Auf die Eingabe ergeht eine Entscheidung „spätestens innerhalb von vier Wochen" sowie eine „begründete schriftliche oder mündliche Antwort" (§ 7 EingabenG) an den Bürger, letzteres ohne eigene Fristsetzung. Bei für ihn unbefriedigender Antwort kann sich der Bürger an das übergeordnete Organ wenden, eine automatische Devolution im Falle der Nichtstattgabe wie bei der Rechtsmittelbeschwerde findet nicht statt. Damit ist das Eingabeverfahren einstufig, kann aber auf allen drei Ebenen, Kreis, Bezirk, Republik, vom Bürger durchgeführt werden. Nach Erschöpfung des oben behandelten Rechtsmittelweges kann der Bürger sein Anliegen weiter mit einer Eingabe bei dem nächst höheren Organ gleichsam mit der Anregung der Aufhebung der Entscheidung des Unterorgans verfolgen. „Entscheidungen der Leiter zentraler Staatsorgane sind endgültig" (§ 8 II EingabenG), damit ist auch der Eingabenweg erschöpft.

Es bedeutet eine De-Juridifizierung des Eingabenwesens, wenn empfohlen wird, „daß die beste Methode zur Klärung einer Eingabe das persönliche Gespräch ist. Viele örtliche Staatsorgane haben inzwischen beschlossen, möglichst alle Anliegen auf diese Weise zu bearbeiten ... Die Sachlichkeit der Klärung eines Problems wird noch gefördert, wenn in geeigneten Fällen das Wohn- oder Arbeitskollektiv des Bürgers in die Gespräche einbezogen wird".[175]

Mit einer Beschwerde, in den zugelassenen Fällen als Rechtsmittel, sonst als Eingabe, kann erreicht werden, daß sich, in einem mehr oder minder formalisierten und von daher mit mehr oder minder Autorität ausgestatteten Verfahren, eine höhere Instanz mit einer Rüge u. a. der Rechtswidrigkeit von Verwaltungshandeln befaßt. Insoweit entscheidet im Streitfalle zwischen Bürger und erstverfügendem Verwaltungsorgan eine andere Stelle, im Rechtsmittelverfahren auch nach neuem Gehör. Die letztentscheidende Stelle ist jedoch kein ‚Dritter' im Sinne eines unparteiischen, am Ausgang des Verfahrens selbst nicht direkt Interessiertem, sondern Teil einer streitbeteiligten Seite. Damit dient das Beschwerdewesen durch Minimierung von Willkür, Subjektivität oder lokalen Eigenheiten der Erhöhung der Rationalität des Verwaltungsverfahrens nach den jeweils zentral gesetzten Zielen, entfaltet Rechtsschutzwirkung aber nur beiläufig. Mit dieser Schlußfolgerung soll die wichtige Bedeutung des Petitionswesens als Signalfunktion für politische Meinungs- und Willenbildungsprozesse nicht verkannt werden, nur, im individuellen Rechtsstreit ist sein Leistungsvermögen gering.[176]

### *3.5.4 Weitere „gesellschaftliche und staatliche Kontrolle" (Art. 87 Verf.)*

Nach der globalen Bestimmung in Art. 19 der Verfassung gewährleistet die DDR die Sozialistische Gesetzlichkeit und Rechtssicherheit. Neben den oben angesprochenen spezialisierten Rechtsprechungsorganen sieht Art. 87 der Verfassung weiterhin eine „gesellschaftliche und staatliche Kontrolle über die Einhaltung des Sozialistischen Rechts" vor, in die ebenso wie in die Rechtspflege die Bürger und ihre Gemeinschaften einzubeziehen sind.

Ein herausgehobenes Element der nicht-gerichtlichen staatlichen Gewährleistung der Gesetzlichkeit ist die entsprechende Allgemeine Aufsicht der Staatsanwaltschaft, die gemäß Art. 97 der Verfassung neben anderem „die Bürger vor Gesetzesverletzungen (schützt)". Die Aufgaben und Kompetenzen der Staatsanwaltschaft sind im einzelnen in Kapitel V des Staatsanwaltschaftsgesetzes normiert. Danach hat die Staatsanwaltschaft die Aufgabe, „Rechtsverletzungen aufzudecken und allen entsprechenden Anhaltspunkten nachzugehen." Dazu gehören auch Informationen von Bürgern, die sich in ihren Rechten verletzt sehen. Als Informations- und Untersuchungsmittel hat die Staatsanwaltschaft ein Auskunfts-, Vorlage- und direktes Untersuchungsrecht. Steht einer Information eine dienstliche Schweigepflicht entgegen, ist sie erforderlichenfalls aufzuheben. Die Staatsanwaltschaft ergreift aufsichtliche Maßnahmen, wenn sie „Rechtsverletzungen" (§ 31 I StAG) feststellt. Das Beurteilungskriterium ist damit enger, als bei der sonst verwandten Formel der „Verletzung der sozialistischen Gesetzlichkeit", der neben der juristischen auch eine (behauptete) historische Gesetzmäßigkeit zugrunde liegt.[177] Die Staatsanwaltschaft „hat also nicht zu bewerten, ob die Durchführung von Gesetzen und anderen Rechtsvorschriften in einer bestimmten Art und Weise zweckmäßig ist".[178] Zur Abstellung festgestellter Rechtsverletzungen kann die Staatsanwaltschaft im *quasi*-Dringlichkeitsverfahren „zur Sicherung der Rechte der Bürger" (§ 33 StAG) die vorläufige Aussetzung des Vollzugs von Entscheidungen staatlicher Organe beantragen, ein eigenes Aussetzungsrecht wie noch den Beschwerdeausschüssen steht ihr nicht zur Verfügung. Im Normalverfahren kann die Staatsanwaltschaft als stärkstes Mittel „schriftlichen Protest" (§ 31 StAG) bei dem Leiter des zuständigen Organs erheben, der „für den Adressaten die Pflicht (begründet), den Inhalt des Protestes unter sachlichen und rechtlichen Gesichtspunkten zu prüfen ... Teilt der Leiter, an den der Protest gerichtet ist, aufgrund seines Überprüfungsergebnisses die Auffassung der Staatsanwaltschaft nicht, so kann er den Protest mit einer entsprechenden Begründung zurückweisen".[179] Bleibt die Staatsanwaltschaft bei ihrer Ansicht, kann sie nur den Protest eine Ebene höher erneut einlegen. Der Staatsanwaltschaft stehen „keinerlei administrative Befugnisse"[180] zur Verfügung.

Die Staatsanwaltschaft hat zwar zur Verwirklichung ihrer Allgemeinen Gesetzlichkeitsaufsicht wenig allein aufgrund ihrer Entscheidung wirksame Kompetenzen, doch dürfte ihr Gewicht als zentralisierte Behörde insbesondere in den lokalen Bereichen, wo sie nicht so eingebunden in örtliche Beziehungsgeflechte „ohne Ansehen der Person"[181] tätig werden kann, nicht unbedeutend sein. Von daher und von der eindeutigen Ausrichtung des Prüfungsmaßstabes an der juristischen Gesetzmäßigkeit käme ihr ein gewisser Wert zum Schutz der Bürger vor Verwaltungsunrecht zu. Der Bürger hat jedoch keine Möglichkeit, die Staatsanwaltschaft zu verpflichten, einer von ihm behaupteten Gesetzesverletzung nachzugehen.[182] Zwar könnte die Staatsanwaltschaft als von der Verwaltung im engeren Sinne getrennte Behörde eher als diese selbst geneigt sein, Verletzungen der Rechte der Bürger durch die Verwaltung nachzugehen, doch sieht sie ihre Hauptaufgabe im „Schutz der gesamtgesellschaftlichen Interessen"[183], so daß auch hier eher von einem Rechtsschutzreflex zugunsten des Bürgers zu sprechen wäre. Die Resultante des Selbstverständnisses und der Handlungsorientierung zwischen Verwaltungs- und Individualinteressen wird gegenüber den in eigener Sache entscheidenden Verwaltungsorganen etwas zugunsten der Bürgerbelange verschoben sein, denn die Staatsanwaltschaft ist zumindest nicht Teil der Verwaltung, andererseits fehlt ihr die für die Einrichtung des Ombudsman typische Ausrichtung auf und Profilierung anhand der alleinigen Wahrnehmung der Individualinteressen.

Als verfassungsmäßig verankertes Beispiel organisierter gesellschaftlicher Kontrolle sei das den Gewerkschaften zugesprochene Recht hierzu hinsichtlich der „Wahrung der gesetzlich garantierten Rechte der Werktätigen"[184] angesprochen. Diese Kontrolle soll „vor allem durch die gewählten Organe der Gewerkschaften, die sich dabei auf die aktive Mitarbeit und Hinweise der Mitglieder stützen und durch die Arbeiterkontrolleure erfolgen"[185]. Zunächst ist auch hier die Ambiguität der Stellung der Gewerkschaft in der DDR zu berücksichtigen, da sie zwar einerseits „die Interessen der Werktätigen im Betrieb (vertreten)" (§ 22 AGB), andererseits aber auch „Verantwortung für die allseitige Stärkung der sozialistischen Gesellschaftsordnung und der stabilen Entwicklung der sozialistischen Wirtschaft (tragen)" (§ 6 II AGB). Konkret regelt § 292 II Arbeitsgesetzbuch, daß die Gewerkschaftsvorstände und betrieblichen Leitungen (Betriebs- und Abteilungsgewerkschaftleitung) gegenüber den Wirtschaftsleitern ein Auskunfts-, Einsichts- und Recht zur Anforderung einer Stellungnahme haben und bei von ihnen gesichteten Verstößen u. a. die Wiederherstellung der „Gesetzlichkeit" fordern können. Der Wirtschaftsleiter hat mit Frist- und Formzwang (schriftlich binnen zwei Wochen) „mitzuteilen, was aufgrund der gewerkschaftlichen Forderung veranlaßt wurde, bzw. aus welchen Gründen ihr nicht gefolgt werden kann" (§ 292 II AGB). Kontrolle ist ein großes Wort für den Umstand, daß der Leiter noch einmal „seine Entscheidungen ... *selbst* zu überprüfen"[186] (Hervorhebung U. L.) hat.

Neben der Gesellschaftlichen Kontrolle durch die Gewerkschaften mit Bezug auf die Rechte der Bürger bestehen in der DDR noch vielfältige Formen der „Volkskontrolle"[187] in Gestalt der Arbeiter- und Bauerninspektion, der Volkskontrollausschüsse in Städten, Gemeinden und Wohngebieten, der Kontrollposten der FdJ, den HO-Beiräten und Verkaufsstellenausschüssen der Konsumgenossenschaften, der Elternbeiräte usw., die jedoch weniger systematisch, einzelfallorientiert und nach Rechtsgesichtspunkten vorgehen, sondern schwerpunktmäßig und für „vorwärtsführende gesellschaftliche Veränderungen"[188] agieren und (auch) vom „Standpunkt der Zweckmäßigkeit"[189] urteilen. Unter Rechtsschutzgesichtspunkten können sie daher vernachlässigt werden.

## 3.6 Institutionen der verfassungsrechtlichen Kontrolle

### *3.6.1 Grundrechtsschutz*

Spezielle gerichtliche Verfahren zum Schutz der in der Verfassung der DDR in den Art. 19 bis 40 normierten Grundrechte (und -pflichten) bestehen unter Berufung auf das Prinzip der Gewalteneinheit in seiner oben erörterten Form nicht. Mittelbar können Grundrechte jedoch, soweit sie mit gleichem oder konkretisiertem Inhalt in einfachgesetzlichen Regelungen wiederkehren, Gegenstand gerichtlicher Kontrolle sein, soweit eine solche für die einzelnen Rechtsgebiete eröffnet ist. Das ist, wie oben erwähnt, hinsichtlich des Zivil-, Familien-, Arbeits- und Strafrechts der Fall, wobei die Überlappung zwischen Einfachgesetzen und Grundrechten dadurch breiter wird, daß in der DDR neben politischen und kulturellen auch Grundrechte auf dem Gebiet der Arbeit und des Sozialen bestehen, die mehr oder minder im Arbeits- und im Zivilgesetzbuch wieder aufgenommen sind. Die dadurch gegebene mittelbare Ermöglichung der Geltendmachung solcher ökonomischer und sozialer Rechte folgt auch insofern dem klassischen Grundrechtsmuster, als in der DDR der Staat auf dem Gebiet der Arbeit und der Konsumversorgung eine monopolartige Position einnimmt. Festzuhalten bleibt jedoch, daß bei den Rechtsbereichen, auf denen gerichtliche Kontrolle und damit mittelbare Grundrechtskontrolle stattfindet, das Staats- und Verwaltungsrecht fehlen, auf diesen beiden zentralen Gebieten keine gerichtliche und damit auch keine mittelbare Grundrechtsgerichtskontrolle stattfindet. Das wiegt um so schwerer, als in den davon betroffenen Bereichen z. B. des Bildungswesens, der Kultur und allgemein der öffentlichen Meinungs- und Willensbildung[190], der Staat in noch höherem Maße als im Bereich von Wirtschaft und Arbeit eine Exklusivkompetenz für sich in Anspruch nimmt.[191] Diese Ungleichheit des mittelbaren gerichtlichen Grundrechtsschutzes müßte eigentlich auch für die Rechtslehre der DDR in dem Maße zum Problem werden, in dem sie die Bedeutung der einfachgesetzlichen Rechtsprechung für die Gewährleistung der entsprechenden Grundrechte herausstellt. Wenn hinsichtlich der „Gewährleistung der Grundrechte der Werktätigen durch die Arbeitsrechtsprechung“[192] gesagt wird, „Die gerichtliche Garantie der Gesetzlichkeit im Arbeitsrecht ... nimmt einen unverzichtbaren, notwendigen Platz unter den juristischen Garantien ein. Sie ist nicht durch andere Garantien ersetzbar“[193], fragt sich, warum dies im Verwaltungsrecht anders sein sollte. Jede Betonung der Wirksamkeit des gerichtlichen Schutzes z. B. der Justizgrundrechte[194] durch die Strafgerichtsbarkeit wirft ein um so grelleres Licht auf die fehlende Durchsetzbarkeit der Grundrechte im staatlich-politischen Bereich.

Soweit gerichtliche Rechtskontrollen nicht stattfinden, bleiben an anderen rechtlichen Durchsetzungsmöglichkeiten oder, wie die DDR sagt, juristischen Garantien der Grundrechte der Bürger die beim Verwaltungsrechtsschutz aufgezeigten Wege. Nach der Abschaffung der Beschwerdeausschüsse[195] gibt es damit keine Drittentscheidung mehr, sondern nur die Selbstentscheidung der administrativen Seite, sei es auf eigene Beschwerde des betroffenen Bürgers hin oder der (nicht erzwingbaren) Interventionen der Staatsanwaltschaft oder einer Organisation der Gesellschaftlichen Kontrolle.

Auch wenn man dem Satz, es gebe „kein subjektives Recht ohne ein Verfahren, es durchzusetzen“[196], in seiner apodiktischen Kürze nicht ganz folgt, wird man jedoch der Richtigkeit der Feststellung, daß „geordnete Verfahren zur Lösung dieser Streitigkeiten [zwischen Bürgern und Staatsorganen], zur strikten Durchsetzung der sozialistischen Gesetzlichkeit ein Kennzeichen für Rechtssicherheit in der Gesellschaft (sind)"[197], nur zustimmen können. Das Maß an subjektiven Rechten bzw. Rechtssicherheit erweist sich dann allerdings in der DDR als sehr gering.

Anstelle ausgebildeten juristischen Grundrechtsschutzes bietet die DDR dann, weil auch sie sieht, daß „Garantien für die Grundrechte notwendig (sind), um die Verwirklichung, den Schutz und die Verteidigung der Rechte und Freiheiten der Bürger zu gewährleisten"[198], ökonomische, politische und ideologische Garantien an, in Form des „sozialistischen Eigentums an den Produktionsmitteln", der „Macht der Arbeiter und Bauern" sowie der „wissenschaftlichen Weltanschauung des Marxismus-Leninismus und des sozialistischen Staatsbewußtseins".[199] Unabhängig von der Beantwortung der eher tatsächlich-inhaltlichen Fragen, ob in der DDR das Volk Eigentümer der Produktionsmittel ist, Arbeiter und Bauern die Macht haben und dem Marxismus-Leninismus Wissenschaftlichkeit zuzusprechen ist, ist zu problematisieren, ob solche gesellschaftlichen Umstände überhaupt einen Grundrechtsschutz abgeben können. Die Relevanz ökonomischer und organisatorischer bzw. bewußtseinsmäßig-politischer Faktoren für eine Grundrechtsverwirklichung ist dabei nicht von vornherein gering zu schätzen, bleibt doch ein noch so gut verbrieftes und juristisch abgesichertes Recht gegen den Staat ohne die praktisch-soziale Möglichkeit seiner Realisierung gleichermaßen unbefriedigend. ‚Materielle' Garantien können, am besten aufzuzeigen am Beispiel des Rechts auf Berufserlernung und auf Arbeit, das der Staat in der DDR garantieren kann, weil die Produktionsmittel in seiner Verfügungsgewalt stehen[200], insbesondere bei den Grundrechten im ökonomischen und sozialen Bereich die tatsächlichen Voraussetzungen zur Rechtsrealisierung bereitstellen und sichern helfen und damit eventuell auch eine Reihe von Konflikten erst gar nicht aufkommen lassen. Zur Durchsetzung des Rechts selbst im individuellen Streitfalle sind sie jedoch untauglich. Desgleichen werden demokratische Verhältnisse und die kulturelle Verankerung der Legitimität von Subjektivität eine förderliche Grundlage für die breitenwirksame Wahrnehmung von Grundrechten sein, doch ist der Konflikt entstanden, bedarf es speziellerer Mechanismen zu seiner Überwindung.

Die DDR-Argumentation ist aufs Ganze gesehen insofern auch in sich unstimmig, als gerade in dem zum Kernstück der Sozialistischen Staats- und Gesellschaftsordnung deklarierten Bereich der industriellen Arbeit das rechtsförmige Verfahren in Form der dort sogar dreistufigen Gerichtsbarkeit am weitesten ausgebaut ist, gerade dort am Schnittpunkt von ‚Volkseigentum', ‚politischer Macht der Arbeiterklasse' und ‚wissenschaftlicher Arbeitsorganisation' den materiellen Garantien also keine lückenlose Gewährleistung zugestanden wird.

### *3.6.2 Normenkontrolle*

Ein gerichtliches Verfahren zur Prüfung der Verfassungsmäßigkeit von Gesetzen und nachgeordneten Rechtsvorschriften ist, wieder mit Verweis auf die Gewalteneinheit, nicht vorgesehen. Da das Problem aber auch in der DDR für praktisch möglich gehalten wird, bestimmt Art. 89 III der Verfassung, daß „über Zweifel an der Verfassungsmäßigkeit von Rechtsvorschriften die Volkskammer (entscheidet)". Soweit es um die Verfassungsmäßigkeit von Gesetzen geht, würde die Volkskammer also in eigener Sache entscheiden. Das ist eine Freistellung des gesetzgebenden Organs ‚Volksvertretung' und könnte dort Berechtigung beanspruchen, wo bei der beabsichtigten Messung von Einfachgesetzen an prinzipiellen Verfassungsgrundnormen, die anzuwendende juristische Methode mindestens ihre Genauigkeit verliert und damit tendenziell anstelle juristischer Subsumtion politische Wertung den Ausschlag gibt. Hinsichtlich dessen sind Gerichte aber nicht legitimiert, darüber wäre das Volk als politischer Souverän zu befragen.

Wie im Falle von Gesetzen ist auch die weitere Möglichkeit der Kontrolle der Verfassungsmäßigkeit von Verordnungen und anderen Rechtsvorschriften der administrativen Staatsorgane in der Geschichte der DDR noch nicht praktisch geworden. Auch dieser Weg könnte aber als diskutable Variante abstrakter Normenkontrolle gelten, da die gesetzgebende Volksvertretung von der Legitimation und Sachkunde her eine angemessene Instanz der Prüfung der Verfassungsmäßigkeit von exekutiven Rechtsvorschriften sein kann. Das ist zwar keine Kontrolle nach Rechts-, sondern nach politischen Kriterien. Das wäre jedoch bei der *abstrakten* Normenkontrolle nicht systemwidrig, da die Rechtsverordnungskompetenz als delegierte Gesetzgebungskompetenz aufgefaßt werden und dem eigentlichen Gesetzgeber dann die Kontrollbefugnis darüber zukommen kann. Ein konkretes Normenkontrollverfahren ist trotz des entsprechende Erwartungen weckenden Wortlauts der Verfassung gerichtsverfassungs- oder prozeßrechtlich nicht eingerichtet, etwa dergestalt, daß die Gerichte Prozesse aussetzten, um der Volkskammer Zweifel an der Verfassungsmäßigkeit von Rechtsvorschriften zur Entscheidung vorzulegen. Der mögliche Problembereich ist allerdings insoweit eingeengt, als das Oberste Gericht für die Untergerichte bindende Richtlinien erläßt, in denen eine verfassungsgemäße Auslegung von Gesetzen, soweit als Problem erkannt, prophylaktisch sichergestellt werden kann. Ansonsten sollen die Gerichte, falls sich im Verfahren ein Widerspruch zwischen einer Rechtsvorschrift und der Verfassung bzw. einer anderen höherrangigen Rechtsvorschrift herausstellt oder begründete Zweifel an der Gesetzlichkeit einer zugrunde zu legenden Rechtsvorschrift bestehen, „die jeweils zuständigen staatlichen Organe entsprechend unterrichten und ggf. deren korrigierende Entscheidung in der Rechtsprechung berücksichtigen"[201]. Ob der anstehende Prozeß solange ausgesetzt werden soll, wird nicht gesagt; angesichts der Vorschriften über ein zügiges Verfahren bedürfte es hierzu auch einer besonderen gesetzlichen Ermächtigung.

### *3.6.3 Organstreitigkeiten*

Schließlich findet auch keine gerichtliche Entscheidung von Organstreitigkeiten statt. Ein solches Verfahren wäre auch gegenstandslos, wenn und soweit es nur *ein* oberstes Organ gibt, das seinerseits die Streitigkeiten zwischen anderen Organen entscheiden und diese als Nachgeordnete anweisen kann. Ungeregelt bliebe allerdings auch dann der Streit zwischen Teilen des obersten Organs, etwa Fraktionen, Präsidium oder Präsident. Solche Streitigkeiten würden mangels anderer Entscheidungsverfahren dem Plenum überantwortet sein. Doch ungeachtet solcher unerledigt bleibender Reste trifft es für die DDR nicht zu, daß die Volkskammer alleiniges oberstes Machtorgan ist. Mit einem verbalen Kunstgriff sucht die Verfassung auch dort den Anschein von der Volkskammer abgeleiteter Kompetenz des Staatsrates zu erwecken, wo dieser nach der Rechtslage gleichursprünglich wie die Volkskammer direkt von Verfassungs wegen tätig wird. Der Staatsrat ist zur Unterstützung der örtlichen Volksvertretungen (Art. 70 Verf.) bzw. zur Aufsicht über das Oberste Gericht und den Generalstaatsanwalt (Art. 74 Verf.) nicht durch einen Auftrag der Volkskammer, sondern der Verfassung selbst ermächtigt. Die Volkskammer kann den Auftrag unter Geltung dieses Verfassungswortlauts nicht zurückziehen. Bei dieser Rechtslage der Kompetenzzuweisung von gleichem Rang wäre ein Streit über den Umfang und die Abgrenzung der Tätigkeitsermächtigung nicht ausgeschlossen.[202] Sein Entscheidungsverfahren bleibt im Staatsrahmen ungelöst.[203]

## 3.7 Kontrolle, Aufsicht und Anleitung der Gerichte

### *3.7.1 Durch das Justizministerium*

Zur institutionellen Organisation der Rechtsprechung sind auch die Rahmeneinrichtungen zu zählen, die direkt kontrollierend, aufsichtsführend und anleitend die Tätigkeit der Gerichte mitsteuern. Als gerichtsnächste Institution ist das Justizministerium[204] zu nennen, das auf der Grundlage des § 21 des Gerichtsverfassungsgesetzes als Organ des Ministerrates Aufgaben der Anleitung, Kontrolle und „Kaderpolitik" bezüglich der Kreis- und Bezirksgerichte wahrnimmt. Hinsichtlich der „finanziellen, materiellen und organisatorischen Sicherung und Kontrolle"[205] der Gerichte hat das Ministerium die „Struktur- und Stellenpläne sowie die Haushalts- und Investitionspläne"[206] zu bestätigen und „ist verantwortlich für die rationelle Gestaltung und ständige Vervollkommnung der Leitungs- und Arbeitsorganisation".[207] Des weiteren umfaßt die ‚Anleitung' „die Erläuterung der Grundsätze der gesamten Arbeit".[208] In Ausfüllung des ihm zur Vorbereitung solcher Aktivitäten gemäß § 11 II des Statuts des Ministeriums zustehenden Informationsrechts hatte sich das Ministerium nach einem Bericht „von 200 Richtern aus 50 Kreisgerichten spezielle Fragebogen über Inhalt und Struktur ihrer richterlichen Arbeit beantworten lassen.[209] Die dem Minister obliegende „Kaderpolitik" erstreckt sich von „der Auswahl der Studenten für das rechtswissenschaftliche Studium und ... der Einflußnahme auf die Gestaltung der Studienpläne und Lehrprogramme über die Sicherung der Vorbereitung und Durchführung der Wahlen der Direktoren, Richter und Schöffen ... bis hin zur Verantwortung für den Einsatz und die Erziehung der Kader für deren Weiterbildung[210] und für die Schaffung einer Kaderreserve".[211] Integraler Bestandteil all dieser personalpolitischen und verwaltenden Aktivitäten ist „die systematische Einflußnahme auf die politische-ideologische Erziehung der Mitarbeiter".[212]

Hinsichtlich der Informationsbasis und Orientierung der gerichtlichen Entscheidungen vermittelt das Ministerium „aus der Übersicht und mit der Autorität eines am Rechtssetzungsprozeß maßgeblich beteiligten Organs des Ministerrats in vielfältiger Form fundierte Kenntnisse über Inhalt, Motive, beabsichtigte

Wirkungsrichtung, Ziele und Anwendungskriterien neuer oder weiterentwickelter Rechtsvorschriften ... Im gleichem Sinne anleitend wirkt das MdJ [= Justizministerium] auch durch die Herausgabe von Kommentaren, die eine authentische Interpretation vor allem solcher Kodifikationen und Gesetze geben, die für die Rechtsprechung von besonderer Bedeutung sind".[213]

Zur Kontrolle führt das Ministerium „unmittelbare und komplexe Überprüfungen bestimmter Gerichte"[214] in Form der „Revisionen" durch, die „der Überprüfung und Analyse der Arbeitsergebnisse und der Wirksamkeit sowie der Auswertung und Verallgemeinerung der besten Erfahrungen (dienen)".[215] „Sie sind typische Methoden der operativen Arbeit und zugleich ständige Arbeitsaufgabe".[216] Die „meist mehrwöchige"[217] ministerielle Kontrolle der Rechtsprechung bezieht sich dabei „nicht auf das Einzelverfahren in den prozessuellen Formen", sondern „insbesondere ihre Gesamtentwicklung und deren Tendenzen".[218] Zur notfalls verwaltungsimperativen Umsetzung all dieser Maßnahmen ist das Ministerium den Direktoren der örtlichen Gerichte gegenüber weisungsberechtigt.[219]

Gegenüber den Militärgerichten nimmt die ministeriellen Aufgaben die beim Justizministerium gebildete „Hauptabteilung Militärgerichte" wahr, die gemäß ihrer Doppelfunktion in militärischen Fragen dem Verteidigungsministerium unmittelbar unterstellt ist.[220]

Zur Abstimmung der Steuerung finden regelmäßige Beratungen mit den anderen zentralen Leitungsinstanzen statt. Des weiteren kann das Ministerium beim Obersten Gericht den Erlaß von Richtlinien und Beschlüssen beantragen.[221]

### *3.7.2 Durch die Volkskammer und den Staatsrat*

Hinsichtlich des Obersten Gerichts, das nach dem Organisationsmodell mit dem Ministerrat auf gleicher Ebene steht und deshalb von einem Ministerium nicht kontrollierbar ist, nehmen diese Aufgaben die Volkskammer selbst und der Staatsrat wahr. So bestimmt gemäß Art. 49 III der Verfassung die Volkskammer die Grundsätze der Tätigkeit u. a. des Obersten Gerichts und dieses ist der Volkskammer und zwischen ihren Tagungen dem Staatsrat „verantwortlich" (Art. 93 III Verf.) und „rechenschaftspflichtig", wie § 36 II des Gerichtsverfassungsgesetzes hinzufügt. Der Staatsrat nimmt auch die „ständige Aufsicht über die Verfassungsmäßigkeit und Gesetzlichkeit der Tätigkeit des Obersten Gerichts" (Art. 74 I Verf.) wahr. Die Form der Rechenschaftspflichtigkeit bzw. Aufsicht sind nicht detailliert in veröffentlichten Vorschriften geregelt; man wird davon ausgehen können, daß periodisch Berichte und Analysen über die Rechtsprechung und deren Tendenzen erstattet bzw. entgegengenommen werden. Auf seiten der Volkskammer könnte deren Verfassungs- und Rechtsausschuß als fachspezialisiertes Gremium neben allgemein- und rechtspolitischen Fragen justizielle Sachfragen in den Vordergrund stellen. Des weiteren wurde das Oberste Gericht für verpflichtet gehalten, den Staatsrat selbständig über grundsätzliche Probleme, Erfahrungen und Ergebnisse zu unterrichten.[222] „Die Volkskammer kann Entscheidungen des Plenums und des Präsidiums des Obersten Gerichts zur Leitung der Rechtsprechung aufheben, jedoch nicht rechtsprechende Entscheidungen in Verfahren."[223]

Obwohl die Formulierung von der Aufsicht über die „Verfassungsmäßigkeit und Gesetzlichkeit der Tätigkeit des Obersten Gerichts" (Art. 74 I Verf.) die Annahme nahelegen könnte, daß der Staatsrat einzelne Urteile des Obersten Gerichts aus Gründen ihrer angenommenen Verfassungs- oder Rechtswidrigkeit aufheben und eventuell an sich ziehen könnte, umfaßt die Aufsichtskompetenz im funktionengeteilten System der DDR eine solche Möglichkeit nicht. Auch zu Zeiten einer stärkeren Stellung des Staatsrates sollen „niemals diese oder jene Einzelfragen"[224] behandelt worden sein.

Gegenstand der Rechenschaftslegung ist „nicht ein einzelnes Verfahren oder eine einzelne Entscheidung, sondern die komplexe Erfüllung der Aufgaben des OG und der von ihm geleiteten Rechtsprechung"[225], die großen Linien der Rechtsprechung, ihre rechtspolitischen Momente, beispielsweise der Stärkung der Stellung des Volkseigentums oder der Ausweitung bzw. Einschränkung der Verurteilung auf Bewährung.[226]

„Die Volkskammer kann Entscheidungen des Plenums und des Präsidiums des Obersten Gerichts zur Leitung der Rechtsprechung aufheben, jedoch nicht rechtsprechende Entscheidungen in Verfahren."[227]

### *3.7.3 Durch die Partei*

Auch die Partei schließlich in ihrem statutenmäßigen Selbstverständnis als „führende Kraft"[228] bzw. in der verfassungsmäßig etablierten Führungsrolle[229] gegenüber auch den staatlichen Institutionen nimmt – im Zweifelsfalle bestimmenden – Einfluß auf die Rechtsprechung. Dies geschieht einmal gleichsam von oben „durch die ... politische Leitung der Rechtspflege durch die Volkskammer und den Staatsrat"[230] mittels der diesen Institutionen zur Verfügung stehenden, oben erörterten Methoden. Zum anderen durch die innerhalb aller Gerichte gebildeten Grundorganisationen der Partei, zu deren Aufgaben „die Sicherung des politisch-ideologischen und organisatorischen Einflusses der Partei"[231] zur Verwirklichung der Parteiziele gehört. Spezifischer Part der Parteigrundorganisationen ist dabei, die „Parteimitglieder und andere Mitarbeiter an die praktischen Konsequenzen heran(zu)führen, die die Aufgabenstellung des ... Parteitages erfordert".[232]

K. Naumann berichtet von einem als nachahmenswert dargestellten Beispiel, wo „Genossen eine Atmosphäre des Kampfes um höchste Arbeitsergebnisse (schufen)

- weil sich die Grundorganisationen der Partei an die Spitze stellten, die politisch-ideologische Erziehungsarbeit im Kollektiv leisteten und eine strenge Kontrolle über die Durchführung festgelegter Maßnahmen und übernommener Verpflichtungen ausübten,
- weil die Leiter ... die Arbeitsergebnisse jedes Genossen abrechneten,
- weil durch die bessere Arbeit mit den Menschen das gesamte Kollektiv für die Erfüllung der Aufgaben begeistert und das Verantwortungsbewußtsein des Einzelnen für das Ganze entwickelt wurde".[233]

Dabei haben die Grundorganisationen in den Staatsorganen jedoch nicht wie in anderen Einrichtungen das Recht der „operativen Kontrolle", d. h. des politisch motivierten Eingreifens in den Entscheidungsprozeß, sondern allein das Recht der Kontrolle der Entscheidungsergebnisse auf ihre Übereinstimmung mit der Partei- und Staatspolitik bzw. den geltenden Gesetzen.[234] Werden aufgedeckte Abweichungen nicht durch Appell an die Parteidisziplin[235] des Betroffenen oder seines weisungsberechtigten Vorgesetzten korrigiert, übermittelt die Grundorganisation „notwendige Hinweise und Vorschläge den zuständigen Parteiorganisationen, beziehungsweise dem Zentralkomitee sowie den verantwortlichen Parteimitgliedern, die in den leitenden Funktionen der Ministerien und staatlichen Organe tätig sind"[236], welche dann ihrerseits bei Bedarf die ihnen zur Verfügung stehenden Kontroll-, Aufsichts- und Anleitungsmittel einsetzen.

# 4 Personelle Organisation der Rechtsprechung

## 4.1 Richter

### *4.1.1 Wahl*

Die gerichtliche Rechtsprechung wird in der DDR personell durch dazu speziell berufene hauptamtliche[1] oder nebenberufliche Personen ausgeübt. Sie gelangen gemäß Art. 94 II Verfassung alle durch Wahl der Betroffenen, lokalen Bevölkerung oder einer Volksvertretung einschließlich des Nationalen Verteidigungsrates, in ihre Stellung.[2] Aus dem Umstand, daß der Wortlaut der Verfassung eine Veränderung der Wahlformen zu mehr direkten Wahlen zuläßt, darf nach den Worten des Präsidenten des Obersten Gerichts nicht geschlossen werden, daß es sich dabei um eine aktuelle Frage handelt.[3] Die Wahl erfolgt in allen Fällen ausschließlich auf Vorschlag eines Exekutiv- oder *quasi*-Exekutivorgans, nämlich des Justiz- bzw. Verteidigungsministeriums, des Staats- bzw. Nationalen Verteidigungsrates oder eines ausführenden Organs einer Genossenschaft bzw. einer Massenorganisation.

Mit dieser Doppelanbindung an den Vorschlags- und den Wahlkörper soll einerseits eine möglichst wirksame Arbeit vor Ort erreicht, andererseits aber auch eine Verselbständigung etwa eines Gesellschaftlichen Gerichts in Übereinstimmung mit seiner Wählerschaft ausgeschlossen werden. Des weiteren lassen sich durch die mit der Vorschlagskompetenz verbundenen mehr oder minder zentralen und exekutiven Steuerungsmöglichkeiten statistische Beteiligungs- und Repräsentationsvorgaben wie etwa von Frauen oder Arbeitern besser berücksichtigen. Einwendungen der Bürger bei den Vorstellungsversammlungen oder aufgrund der Listenauslegung gegen Schöffenkandidaten werden von dem zuständigen Wahlbüro, gegen Richterkandidaten nach Stellungnahme des Wahlbüros vom Justizministerium entschieden.[4] Der letztliche Wahlakt hat keine Auswahlfunktion mehr, es werden von den Vorschlagsinstanzen nur so viele Kandidaten präsentiert, wie Stellen zu besetzen sind. Die Wahl erfolgt für alle richterlichen Personen auf Zeit, und zwar parallel der Dauer der Wahlperiode ihres Vorschlags- oder Wahlorgans, d. h. längstens für die nicht sehr lange Dauer von 5 Jahren. Bei den Neuwahlen der nebenberuflichen Richter (Schöffen, Mitglieder der Gesellschaftlichen Gerichte) soll sowohl dem Gesichtspunkt der Kontinuität durch erneute Kandidatur wie dem der Rotation durch Aufstellung neuer Kandidaten Rechnung getragen werden.
Es werden gewählt[5]:

a) der Präsident, die Vizepräsidenten, die Richter sowie die Schöffen des Senats für Arbeitsrecht des Obersten Gerichts auf Vorschlag des Staatsrates und die Militärrichter des Obersten Gerichts auf Vorschlag des Nationalen Verteidigungsrates von der Volkskammer (Art. 50 Verf.; § 48 I GVG; § 19 II MilGO);
b) die Direktoren und Richter der Bezirks- und Kreisgerichte durch die ent-

sprechende Volksvertretung auf Vorschlag des Justizministeriums im Einvernehmen mit den zuständigen Ausschüssen der Nationalen Front; die Vorschläge für die Wahl der Richter der Senate und Kammern für Arbeitsrecht werden ihm vom Gewerkschaftsbund unterbreitet (§ 46 I, III, 47 III GVG);

c) die Militärrichter der Militärobergerichte und der Militärgerichte auf Vorschlag des Verteidigungsministeriums vom Nationalen Verteidigungsrat (§ 19 I MilGO);

d) die Schöffen der Bezirksgerichte auf Vorschlag der entsprechenden Ausschüsse der Nationalen Front durch die Bezirkstage; die Vorschläge für die Wahl der Schöffen der Senate für Arbeitsrecht werden von den zuständigen Gewerkschaftsvorständen unterbreitet (§ 46 III, 47 III GVG);

e) die Schöffen der Kreisgerichte auf Vorschlag der entsprechenden Ausschüsse der Nationalen Front in offener Wahl in Versammlungen der Werktätigen; die Vorschläge für die Wahl der Schöffen der Kammern für Arbeitsrecht werden von den zuständigen Gewerkschaftsvorständen unterbreitet (§ 46 II, 47 III GVG; § 15 II WahlO);

f) die Militärschöffen der Militärobergerichte und Militärgerichte in den Stäben, Truppenteilen, Einheiten und Dienststellen der Armee, der Grenztruppen und der Organe des Wehrersatzdienstes (§ 26 II MilGO);

g) die Mitglieder der Konfliktkommissionen auf Vorschlag der Betriebsgewerkschaftsleitung in geheimer Wahl von den Betriebsangehörigen (§ 7 f. GGG);

h) die Mitglieder der territorialen Schiedskommissionen auf Vorschlag der Ausschüsse der Nationalen Front durch die entsprechenden örtlichen Volksvertretungen; die Mitglieder der produktionsgenossenschaftlichen Schiedskommissionen auf Vorschlag des Vorstandes von den Genossenschaftsmitgliedern (§ 10 f. GGG).

„Fast jeder zweite [hauptamtliche] Richter ist eine Frau“[6]; bei der Wahl zu den Kreisgerichten 1984 lag der Frauenanteil bei 55,1 %[7], bei der Wahl 1979 waren 60 % der Richter- und 23 % der Direktorenkandidaten Frauen[8], womit sie in Leitungspositionen also unterrepräsentiert waren/sind.

Für 1978 lauten die Angaben zur sozialen Herkunft aller hauptamtlichen Richter[9]:

71,7 % Arbeiter,
15,9 % Angestellte,
4,6 % Genossenschaftsbauern,
2,3 % Intelligenz,
5,5 % Sonstige.

Verstreute Angaben über die soziale Herkunft der Richter der Kreisgerichte nach der Wahl 1984 lauten zusammengetragen[10]:

64,6 % Arbeiter,
20 % Angestellte und andere soziale Schichten,
8 % Intelligenz,
5 % Genossenschaftsbauern.

Damit ist unabhängig von der Schöffenbeteiligung dem Gebot der Verfassung, daß „die Rechtsprechung von Frauen und Männern aller Klassen und Schichten“ (Art. 94 II Verf.) ausgeübt wird, sozialstatistisch in hohem Maße entsprochen. Etwa 92 % der Richter der Kreisgerichte üben diese Funktion „langjährig“[11] aus. 60 % von ihnen sind unter 40 Jahren[12].

Die Schöffen üben nach dem Gesetz „die Funktion eines Richters in vollem Umfang und mit gleichem Stimmrecht" (Art. 96 II Verf.) aus. Zeitlich gelangen sie gemäß § 50 des Gerichtsverfassungsgesetzes in der Regel jährlich zu einem zweiwöchigen Einsatz, auf den sie in Einführungsgesprächen grundsätzlich vorbereitet werden.[13] Mit der 14tägigen Rechtsprechung ist die Aufgabe der Schöffen aber nicht erschöpft. In Betrieben oder anderen Einrichtungen, wo mehr als drei Schöffen tätig sind, werden „Schöffenkollektive" gebildet, die darauf Einfluß nehmen, daß entsprechend einem Jahresarbeitsplan, dessen Erfüllung regelmäßig kontrolliert werden soll, „die Kenntnisse und Erfahrungen der Schöffen entsprechend den Bedingungen und Erfordernissen ihres Betriebes oder im Wohngebiet für die Festigung der Gesetzlichkeit, für Ordnung und Sicherheit, für die Rechtserläuterung, für die Gestaltung und Kontrolle der Bewährungs- und Erziehungsprozesse von Verurteilten oder zur Vorbeugung und Bekämpfung von Rechtsverletzungen genutzt werden."[14] Auch hier wäre der Gedanke wieder aufzugreifen, daß durch diese Aufgabenstellung gegenüber dem sozialen Umfeld erst einmal weitere ca. 53.000[15] selbst gesetzestreue Stützpunkte geschaffen sind.

Bei den Wahlen 1981 zu den Bezirksgerichten waren „mehr als 70 % der Schöffen zur Wiederwahl geeignet und auch dazu bereit".[16] Der dortige Frauenanteil beträgt 47,2 %.[17] Bei den Wahlen zu den Kreisgerichten 1984 wurden 50.857 Schöffen gewählt, 71,5 % von ihnen zum wiederholten Male. Mit 44,4 % Anteil entsprechen die Bürger unter 40 Jahren in etwa dem wählbaren Alterspotential. Der Anteil der Frauen beträgt 52,9 %. Die Angaben über die soziale Stellung lauten[18]:

51 % Arbeiter,
31,3 % Angestellte,
8,9 % Intelligenz,
5,8 % Mitglieder von Produktionsgenossenschaften.

Die Parteizugehörigkeit wird mit 48 % SED sowie insgesamt 16,5 % „befreundete Parteien" (CDU, NDPD, LDPD, DBD) angegeben.

Bei der Militärschöffenwahl 1984 wurden 1379 Schöffen gewählt, von denen 52,8 % wiedergewählt wurden. Ihrer sozialen Herkunft nach entstammen 80,8 % der Arbeiterklasse.[19]

Was die Gesellschaftlichen Gerichte betrifft, haben die Konfliktkommissionen nach der letzten Wahl insgesamt 233.365 Mitglieder[20], was im Schnitt mit ca. 8,9 Mitgliedern pro Kommission am unteren Rand der gesetzlichen Spanne von 8–15 Mitgliedern[21] liegt. „Mehr als die Hälfte [der Mitglieder] kann auf wenigstens 5 Wahlperioden zurückblicken"[22]. Der Frauenanteil in den Konfliktkommissionen beträgt 42,3 %, der der Jugendlichen bis 25 Jahre 8,8 %.[23] Hinsichtlich der sozialen Zusammensetzung gehören 57 % der Arbeiterklasse, 14 % der Intelligenz an.[24]

Die Schiedskommissionen haben insgesamt 55.911 Mitglieder[25]. Mit der daraus zu errechnenden Zahl von im Schnitt ca. 10,1 Mitgliedern pro Kommission liegt deren Zahl etwas höher im gleichfalls gesetzlich von 8–15 reichenden Spektrum, wohl weil außerhalb des industriellen Arbeitsbereichs und insbesondere auf dem Lande die Erreichbarkeit und Abkömmlichkeit der Mitglieder weniger sicher ist. 27,9 % der Mitglieder kandidierten zum ersten Mal.[26] Der Frauenanteil beträgt 47,3 %, der Anteil der unter 40jährigen 36,4 %.[27] Die soziale Zusammensetzung wird wie folgt angegeben[28]:

38,6 % Arbeiter,
27 % Angestellte,
15,8 % Mitglieder von Produktionsgenossenschaften,
9,2 % Intelligenz.

Nach der Parteizugehörigkeit sollen 38,8 % der SED und 13,2 % anderen Parteien angehören[29], wobei diese bei der letzten Wahl differenzierter aufgeschlüsselt waren nach 4,9 % DBD, 3,0 % CDU, 2,3 % NDPD sowie 2,2 % LDPD[30].

Die Werte korrespondieren in etwa mit den Gesamtparteimitgliedschaften. Die verbleibende knappe Hälfte sind in der Regel Mitglieder der Massenorganisationen und von diesen aufgestellt.

### *4.1.2 Profil*

Fachliche Voraussetzung für die Wahl in eine hauptamtliche Richterstelle ist eine jetzt 4jährige universitäre juristische Ausbildung und die Absolvierung der 1jährigen Richterassistentenzeit an einem Kreisgericht.[31]

Die Militärrichter sind Angehörige der Armee.[32] Die Richter sollen über ein hohes Maß an Lebenserfahrung, menschlicher Reife und Charakterfestigkeit verfügen[33], und „mit den aktuellen ökonomischen Grundfragen“[34] vertraut sein. Politisch-ideologisch haben sie „dem Volk und seinem sozialistischen Staat treu ergeben“[35] zu sein oder, handfester ausgedrückt, „sich voll mit der Politik des sozialistischen Staates zu identifizieren“.[36] Im internen Studienmaterial verschiebt sich der Akzent zugunsten der Partei, wenn es dort heißt, die „Mitglieder der sozialistischen Gerichte ... müssen ... sich vorbehaltlos für die Politik von Partei und Regierung einsetzen ... Das setzt ihr Bekenntnis und ihr berufliches sowie außerberufliches Handeln für die Politik der Arbeiterklasse und ihrer marxistisch-leninistischen Partei voraus“[37]; von Staat oder gar vom Volk keine Rede mehr.

Zu den Mitgliedern der Gesellschaftlichen Gerichte sollen arbeits- und verhaltensmäßig vorbildliche Bürger gewählt werden.[38]

„Hin und wieder wird die Frage aufgeworfen, ob ein Nichtmitglied der Gewerkschaft für die Wahl [zur Konfliktkommission] kandidieren kann. Wir vertreten dazu folgenden eindeutigen Standpunkt: Um in unserer sozialistischen Gesellschaftsordnung als Vorbild im Betrieb gelten zu können, muß man Mitglied der größten Klassenorganisation, des FDGB, sein“[39].

An positiven *stimuli* oder *incentives* liegt für „hervorragende Verdienste bei der Festigung der sozialistischen Gesetzlichkeit und langjährigen Arbeit in Organen der Rechtspflege“ der Ehrentitel „Verdienter Jurist der Deutschen Demokratischen Republik“[40] bereit, verbunden mit vergoldeter Medaille und einer Prämie von 5.000 Mark, das 3- bis 4fache eines Monatsgehalts. Negative Sanktionen hält die disziplinarische Verantwortlichkeit[41] für Richter bereit, die die „Grundpflichten oder die Arbeitsdisziplin gröblichst“ verletzen oder sich „unwürdig“ verhalten. Der betroffene Richter ist zur behaupteten Pflichtverletzung zu hören[42], eine Vertretung oder die Bestellung eines Verteidigers zur Rechtswahrung ist nicht zulässig.[43] An Maßnahmen kann auf Verweis bzw. Strengen Verweis erkannt oder beim entsprechenden Organ die Abberufung des Richters beantragt werden.[44]

Die Abberufung eines Richters geschieht allgemein auf Vorschlag des

Staatsrates bzw. des Justizministeriums durch die Volksvertretung, die ihn gewählt hat, die Abberufung von Schöffen auf Vorschlag des Gerichtsdirektors durch die entsprechende Volksvertretung.[45] Über die durch Urwahl gewählten Schöffen des Kreisgerichts befindet damit nicht die Bevölkerung, sondern ein Staatsorgan.[46] Die Militärrichter unterliegen neben den richterlichen noch den militärischen Disziplinarvorschriften.[47] Die für eine Abberufung Vorschlagsberechtigten und nicht etwa die die Sache formal entscheidende Volksvertretung können in einem *quasi*-Dringlichkeitsverfahren die vorläufige Abberufung anordnen.[48] Eine merkwürdige Konstruktion, daß der Antragsteller (!) die Befugnis zur vorläufigen Regelung der streitigen Angelegenheit hat. Die Mitglieder der Gesellschaftlichen Gerichte können bei gröblicher Pflichtverletzung von ihren Urwählern (Konfliktkommission und produktionsgenossenschaftliche Schiedskommission), bzw. von der entsprechenden Volksvertretung abberufen werden.[49]

### *4.1.3 Der Gesetzliche Richter*

Die DDR hält gemäß Art. 101 der Verfassung am Prinzip des Gesetzlichen Richters fest. Durch die oben erörterte instanzielle Eingangsvariationsbreite eines Prozesses durch Anklage der Staatsanwaltschaft bei unterschiedlichen Gerichten und die Heranziehungsmöglichkeit des Direktors des Bezirksgerichts ist dieses Prinzip jedoch schon weit ausgehöhlt. Es kommt noch hinzu, daß gemäß § 25 II, 33 IV bzw. 41 V GVG die Direktoren der Kreis- und Bezirksgerichte bzw. der Präsident des Obersten Gerichts oder beim Bezirksgericht ein beauftragter Stellvertreter bzw. beim Obersten Gericht ein Vizepräsident „in jedem Verfahren den Vorsitz übernehmen (können)“. Damit stehen als *minimum* fünf gesetzlich zugelassene verschiedene oder verschieden besetzte Spruchkörper für die Behandlung eines Falles zur Auswahl, ein Umstand, der den Gebrauch den Singulars in Art. 101 I der Verfassung als objektiv unrichtig erscheinen läßt.

W. Bock entnimmt dem Recht auf den Gesetzlichen Richter, „daß die Verhandlung und Entscheidung bei dem Gericht erfolgt, bei dem die größtmögliche Sachkunde und die für die Gesellschaft wirksamste Lösung der in der Rechtssache zum Ausdruck kommenden Rechtsverletzung, Rechtsstreitigkeit oder einer anderen Rechtsangelegenheit gegeben ist“[50], ohne für diese seine immer noch sehr vage Eingrenzung eine rechtliche Grundlage beizubringen.

### *4.1.4 Unabhängigkeit und Unvoreingenommenheit*

Die sachgemäße Tätigkeit der richterlichen Personen ist von dem Maß an Unabhängigkeit nach außen und an Unvoreingenommenheit nach innen abhängig. Nach Art. 96 I der Verfassung[51] sind die Mitglieder der Gerichte „in ihrer Rechtsprechung unabhängig. Sie sind nur an die Verfassung, die Gesetze und anderen Rechtsvorschriften der DDR gebunden“. Ihnen steht bei der Behandlung des einzelnen Rechtsfalles die alleinige Entscheidungsfreiheit zu, und sie tragen die alleinige Entscheidungsverantwortung. „Niemand hat das Recht, in Verfahren und Entscheidungsfindung eines Gerichts einzugreifen“.[52] Diese

Kompetenzabgrenzung ist Kennzeichen der in der DDR herrschenden Funktionenteilung. Aus den oben dargelegten Wahl- und möglichen Abberufungsmechanismen ergibt sich jedoch, daß die richterlichen Personen, insbesondere die berufsmäßig auf die Fortsetzung ihrer Tätigkeit angewiesenen Fachjuristen, die Gewogenheit ihrer Wahl-, oder relevanter, Vorschlagsinstanz nicht aufs Spiel setzen dürfen. In dem Maße, in dem, auch von der DDR, zu Recht darauf verwiesen wird, daß schon die positive Beförderungsmöglichkeit der Richter durch die Justizverwaltung die Richter in die Gefahr der Korrumpierung bringt, um wievieles mehr erscheint dann die negative Sanktionsmöglichkeit des nicht einmal begründungspflichtigen Ausbleibens des erneuten Vorschlages bedenklich.

Man könnte der DDR-Lehre rechtspolitisch in der Meinung durchaus zustimmen, daß „Unabhängigkeit in der Rechtsprechung ... keine ‚Freiheit' und ‚Unabhängigkeit' von der Gesellschaft und vom Volk"[53] bedeuten soll. Wenn die Rechtsprechung ihre Legitimation daraus bezieht, daß sie „im Namen des Volkes" richtet, stünde dem Volk als in Anspruch genommener Souverän eine Rückrufmöglichkeit *post judicatum* wohl zu. Es verbleibt jedoch die Unstimmigkeit in der DDR-Argumentation, daß, sogar wenn man die Volksvertretungen in ihrer Repräsentation und Bedeutung zum Nennwert nimmt, der ausschlaggebende Einfluß immer noch bei der administrativen Justizverwaltung liegt, am krassesten durch die vorläufige Abberufungskompetenz dokumentiert. Auch wenn man mit der verbalen Besorgnis der DDR gegen eine unter dem Gesichtspunkt der Volkssouveränität problematische Verselbständigung der Justiz ist, erscheint es jedoch die noch schlechtere Alternative, die Justiz stattdessen den Händen der Staatsexekutive zu überantworten. Das nützt weder der Sachgerechtigkeit der Rechsprechung noch auch dem Volk.

Die zweite mögliche Barriere der sachlichen Fundierung einer Entscheidung ist die Voreingenommenheit des Richters[54] wegen eigener Interessen oder persönlicher Beziehungen negativer oder positiver Art. Von Gesetzes wegen[55] werden daher u. a. schon mit der Sache befaßt gewesene oder mit einer Partei verwandte Personen von der richterlichen Tätigkeit ausgeschlossen. Den Prozeßbeteiligten steht die Möglichkeit des Antrags auf Ablehnung wegen Befangenheit zu, über den unter Ausschluß des in Frage stehenden Richters entschieden wird. Die DDR bekräftigt damit gleich zweimal die Notwendigkeit des Prinzips des „unbeteiligten Dritten", indem einmal in die zur Entscheidung anstehende Sache involvierte Personen nicht mitrichten dürfen, zum anderen keiner Richter in eigener Sache über die Frage der Befangenheit sein kann. Wenn sogar solche sekundären Kautelen zur Erzielung unparteiischer Entscheidungen vonnöten sind, warum soll das nicht auch auf dem Gebiet des Verwaltungsrechtschutzes gelten?

## 4.2 Staatsanwaltschaft

### *4.2.1 Anklagevertretung im Strafverfahren*

Die Staatsanwaltschaft wirkt in der DDR in allen Prozessen mit. Sie soll dort über die „strikte Einhaltung der sozialistischen Gesetzlichkeit" wachen, und zwar unter dem spezifischen Gesichtspunkt, daß diese „*einheitlich* verwirklicht wird“[56] (Hervorhebung im Original). Dazu ist die Staatsanwaltschaft „streng zentralistisch“ aufgebaut und „örtlich nicht unterstellt“.[57] Durch die Herausnahme der Staatsanwaltschaft aus der sonst praktizierten doppelten Unterstellung[58] soll die Einheitlichkeit durch „keinerlei örtliche Einflüsse“[59] beeinträchtigt werden. Im Strafverfahren erhebt und vertritt die Staatsanwaltschaft (nach Leitung[60] oder eigener Durchführung des Ermittlungsverfahrens[61]) die staatliche Anklage[62], sofern die Angelegenheit nicht einem Gesellschaftlichen Gericht übergeben wurde. Bei Vorliegen der Voraussetzungen hat die Staatsanwaltschaft Anklage zu erheben[63]; die Entscheidung folgt „gesetzlichen Kriterien“[64], nicht Opportunitätsgründen oder einem bestimmten Mindestmaß an Schuld. Die gesetzlichen Kriterien erfahren jedoch in sich u.a. durch den „materiellen Deliktsbegriff“[65] sowie von der Erziehungsfunktion des DDR-Strafrechts her eine Modifikation. So kann die Staatsanwaltschaft das Verfahren vor Anklageerhebung einstellen, wenn „von Maßnahmen der strafrechtlichen Verantwortlichkeit abgesehen wird“ (§ 148 I Ziff. 3 StPO). Dies ist gemäß § 25 des Strafgesetzbuches der Fall, wenn der Täter aufgrund von Leistungen, z. B. am Arbeitsplatz, erwarten läßt, daß er sich rechtstreu verhält, oder wenn die Straftat nach DDR-Anschauung in Folge der Sozialistischen Gesellschaftsentwicklung keine „schädlichen“[66] Auswirkungen hat. Bei aller Bindung an das Legalitätsprinzip ist damit ein personen- und gesellschaftsbezogener Spielraum gegeben, in Folge dessen trotz (auch rechtswidriger und schuldhafter) Erfüllung eines Tatbestands aus Gründen einer außerstrafrechtlichen Abwägung von der Anklageerhebung abgesehen werden kann.

Eine zweite Möglichkeit des Absehens von einer Anklageerhebung ist der Fall der Konsumption der zu erwartenden durch die rechtskräftig erfolgte Verhängung einer wesentlich höheren Strafe.[67]

Wird das Strafverfahren durchgeführt, ist es Verpflichtung auch der Staatsanwaltschaft, an der unvoreingenommenen und allseitigen[68] Feststellung der objektiven Wahrheit, einschließlich der be- wie auch entlastenden Umstände, mitzuwirken.[69]

Auch die Staatsanwaltschaft hat von der „Präsumption der Nichtschuld“[70] bis zur rechtskräftigen Verurteilung auszugehen. Ist das Verfahren in 1. Instanz beendet, kann die Staatsanwaltschaft das Rechtsmittel des Protestes (§ 21 StAG) einlegen. Bei rechtskräftig abgeschlossenen Verfahren kann sie die Kassation (§ 22 StAG) beantragen oder Klage auf Wiederaufnahme (§ 163 ZPO) erheben.

### *4.2.2 Beteiligung in anderen Verfahren*

Auch in den anderen gerichtlichen Verfahren auf den Gebieten des Zivil-, Familien- und Arbeitsrechts hat die Staatsanwaltschaft in der DDR in Verfolgung „gesellschaftlicher Interessen“[71] mehr oder minder große Beteiligungsmöglichkeiten. Sie kann einmal selbst Klage erheben in folgenden Fällen:

a) in allen Arbeitsrechtsangelegenheiten (§ 304 AGB[72]) einschließlich der Feststellung der Unwirksamkeit einer Neuerervereinbarung (§ 5 I der 2. DB zur Neuererverordnung[73]),
b) Wiedergutmachung von Schäden nach arbeits- und zivilrechtlichen Vorschriften im Strafverfahren (§ 198 StPO),

c) Einziehung des aus einem nichtigen Vertrag zu Unrecht Erlangten zugunsten des Staates (§ 69 ZGB[74]),
d) Schadensersatzklage bei Pflichtverletzungen von Betrieben zur Unterhaltsüberweisung, Drittschuldnerklage (§ 111 II ZPO),
e) den personenrechtlichen Statusfragen der Todeserklärung bzw. deren Aufhebung und Feststellung des Todeszeitpunkts (§ 136, 139 ZPO), der Entmündigung und deren Aufhebung (§ 140, 143 ZPO), Feststellung der Nichtigkeit einer Ehe (§ 35 FGB[75]) Unwirksamkeit der Anerkennung, Feststellung der sowie Aufhebung eines Urteils auf Feststellung der Vaterschaft (§ 59 f. FGB), unbefristete Einweisung in eine psychiatrische Einrichtung bzw. deren Aufhebung (§ 11 Einweisungsgesetz[76]).

Die Parteien werden in diese von der Staatsanwaltschaft initiierten Verfahren mit allen Rechten und Pflichten miteinbezogen[77], außer der Berechtigung zur Klagerücknahme oder sonstigen verfahrensbeendenden Prozeßhandlung.[78] Die Einräumung der Klageerhebungskompetenz zugunsten der Staatsanwaltschaft dient insbesondere im Arbeitsrecht der Verhinderung von Vereinbarungen zwischen Betrieb und Werktätigen, die zwar gesetzwidrig, aber offensichtlich in beiderseitigem Interesse sind, so daß keine Seite ihre Beseitigung betreibt.[79] In den personenrechtlichen Statusverfahren ist das öffentliche Interesse an der Wahrheit und Klarheit der amtlichen Zuschreibung Grund der staatsanwaltlichen Klageerhebungs- bzw. Antragsmöglichkeit.

Als zweite Möglichkeit kann die Staatsanwaltschaft in allen anderweitigen anhängig gemachten Verfahren ihre Mitwirkung erklären[80] mit der Folge, daß sie Prozeßbeteiligter wird und Stellungnahmen abgeben und Anträge stellen kann. Die Beteiligung der Staatsanwaltschaft ist die institutionelle Absicherung der unten zu erörternden Durchsetzung des objektiven Rechts in allen Verfahren.

Die Staatsanwaltschaft kann weiterhin bei Klagerücknahme durch den Kläger in den Fällen die Fortsetzung des Verfahrens beantragen, in denen ihr selbst ein eigenes Klagerecht zustand oder in denen sie ihre Mitwirkung erklärt hat. Auf diese Weise kann die im DDR-Prozeßrecht nicht vorgesehene außergerichtliche und eventuell vom objektiven Recht abweichende Einigung der Parteien unterbunden werden.

Schließlich kann die Staatsanwaltschaft aufgrund der ihr zu übersendenden Urteile neben den Parteien, außer in Ehescheidungssachen, in allen anderen noch nicht rechtskräftig abgeschlossenen Verfahren von sich aus Rechtsmittel einlegen, um den Prozeß vor die höhere Instanz zu bringen (§ 149 ZPO). Dazu gehört auch das Einspruchsrecht gegen Entscheidungen der Gesellschaftlichen Gerichte, womit die Angelegenheit zum Kreisgericht kommt (§ 26 f. GGG).

Die Staatsanwaltschaft ist zur Ermöglichung der Wahrnehmung ihrer Rechte über anhängig gemachte Klagen, „sofern es die Bedeutung der Sache (erfordert)“ (§ 32 II ZPO) und alle Klagerücknahmen (§ 30 II, III ZPO) zu informieren. Da die Qualifizierung einer Sache als ‚bedeutend‘ relativ ist, die Selektion aber bei der Staatsanwaltschaft verbleiben soll, soll der Staatsanwalt „das Gericht ständig darüber auf dem laufenden halten, welche Verfahren er für so bedeutungsvoll ansieht, daß er darüber informiert werden möchte“.[81] Das kann sich aus den im zentralen Arbeitsplan bestimmten Schwerpunktsetzungen[82] oder örtlichen Gegebenheiten[83] ergeben. Da einerseits „heutzutage eine regelmäßige Mitwirkung des Staatsanwalts in Zivil-, Familien- und Arbeitsrechtsachen nicht notwendig ist"[84], andererseits die Staatsanwaltschaft sich aus Kapazitätsgründen auch gar nicht an allen Verfahren beteiligen kann, kann und muß sie eine Auswahl treffen. Sie wird dies „entsprechend der politischen Bedeutung des jeweiligen Rechtsstreits"[85] tun. In der Praxis sollen die Staatsanwälte in Zivil- und Familienverfahren „nur relativ selten"[86] teilnehmen. Gegen rechtskräftige Entscheidungen kann die Staatsanwaltschaft im Rahmen der gesetzlichen Möglichkeiten die Kassation beantragen (§ 22 StAG, 160 ZPO).

Die Entscheidung über die Einleitung von Rechtsmitteln oder die Beantragung der Kassation soll „nicht im Ermessen des Staatsanwalts (liegen)"[87], sondern „kraft des Verfassungsauftrages ... muß"[88] er bei Verletzung der Gesetzlichkeit von seinem Interventionsrecht Gebrauch machen. Dabei beruht die Entscheidung der Staatsanwaltschaft, nachdem das Gericht sein Urteil auch im Bemühen um Gesetzlichkeit gesprochen hat, in der Regel wesentlich mehr auf subjektiven Erkenntnis- und Wertelementen, als dies von der DDR mit ihrem objektivistisch dargestellten Entscheidungskriterium der ‚Gesetzlichkeit' suggeriert wird.

Bei Vorliegen der gesetzlichen Voraussetzungen kann die Staatsanwaltschaft weiterhin Klage auf Wiederaufnahme eines rechtskräftig abgeschlossenen Verfahrens erheben (§ 163 ZPO).

„Alle Staatsanwälte in der DDR haben eine abgeschlossene juristische Hochschulausbildung"[89], die heute spezialisiert in Jena vermittelt wird.

Um die für die Arbeit der Staatsanwaltschaft notwendige allgemein- und rechtspolitische Zuverlässigkeit sowie die Flexibilität der Ausrichtung an zentralen Vorgaben sicherzustellen, muß der Staatsanwalt „der Arbeiterklasse und dem sozialistischen Staat treu ergeben" (§ 35 I StAG) sein. „Der politisch-moralischen Erziehung und Selbsterziehung der Staatsanwälte (kommt) große Bedeutung zu".[90] Ein Staatsanwalt kann von dem Generalstaatsanwalt ohne besonderes Verfahren oder ausgewiesene Entscheidungskriterien und darzulegende Gründe abberufen werden (§ 37 StAG). Daß „auch der Staatsanwalt nicht frei von persönlichen Empfindungen und Eindrücken (ist)"[91], wird eher als Problem gesehen, da es dadurch nicht immer leicht sei, unvoreingenommen aber auch „unversöhnlich gegen alle Verletzungen der sozialistischen Gesetzlichkeit vorzugehen".[92]

Hinsichtlich der sozialen Herkunft der Staatsanwälte lauten die Angaben per 31.12.1981:

72,3 Prozent Arbeiterklasse,
16 Prozent Angestellte,
4,7 Prozent Intelligenz,
4,5 Prozent Genossenschaftsbauern,
2,5 Prozent Sonstige.

Der Frauenanteil beträgt 31,5 Prozent.[93]

## 4.3 Prozeßparteien/Angeklagter

### *4.3.1 Dispositionsbefugnis*

Aus den bisherigen Ausführungen ergibt sich, daß in der DDR den Rechtsinhabern auch auf den rechtsweg-eröffneten Gebieten des Zivil-, Familien- und

Arbeitsrechts nicht immer die alleinige Befugnis zur Disposition über den Streitstoff zusteht. Bei Arbeitsrechts- sowie einigen anderen oben aufgezählten Rechtsangelegenheiten ist dem Gläubiger aufgrund des eigenständigen Klagerechts der Staatsanwaltschaft die ‚negative Dispositionsbefugnis': einen möglichen Prozeß aus diesen oder jenen Gründen nicht zu führen, genommen. Im Zivil- und Familienrecht besteht dagegen generell eine positive wie negative alleinige Entscheidungsmöglichkeit des Rechtsinhabers, einen Prozeß anzustrengen oder darauf zu verzichten. Ist der Prozeß von dem Bürger jedoch einmal in Gang gesetzt, kann er nur, in Umkehrung des Kriteriums aus § 32 II der Zivilprozeßordnung, wegen der dann ausbleibenden gerichtlichen Informierung der Staatsanwaltschaft „unbedeutende" Verfahren, bzw. entsprechend den Mitwirkungskriterien der Staatsanwaltschaft, nur solche ohne „politische Bedeutung"[94] allein führen und/oder nach eigenen Überlegungen durch Klagerücknahme ohne gerichtliche Sachentscheidung oder Vergleichsgenehmigung abbrechen.

Die Parteien haben es außer bei Scheidungsverfahren des weiteren nicht allein in der Hand, ein erstinstanzliches Urteil durch Nichteinlegung von Rechtsmitteln rechtskräftig werden zu lassen. Das Schicksal eines Prozesses ist für die beteiligten Bürger bei Klageerhebung sowie nach einem erstinstanzlichen Zivilprozeßurteil innerhalb der Rechtsmittelfrist ungewiß. Die anfängliche Verfolgung eigener subjektiver Rechte durch die Parteien kann zur Durchsetzung des objektiven Rechts instrumentalisiert werden.

Das Gericht ist in Zivil-, Familien- und Arbeitsrechtsstreitverfahren bei seinem Urteilsspruch an den durch die Sachanträge gezogenen Rahmen gebunden (*ultra ne petita*). Soweit die Parteien im Zivil- und Familienprozeß das ausschließliche Recht zur Stellung von Sachanträgen haben, legen sie damit den Umfang des Prozeßstoffes fest und begrenzen die mögliche Spruchbreite des Gerichts. In der Berufung wird bei Zivil-, Familien- und Arbeitsrechtsverfahren das erstinstanzliche Urteil überprüft, und zwar auch hinsichtlich der erstinstanzlichen Anträge der Prozeßpartei, die nicht Berufung eingelegt hat (§ 154 I ZPO). Damit wird der gesamte Prozeß mit den erstinstanzlich gestellten Anträgen wieder aufgerollt, und eine Partei hat es nicht in der Hand, durch die Nichteinlegung einer Berufung den Überprüfungsrahmen geringer zu ziehen. Anders dagegen im „kontradiktorisch gestalteten"[95] Strafverfahren: Dort darf auf eine Entscheidungsanfechtung nur zugunsten des Angeklagten im Berufungsurteil auf keine schwerere Maßnahme der strafrechtlichen Verantwortlichkeit erkannt werden (§ 11 III, 285 StPO).

### *4.3.2 Mitwirkungsrechte und -pflichten*

Der Angeklagte wie die Prozeßparteien[96] haben ein Recht auf und z. T. eine Pflicht zur Mitwirkung in ihrem Verfahren (§ 15 StPO, 3 I ZPO). Zur effektiveren Wahrnehmung dieser Rechte und Erfüllung der Pflichten hat das Gericht sie hierüber zu informieren (§ 15 II StPO, 2 III ZPO). Beginnt man mit den Pflichten, so haben die Beteiligten in beiden Verfahrensarten eine Präsenzpflicht, der im Strafverfahren und vor dem Gesellschaftlichen Gericht in eigener Person zu entsprechen ist, sonst auch vertretungsweise (§ 3 I ZPO) nachgekommen werden kann. Im Zivil-, Familien- und Arbeitsrechtsverfahren haben die Parteien darüber hinaus eine Pflicht zur wahrheitsgemäßgen Darlegung und Beweisführung. Aufgrund der Unschuldsvermutung treffen den Angeklagten im Strafverfahren solche Pflichten nicht. Das Gericht muß ihm die schuldhafte Tatbegehung nachweisen, dem Angeklagten darf eine Beweisführungspflicht zu seiner Entlastung nicht auferlegt werden (§ 8 II StPO).

An Rechten steht den Prozeßbetroffenen im Zivilverfahren zunächst ein Informations- und Akteneinsichtsrecht zu (§§ 3 II, 177 II ZPO), im Strafverfahren hat der Angeklagte ein Einsichtsrecht in Vernehmungsprotokolle eines beauftragten oder ersuchten Richters (§ 210 II StPO) sowie nach der Urteilsverkündung in das des eigenen Verfahrens zwecks möglicher Berichtigung und Ergänzung (§ 246 IV StPO).

Des weiteren haben die Parteien und der Angeklagte das auch verfassungsmäßig normierte Recht auf Gehör vor Gericht (Art. 102 Verf.), und zwar im Strafverfahren auch dergestalt, daß der Angeklagte sich zusammenhängend zu der gegen ihn erhobenen Beschuldigung äußern kann (§ 47 II StPO). Dem Angeklagten steht auch klassischerweise das letzte Wort zu (§ 239 StPO). Zur Feststellung des Sachverhalts haben die Parteien wie der Angeklagte das Recht, Beweisanträge zu stellen (§§ 3 I ZPO, 8 II StPO), denen das Gericht bei Erheblichkeit und Beweisbedürftigkeit der aufgestellten Behauptung[97] bzw. der Wichtigkeit für die Wahrheitsfindung[98] auch zu entsprechen hat.

Die rechtliche Stellung des Angeklagten basiert mit dieser Ausgestaltung auf dem neuzeitlichen Schema der Gegenübersetzung von Staat und Individuum sowie einem latenten Mißtrauen gegenüber dem Staat. Würde man von einer Interessenharmonie oder -identität zwischen Staat und Bürger, Strafgericht und Angeklagtem ausgehen, brauchte man die Pflichten und Rechte bei der Wahrheitsfindung nicht so ungleich zu verteilen, sondern würde z. B. den Mechanismus Anscheinsbeweis/Entlastungspflicht zulassen können.

Die Stellung der Parteien im Zivil- und weitgehend auch im Familienverfahren ist in Parallele zum Zivilrecht allgemein als Mischform ausgestaltet. Wie die Bürger dort im materiellen Recht prinzipiell eine Vertragsabschluß-, aber keine -gestaltungsfreiheit haben, so können sie auf der Prozeßebene Verfahren in Gang setzen, Verlauf und Ergebnis können aber auch hier von der Staatsmacht bestimmend beeinflußt werden. Im Arbeitsrecht schließlich ist die Disposition über den Streitstoff den Beteiligten im Zweifelsfall ganz entzogen. Der Arbeitsprozeß wie nachfolgend der Arbeitsrechtsprozeß werden vom Staat, notfalls gegen die Interessen und den Willen aller Beteiligten, organisiert und durchgeführt. Vom Arbeitsbereich über den Konsum- und Familienbereich bis zum Bereich des abweichenden Verhaltens ergibt sich damit ein Gefälle an Eingebundenheit des Bürgers, das neben Faktoren des legitimatorischen Selbstverständnisses und der Außendarstellung durch das konkrete Maß der Bedeutung für die Gesellschaft und die reale Interessenkomplementarität bedingt ist.

### *4.3.3 Rechtsanwaltlicher Beistand*

Der Bürger kann in Verfahren vor den Staatlichen Gerichten rechtsanwaltlichen Beistand[99] in Anspruch nehmen. In Verfahren vor den Gesellschaftlichen Gerichten ist wegen des Erziehungszwecks und vielleicht auch wegen einer möglichen fachlichen Dominanz eines Berufsjuristen gegenüber den Laienrichtern eine anwaltliche Vertretung nicht zulässig.[100]

Gemäß rechtlicher Regelung[101] ist eine berufsmäßige und damit anwaltsmäßige Vertretung der betroffenen Bürger bei den Beratungen der Beschwerdekommissionen für Sozialversicherung des FDGB sowie bei der Staatlichen Versicherung der DDR nicht statthaft.

Des weiteren soll die Praxis fortgesetzt werden, „wonach namentlich in der sozialistischen Verwaltung unmittelbare Beziehungen der vertrauensvollen Zusammenarbeit zwischen den Bürgern und ihren staatlichen Organen und Einrichtungen bestehen"[102], anwaltlicher Beistand dort also abgelehnt wird.[103] Das Lehrbuch formuliert nun, daß „selbstverständlich der Rechtsanwalt auf Wunsch des Bürgers auch dessen rechtliche Vertretung in verwaltungsrechtlichen und anderen Angelegenheiten übernehmen (kann)"[104]. Ob damit eine generelle Tendenzwende angezeigt ist oder unterschiedliche Meinungen nebeneinander stehen, kann derzeit nicht entschieden werden. Quantitativ „werden in der DDR mehr Gerichtsverfahren ohne Beteiligung von Anwälten durchgeführt als mit ihnen. Das gilt für Zivil-, Familien-, Arbeitsrechts- und Strafverfahren gleichermaßen"[105].

Soweit anwaltliche Vertretung stattfindet, ist der Anwalt außer bei termingebundener Verhinderung oder Parteikollision zur Übernahme eines ihm vom Bürger angetragenen Mandats verpflichtet.[106] Dadurch gibt es keine Selektion des Anwalts aus Professions- oder sonstigen Gründen zuungunsten des Bürgers, andererseits kann durch die Übernahme des Mandats nicht von einer Identifizierung des Anwalts mit seinem Klienten ausgegangen werden, eine Konstruktion, die den Anwalt in seiner Position gegenüber der Umwelt entlastet.

Der Anwalt fungiert in der DDR als „Organ der sozialistischen Rechtspflege"[107] und ist als solches „zur Verwirklichung der Rechtsprechung" (§ 2 RAKG) verpflichtet; damit ist sicherlich nicht nur die faktische Abwicklung, sondern gleichfalls die normative Zielstellung gemeint. Auch die anwaltliche Tätigkeit hat damit „zur Lösung der Aufgaben der sozialistischen Staatsmacht bei der Gestaltung der entwickelten sozialistischen Gesellschaft beizutragen" (§ 3 GVG). In gleicher sprachlicher Unschärfe ist ihm auferlegt, die „gesetzlich garantierten Rechte des Auftraggebers *gewissenhaft*" (§ 15 I Musterstatut RAK; Hervorhebung U. L.) wahrzunehmen, was die Verantwortlichkeit gegenüber dem Mandanten eher zugunsten der „gesellschaftlichen Verpflichtung des Rechtsanwalts"[108] auf den zweiten Platz verweist. Von daher sind dann die „Wünsche der Mandanten ... lediglich Anregungen"[109], die der Anwalt nach seiner eigenen Handlungsorientierung aufgreift oder nicht. Der Bürger kann somit das ‚Was' der anwaltlichen Vertretung aus dem Kreis der „gesetzlich garantierten", sprich zugelassenen Rechte und Interessen vorgeben, das ‚Wie' bestimmt im Zweifel allein der Anwalt. Die einzige Schranke seines eigenständigen Vorgehens besteht darin, daß er nichts zur Beeinträchtigung seines Mandanten tun darf.[110]

„Niemand soll dem Rechtsanwalt bei der Vertretung der Interessen seines Mandanten hineinreden können ... auch nicht der Mandant selbst ... Der Rechtsanwalt ordnet sich bezüglich des Inhalts seiner Tätigkeit dem Mandanten nicht unter".[111]

Die konkreten Pflichten des Rechtsanwalts folgen den unterschiedlichen

Anforderungen an den Angeklagten im Strafprozeß bzw. die Parteien im Zivilprozeß. Die Anwaltspflichten sind „mit denen der vertretenen Prozeßparteien identisch; sie können nicht geringer sein".[112] So gilt die Pflicht zur vollständigen und wahrheitsgemäßgen Darlegung des Sachverhalts „gleichermaßen für den Rechtsanwalt als Vertreter des Bürgers".[113] Beharrt der Mandant trotz Appells an die gesetzliche Verpflichtung darauf, dem Gericht wesentliche Informationen vorzuenthalten, „sind die Grenzen der Vertretungsbefugnis erreicht; die Vertretung ist niederzulegen".[114]

Im Strafverfahren, in dem das Recht auf Verteidigung gemäß Art. 102 II verfassungsmäßig gewährleistet ist, hat der anwaltliche Verteidiger allein „alle entlastenden oder die Verantwortung mindernden Umstände vorzutragen" (§ 16 ZPO).[115] Dennoch soll der Verteidiger „als gesellschaftliches Organ der Rechtspflege ... das gleiche Ziel verfolgen wie die anderen Organe"[116], es soll eine „einheitliche Zielstellung der Justiz- und Sicherheitsorgane und des Rechtsanwalts"[117] geben, „(keinerlei Unterschiede) zwischen Gericht, Staatsanwaltschaft und Untersuchungsorganen und Verteidiger"[118] hinsichtlich der Zielstellung ihrer Tätigkeit. Die Antwort auf die sich dann einstellende Frage, „ob unter sozialistischen Verhältnissen Verteidiger überhaupt notwendig sind"[119], geht dahin, daß „die oben erwähnte einheitliche Zielstellung ... in unterschiedlichen Formen und durch unterschiedliche Methoden in der Arbeit der Justizorgane einerseits und der des Rechtsanwalts andererseits verwirklicht wird".[120] Pragmatisch wird angezogen, daß „die Trennung der Funktionen ... der Tatsache Rechnung (trägt), daß es psychologisch einem Menschen schwer möglich ist, allen Gesichtspunkten Rechnung zu tragen ... Dies gilt besonders für die Unvereinbarkeit der Funktion der Verteidigung mit jeder anderen Funktion des Strafverfahrens".[121] „Die Erfahrungen der Geschichte des Rechts haben bewiesen, daß ein und derselbe Mensch in einem Straf- oder Zivilverfahren nicht gleichzeitig Polizist, Ankläger (Staatsanwalt), Verteidiger (Rechtsanwalt) und Richter sein kann, ohne daß eine der den unterschiedlichen Funktionen entsprechenden Aufgaben vernachlässigt würde ... Die uns selbstverständlich erscheinende Trennung der Funktionen galt nicht von jeher. Sie ist das Ergebnis der bürgerlichen Revolution. Marx, der in Preußen noch die Vereinigung aller strafprozessualer Funktionen (Ermittlung, Anklage, Verteidigung, Entscheidung) in der Person des Richters erlebte, schrieb darüber: ‚Diese Vereinigung widerspricht allen Gesetzen der Psychologie.' Unser Recht beherzigt diese Erkenntnis und gewährleistet die Eigenständigkeit der Funktion der Verteidigung."[122] Diese funktionelle Differenzierung führt jedoch nicht zu einer „Privatisierung des Instituts der Verteidigung".[123] Der Anwalt bleibt bei der Verteidigung „im Rahmen des Mandats auch von seinem Mandanten (unabhängig)".[124] Die sich daraus in Zuspitzung im Extrem stellende Frage, wie sich der „um die Schuld des leugnenden Angeklagten wissende Verteidiger" verhalten soll, wird zum Teil dahingehend beantwortet, daß „jeder verantwortungsbewußte ... Verteidiger die Verteidigung nicht übernehmen soll"[125], andererseits wird mit dem Gewicht der Stellung eines Hauptabteilungsleiters im Justizministerium festgestellt, daß „über die strafrechtliche Schuld oder Nichtschuld allein das Gericht zu entscheiden (hat)" und es „einer wirksamen Verteidigung abträglich (ist), wenn der Rechtsanwalt ... davon ausgeht, daß sein Mandant schuldig ist".[126] Unausgesprochen scheint damit im Ergebnis der Praktikabilität der Verteidigung überhaupt gegenüber der „politisch-ideologischen Verbundenheit [des Anwalts] mit dem Arbeiter-und-Bauern-Staat“[127] der Vorzug gegeben. Auf dieser Linie liegt jetzt auch das Lehrbuch, in dem es heißt, daß „selbst dann, wenn der Rechtsanwalt persönlich von der Schuld des leugnenden Mandanten überzeugt ist, er sich auf das Vorbringen der entlastenden Fakten zu beschränken (hat), denn nicht der Rechtsanwalt, sondern das Gericht hat über Schuld oder Nichtschuld zu entscheiden.“[128]

Unter anderem damit die Rechtsanwälte in der DDR den an sie gestellten Anforderungen gerecht werden, sind sie zu über 90%[129] in ‚Kollegien‘ organisiert, was neben ihrer fachlichen Befähigung „Einfluß auf ihre politische Einstellung und Haltung“[130] hat. Zu den Voraussetzungen der Mitgliedschaft gehört eine enge Verbundenheit mit „dem Volk und seinem sozialistischen Staat“ (§ 6 RAKG), wobei das Justizministerium „auf die Durchsetzung sozialistischer Kaderprinzipien in den Kollegien einwirkt“ (§ 13 I lit. b) RAKG) und konkret die Einstellung in die einer anwaltlichen Tätigkeit notwendig vorausgehende Assistentenzeit seiner Zustimmung bedarf. Allgemein erfolgt eine „Anleitung der Kollegien durch den Minister der Justiz und seine Aufsicht über ihre Tätigkeit“.[131] Die Vorstände der Kollegien selbst haben u.a. die Aufgabe der Kontrolle der „Erfüllung der anwaltlichen Pflichten durch die Mitglieder“ (§ 8 I lit. f.) Musterstatut RAK). Werden Verstöße festgestellt, steht ein Disziplinarverfahren[132] mit der vorläufigen Untersagung der anwaltlichen Tätigkeit und dem Ausschluß aus dem Kollegium als schwerster Maßnahme[133] bereit, unbeschadet der weiter nicht geregelten Kompetenz des Ministeriums gemäß § 14 Rechtsanwaltskollegiengesetz zum Entzug der Zulassung bei schweren Pflichtverletzungen. Damit dürfte die Stellung des Anwalts als ‚Organ der sozialistischen Rechtspflege‘ anstatt eines an die mit seinem Mandanten getroffenen Vereinbarungen gebundener „Auftragnehmer“[134] organisatorisch abgesichert sein. Seine Tätigkeit dient im Rahmen der gesetzlichen und staatspolitisch zugelassenen Zielstellung der durch Professionalisierung erwarteten Erhöhung der Rationalität des Verfahrens.

# 5 Prozessuelle Organisation der Rechtsprechung

## 5.1 Prinzipien der Verfahrensgestaltung

### *5.1.1 Umfassende Aufklärung und Lösung des Konflikts*

Ein erstes Prinzip der Verfahrensgestaltung ist das der umfassenden Aufklärung und Lösung des im Rechtsstreit oder der Rechtsverletzung zum Ausdruck kommenden Konflikts. Der umfassenden Aufklärung des Sachverhalts dient im Zivil-, Familien- und Arbeitsrechtsverfahren die Pflicht der Parteien zur wahrheitsgemäßen und vollständigen Darlegung und Beweisführung (§ 3 I ZPO). Diese Pflicht ist mit einer Ordnungsstrafe bis zu 500 Mark bewehrt (§ 68 II ZPO). Werden die verschwiegenen Tatsachen später bekannt, folgt daraus die Zulässigkeit des Wiederaufnahmeverfahrens (§ 163 I Ziff. 1 ZPO). Zusätzlich zu den Parteipflichten hat das Gericht hier wie im Strafverfahren das Recht, von sich aus Beweise zu erheben (§§ 2 II, 52 I, 54 I ZPO, 8 I, 22 StPO), um die für die Entscheidung erheblichen Tatsachen gemäß seiner Verpflichtung vollständig aufklären und wahrheitsgemäß feststellen zu können.[1] Der Grundsatz der Feststellung des objektiven Sachverhalts und seiner Zugrundelegung für das Urteil wird auch bei Säumnis im Zivil-, Familien- und Arbeitsrechtsverfahren beibehalten. Erscheint der Verklagte trotz eventuell auferlegter Ordnungsstrafen nicht und reichen die bisher dem Gericht bekannt gewordenen Tatsachen nicht aus, so hat „das Gericht eigene Aktivitäten zu entwickeln, um zu einer weiteren Klärung und damit zu einer Entscheidungsmöglichkeit zu gelangen".[2] „Irgendwelche Fiktionen oder Unterstellungen im Sinne des früheren Versäumnisverfahrens sind ... ausdrücklich untersagt".[3] Die DDR lehnt die Charakterisierung dieser Verfahrensprinzipien als Offizial- oder Untersuchungsmaxime dennoch ab, da die Sachverhaltsaufklärung primär Sache der Parteien sei.[4] Das könnte jedoch auch als Indiz der ,Verstaatlichung' der Parteien genommen werden.

Obwohl die DDR jeden hinsichtlich der Durchführbarkeit dieser Zielstellung aufkommenden Pessimismus[5], Relativismus und Skeptizismus[6] verwirft, muß sie doch Mechanismen vorsehen, um die quantitativ vielleicht seltenen[7], systematisch aber schwerwiegenden Prozesse mit sehr schwer oder unaufklärbarem Sachverhalt zu entscheiden. Im Strafverfahren ist dies die klassische *in dubio*-Maxime, im Zivilverfahren nicht, wie aus der Formulierung des § 45 III der Zivilprozeßordnung[8] zu schließen wäre, die ewige Vertagung, sondern einmal die Schätzung der Höhe eines Anspruchs unter Würdigung der Umstände (§ 52 II ZPO) sowie, *contra legem*, die gleichfalls klassische Zugrundelegung der Regeln der Beweislast, die auch dadurch nichts von ihrer formellen (statt inhaltlichen Wahrheits-)Qualität verlieren, daß man sie als das „Risiko der Beweislosigkeit"[9] umformuliert.

Auch soweit die Konfliktursachen nicht mit entscheidungserheblich im Sinne eines Elements des dem Urteil zugrunde zu legenden gesetzlichen Tatbestandes sind, sollen sie insbesondere in den Schwerpunkten der Rechtsprechung mit ergründet werden[10], um u. a. erneuten Konflikten aus ähnlichen Gründen vorzubeugen. Der Umfang der Ursachenfeststellung soll jedoch durch die Erfordernisse der Entscheidung begrenzt und bei Eintritt der Entscheidungsreife oder anderweitigen Erledigung eine weitere Verhandlung zum Zwecke der Ursachenfeststellung unstatthaft sein.[11]

Der Sicherung der gerichtlichen Aufklärung und Lösung anhängig gemachter Konflikte im Sinne der Herstellung eines gesetzeskonformen Zustandes dient die Vorschrift, daß gerichtliche Einigungen mit den Grundsätzen des Sozialistischen Rechts im Einklang stehen müssen und die Rücknahme der Klage als Abbruch eines unerledigten Prozesses oder nach einer eventuell gesetzeswidrigen außergerichtlichen Einigung von der Staatsanwaltschaft durch Ausübung ihrer Beteiligungsrechte unterbunden werden kann. Der Anteil nicht durch Urteil erledigter verfahren ist erheblich; „über 2/3 aller Zivilprozesse werden ohne Urteil beendet, weil die Kläger ihre Klage zurücknehmen oder die Beteiligten sich einigen“[12].

Zur Beseitigung der Ursachen und Bedingungen insbesondere von Rechtsverletzungen stehen den Gerichten die ‚Kritik‘ (§§ 19 GVG, 19 StPO 2 IV ZPO)[13] bzw. ‚Empfehlungen‘ (§ 21 GGG) zur Verfügung. 1981 gaben die Konfliktkommissionen in 15,5 %, die Schiedskommissionen in 6,8 % ihrer Beschlüsse solche Empfehlungen.[14] Mit einer Kritik oder Empfehlung werden dem Adressaten nicht neue Pflichten, eventuell nach Zweckmäßigkeit, auferlegt, sondern sie werden „auf konkrete Pflichten zur Gewährleistung der Gesetzlichkeit und zur Vorbeugung gegen Rechtsverletzungen hingewiesen ... die ihnen ohnehin durch Rechtsvorschriften obliegen“.[15] Die angesprochenen Leiter, hinsichtlich der Empfehlungen der Gesellschaftlichen Gerichte nur die Betriebsleiter, müssen binnen vierzehn Tagen Stellung nehmen. „Die Praxis zeigt, daß die gerichtlichen Maßnahmen in aller Regel berechtigt sind“.[16] Ist der Adressat anderer Meinung, teilt er dies dem Gericht begründet mit und weist die Kritik damit zurück. Das Gericht kann dann die Angelegenheit der nächsthöheren Leitung und der Staatsanwaltschaft unterbreiten, Zwangsmittel zur Durchsetzung seiner Ansicht stehen ihm nicht zu Gebote.[17]

### *5.1.2 Überschaubarkeit und Effektivität des Verfahrens*

Das Verfahren selbst soll nach den Prinzipien der Überschaubarkeit und Effektivität des Prozesses gestaltet werden. Dem dient die Unmittelbarkeit[18] des Verfahrens, wonach das Gericht und der Angeklagte bzw. die Parteien die Beweise und anderen erheblichen Umstände und Erklärungen grundsätzlich selbst zur Kenntnis und gegebenenfalls dazu Stellung nehmen (§§ 51, 222 ff., 225 I StPO; 54 I ZPO). Damit hängt das Prinzip der Mündlichkeit des Verfahrens[19] zusammen, wonach in Rede und Gegenrede, durch Nachfrage oder Vorhalte der Prozeß durch die komplexe Interaktion der Beteiligten gefördert wird. Gemäß § 45 der Zivilprozeßordnung kann in Zivilsachen und in Verfahren zur Abänderung von Unterhaltsverpflichtungen mit Einverständnis beider Parteien auf die mündliche Verhandlung verzichtet werden. Im Strafverfahren ergeht der Strafbefehl ohne mündliche Verhandlung, nach Einspruch des Beschuldigten findet jedoch eine normale mündliche Verhandlung statt (§§ 270 ff. StPO).

Die Unmittelbarkeit und Mündlichkeit haben in der DDR dabei auch den

Zweck der erzieherischen Einflußnahme auf die Prozeßbeteiligten; durch ihre direkte Teilnahme an der Verhandlung kann ihnen stärker als etwa bei einem schriftlichen Verfahren ihr Anteil an der rechtswidrigen Situation vor Augen geführt werden.

Zur Überschaubarkeit und Effektivität des Prozesses trägt auch die Erläuterungs- und Hinweispflicht des Gerichts den Prozeßparteien gegenüber bei (§§ 2 III ZPO, 15 II StPO); diese können dann neben der besseren Wahrnehmung ihrer eigenen Rechte verständig und sachdienlich am Prozeß teilnehmen, was durch den in allen Verfahren fehlenden Anwaltszwang an Bedeutung gewinnt.

Schließlich sind die Gerichte gemäß § 2 II der Zivilprozeßordnung zu einem konzentrierten und zügigen Verfahren[20] verpflichtet und für die Vollstreckung ihrer Entscheidung verantwortlich. Damit soll der materielle, finanzielle, zeitliche und psychische Aufwand der Rechtsprechung niedrig gehalten, die erzieherische Wirkung erhöht sowie einer fortschreitenden Auswirkung des Konflikts vorgebeugt werden. Nach einer Information von 1981 werden „vier von zehn Verfahren in Zivilsachen ... innerhalb eines Monats, und weitere drei von zehn Verfahren innerhalb des zweiten Monats abgeschlossen".[21] Diese Abschlußquote von 70 % innerhalb von zwei Monaten kontrastiert zu der 1980 gegebenen Information, „daß die Mehrzahl aller Zivilprozesse in weniger als drei Monaten erledigt"[22] ist. Eine solche reale Verkürzung der Prozeßdauer in diesem Zeitraum dürfte als Erklärung der Differenz ausscheiden.

### *5.1.3 Einbeziehung der „Bürger und ihrer Gemeinschaften" (Art. 87 Verf.)*

Die erste Form der Einbeziehung der Bürger und ihrer Gemeinschaften in die Rechtsprechung ist die Besetzung der Gesellschaftlichen Gerichte ausschließlich mit juristischen Laien und die Teilnahme der Schöffen an der Rechtsprechung der Staatlichen Gerichte.[23] So entscheiden die Kammern der Kreisgerichte sowie die Senate der Bezirksgerichte als Eingangsinstanz in der Besetzung von einem Berufsrichter und zwei Schöffen. In der Arbeitsrechtsprechung sind die Senate der Bezirksgerichte und des Obersten Gerichts auch als Rechtsmittelgerichte mit Schöffen besetzt, und zwar im Bezirksgericht mit einem Berufsrichter und zwei Schöffen, im Obersten Gericht mit zwei Berufsrichtern und drei Schöffen.[24] Die Schöffen wirken damit in den erstinstanzlichen Verfahren der Kreis- und der Bezirksgerichte sowie in der gesamten Arbeitsrechtsprechung mit und sind gegenüber dem oder den Berufsrichter(n) auch in der Mehrheit. Der – mehr oder weniger begründete – Respekt der Laien vor den juristischen Fachleuten, deren Vertrautheit mit der Materie und dem Metier und ihre regelmäßig größere Sprachgewandtheit werden den Juristen dennoch, trotz ihrer quantitativen Minderstellung, die dominante Position im Verfahren belassen. Der zweiwöchige *en bloc*-Einsatz der Schöffen könnte jedoch zu einem höheren Maß an Identifikation mit der Rolle und zu einer Erfahrungsansammlung führen, die sie ihre Aufgabe ernster nehmen läßt. Des weiteren könnte schon der sich für die Berufsrichter ergebende Zwang, den juristischen Laien *telos*, Auslegung und Subsumtion nachvollziehbar zu machen, zu einer volksnäheren Rechtsprechung führen.

Die zweite Form der Laienmitwirkung ist die als Beauftragter bzw. Vertreter von Kollektiven oder Gesellschaftlichen Organisationen (§ 9 GVG, 4 ZPO, 53

StPO) sowie als Gesellschaftlicher Ankläger oder Verteidiger (§§ 54 ff. StPO). Die Beauftragten bzw. Vertreter von Kollektiven, insbesondere aus dem Arbeits- und Wohnbereich und von Gesellschaftlichen Organisationen, werden von diesen delegiert bzw. von den Untersuchungsorganen und dem Gericht in geeigneter Weise in den Prozeß einbezogen und sollen zur Erhellung des gesellschaftlichen Hintergrunds des Rechtsstreits[25] bzw. der Rechtsverletzung[26], auch zum Zwecke der oben erörterten Aufdeckung von deren Ursachen und Bedingungen, beitragen. Dazu können sie Meinungen und Auffassungen des Kollektivs vortragen und Tatsachen beibringen, wobei letztere wie Beweismittel zu behandeln sind. Sie haben sich bei beiden Aussagearten an Wahrheit und Vollständigkeit zu halten. In 70 % der durch Urteil abgeschlossenen Strafverfahren waren 1983 Kollektivvertreter beteiligt.[27] Gesellschaftliche Ankläger und Verteidiger können neben dem oben genannten Kreis noch von Volksvertretungen benannt werden. Ihre Zulassung bedarf eines Gerichtsbeschlusses. Sie haben im Strafverfahren insbesondere die schulderschwerenden oder -mindernden Umstände einzubringen. Ihnen ist Akteneinsicht zu gewähren und sie nehmen auch bei Ausschluß der Öffentlichkeit weiter an der Verhandlung teil. 1983 waren Gesellschaftliche Ankläger zu 8,3 %, Gesellschaftliche Verteidiger zu 2,3 % an durch Urteil abgeschlossenen Verfahren beteiligt.[28] In Arbeitsrechtsverfahren haben die Vorstände und Leitungen des Gewerkschaftsverbandes ein Mitwirkungsrecht und können zur Sache Stellung nehmen, Empfehlungen zur Sachaufklärung geben und Beweisanträge stellen (§ 5 II ZPO). Über die Lösung des Einzelfalles hinaus verfolgen die Gewerkschaften bei ihrer Mitwirkung auch häufig allgemeinere rechtspolitische Anliegen.[29]

Die gesellschaftlichen Kräfte dürfen im Zivil-, Familien- und Arbeitsrechtsverfahren sitzungspolizeilich nicht des Raumes verwiesen oder mit einer Ordnungsstrafe belegt werden (§ 68 III ZPO). Neben der Sicherung ihrer Teilnahme kann dies auch einen Schutz des Gerichts vor politisch heiklen Entscheidungszwängen darstellen.

Die dritte Form der Einbeziehung der Bevölkerung in gerichtliche Verfahren ist die grundsätzlich vorgesehene Öffentlichkeit der Verhandlung (§§ 10 GVG, 10 StPO, 43 ZPO). ‚Öffentlichkeit' wird in der DDR nicht als passives Sich-Aussetzen des Gerichts der mehr oder minder großen Aufmerksamkeit von Interessenten verstanden, sondern soll umgekehrt primär der mobilisierenden und erzieherischen Wirkung des Gerichts nach außen dienen. Bei den Gesellschaftlichen Gerichten kann auch jeder Anwesende das Wort ergreifen und Fragen und Hinweise zu den behandelten Problemen anbringen (§ 18 III, V GGG). Ungedeckt vom Gesetzeswortlaut wird jedoch davon gesprochen, daß „nicht irgendeine Zufallsöffentlichkeit ..., sondern die systematische Einbeziehung der Werktätigen in die sozialistische Rechtspflege ... dem Prinzip der Öffentlichkeit (entspricht)", so daß der Ausschluß eines „betriebsfremden Bürgers"[30] von der Beratung einer Konfliktkommission möglich sein soll. Die Staatlichen Gerichte können die Öffentlichkeit ausschließen, wenn ansonsten die Sicherheit des Staates, die öffentliche Ordnung, die Sittlichkeit oder die Geheimhaltung bestimmter Tatsachen gefährdet würden (§§ 44 I ZPO, 211 II, III StPO). In Prozessen mit politischem Charakter wird die Öffentlichkeit, auch wenn keiner der oben genannten Gründe direkt zutrifft, in der Regel ausgeschlossen, obwohl das Prinzip der Öffentlichkeit gerade dann seine auch in der DDR in § 10 II Strafprozeßordnung angesprochene kontrollierende Wirkung entfalten können müßte.

Das Gericht kann, wenn es dies „wegen großer Ausstrahlungskraft“[31] und „nachhaltiger Wirkung“[32] für angebracht hält, eine Verhandlung entsprechend terminlich anberaumen und durch selektive Einladung bestimmte Personen oder Personengruppen als Zuhörer heranziehen. Darüber hinaus kann es den Gerichtssaal verlassen und die Verhandlung vor „organisierter“[33] Öffentlichkeit in Betrieben, Wohngebieten oder anderen Einrichtungen durchführen. Die Hauptverhandlungen vor Erweiterter Öffentlichkeit konzentrieren sich vor allem auf Eigentums- und Verkehrsdelikte[34]; weiterhin werden vor allem geeignete Verfahren wegen Gefährdung der Öffentlichen Ordnung durch asoziales Verhalten, Rowdytum, sowie Arbeits-, Gesundheits- und Brandschutzdelikte außerhalb des Gerichtsgebäudes verhandelt.[35]

Nach einer anderen Quelle werden „für Verhandlungen vor organisierter Öffentlichkeit von den Gerichten vorrangig Arbeitsstreitfälle und Streitigkeiten über die Zahlung rückständiger Miete genutzt. Familienrechtsstreitigkeiten sind dafür weniger geeignet.“[36]

Bei der Vorbereitung einer solchen Verhandlung soll bedacht werden, daß der zur Verfügung stehende Raum der Würde des Gerichts entspricht, ein Beratungszimmer zur Verfügung steht, Ordnung und Sicherheit gewährleistet sind.[37] Schließlich darf nicht zu erwarten sein, daß „der Angeklagte provozierend auftritt oder daß er besonders sensibel ist“.[38] Allgemein ist „die größere Belastung, die zweifellos eine Verhandlung außerhalb des Gerichtsgebäudes für den Angeklagten mit sich bringt zu berücksichtigen“.[39] So realistisch diese Überlegungen sind, zeigen sie eindrücklich, in welchem Maß der einzelne Angeklagte zum Objekt und Instrument einer Generalprävention gemacht werden kann. Die DDR sieht das offensichtlich nicht als Widerspruch zu der in § 3 der Strafprozeßordnung normierten Aufgabe, auch im Strafverfahren die Würde des Angeklagten zu achten. Mit ca. 7 % aller Strafverfahren, die außerhalb des Gerichtsgebäudes durchgeführt werden, erreicht diese Form auch eine quantitativ nicht unbedeutende Größe.[40]

## 5.2 Prinzipien der Urteilsfindung

### *5.2.1 Sozialistische Gesetzlichkeit und Parteilichkeit*

Das Urteil im gerichtlichen Verfahren der DDR soll auf der Grundlage der Sozialistischen Gesetzlichkeit und Parteilichkeit gefunden werden. Trotz oder gerade wegen der für die DDR-Rechtslehre zentralen Stellung der beiden Begriffe und ihres sehr häufigen Gebrauchs fehlt es an einer präzisen und systematischen Darlegung ihres Inhalts.[41] Die früheren Definitionen aus der Zeit der Geltung von weitgehend vorkonstitutionellem Recht in der DDR treffen die heutige Problemlage nicht mehr[42]. Eindeutig soll heute eine gerichtliche Entscheidung nur auf der Basis des geltenden Rechts ergehen. Eine Umgehung oder Geringschätzung bestehender Rechtsnormen, auch aus anerkennenswerten Motiven wie etwa der Planerfüllung findet heute, nachdem alle Rechtsbereiche neu kodifiziert sind, keine Billigung mehr. Dies folgt unabhängig vom Inhalt der Rechtsnormen aus der zentralistischen Struktur der DDR, in der die Gesetze und anderen Rechtsvorschriften zentrale Anweisungen sind, die aus der partikularen Perspektive eines örtlichen oder funktionell spezialisierten Organs aus Gründen der diesen zugesprochenen beschränkten Erkenntnismöglichkeiten nicht relativiert werden dürfen. Daß normwidrige Vorgehensweisen wegen partikularer abweichender Interessen unstatthaft sind, bedarf keiner weiteren Erwähnung.

Das gleiche Problem in geringerer Schärfe ergibt sich daraus, daß zwar heutzutage alle Rechtsbereiche durch DDR-eigene Kodifikationen geregelt sind, diese aber z. T. aus früheren Abschnitten der gesellschaftlichen Entwicklung und/oder politischen Orientierung stammen[43] und von daher unzeitgemäße Bestimmungen enthalten können. Doch auch für die Entscheidung dieser Frage, ob bei Fortgeltung des Gesetzes im Ganzen einzelne Paragraphen nicht mehr anzuwenden sind, wird die dezentrale Einheit nicht für kompetent erachtet. Daraus folgt, daß „Gesetze und andere Rechtsvorschriften ... solange verbindlich (sind), bis sie von dem dafür zuständigen Organ geändert oder aufgehoben werden“[44]. Allein der Gesetzgeber ist berufen, zu entscheiden und festzustellen, ob und wann eine Gesetzesvorschrift nicht mehr mit der gesellschaftlichen Entwicklung im Einklang stehe. Gerichtliche Entscheidungen dürfen also nicht *preater* oder gar *contra legem* ergehen, sondern haben die geltenden Rechtsvorschriften „strikt“ anzuwenden, wie immer wieder betont wird. Dies ist von der ‚Sozialistischen Gesetzlichkeit‘ der Teil der Gesetzlichkeit oder juristischen Gesetzmäßigkeit.

Der Begriff hat jedoch, wie alle zentralen Begriffe der DDR-Selbstdarstellung[45], einen zweiten Bestandteil, der über die juristische Interpretations- und Subsumtionsmethodik hinausgeht. Der Sozialistische Richter soll bei der Anwendung der Gesetzesbestimmungen immer auch deren gesellschaftliche Folgen mitbedenken und diese in Übereinstimmung mit der reklamierten Historischen Gesetzlichkeit, den ‚objektiven Gesetzes der gesellschaftlichen Entwicklung‘ gestalten. Raum für solche Entscheidungsprozesse ergibt sich daraus, daß Rechtsnormen in ihrer sprachlich vermittelten Existenz auslegungsfähig, wenn nicht gar auslegungsbedürftig sind. Des weiteren werden Gegenstand gerichtlicher Entscheidungen tendenziell gerade diejenigen Fälle, bei denen die beteiligten Rechtssubjekte das Gesetz bei modellmäßig bester rechtstreuer Absicht jeweils in ihrem Sinne und damit unterschiedlich bis gegensätzlich verstehen und sich darauf berufen. Diese Möglichkeit ist in der DDR um so mehr gegeben, als die Gesetze dort in sich mehrspurig angelegt sind, einmal, in der Regel eingangs als Ziel- und Zweckbestimmungen, zum anderen nach dem Wenn/Dann-, Tatbestand/Rechtsfolge-Schema. Die inhaltliche Ausfüllung und Konkretisierung der „objektiven Gesetze“ und der aus ihnen sich ergebenden „Aufgaben der sozialistischen Staatsmacht bei der weiteren Gestaltung der entwickelten sozialistischen Gesellschaft“ (§ 3 GVG) entnimmt der Sozialistische Richter nun nicht seinen eigenen Geschichts- und gesellschaftswissenschaftlichen Studien oder verbreiteten Anschauungen der Bevölkerung, sondern den Verlautbarungen der zu deren alleiniger Interpretation berufenen Partei, die sich mit ihrem Marxismus-Leninismus einer, und zwar der einzigen wissenschaftlichen Weltanschauung berühmt. Von daher ist es für die Richter erforderlich, „die Dokumente des ... Parteitages weiter gründlich zu studieren, sich ihren Reichtum an Erfahrungen, Schlußfolgerungen und theoretischen Erkenntnissen anzueignen und ihn für unsere Arbeit voll zu erschließen“.[46] Zwischen den Parteitagen setzt die „Orientierung und Aufgabenstellung der ... Tagung des Zentralkomitees ... Maßstäbe für die Arbeit jedes Richters, der Notare, der nichtjuristischen Kader und für die Tätigkeit unserer ehrenamtlichen Helfer"[47]. „Auf den Beschlüssen der Partei beruhen die Gesetze des Arbeiter- und Bauern-Staates. Diese Beschlüsse zu studieren und in sie einzudringen ist also die Voraussetzung, um die Gesetze und anderen Rechtsvorschriften richtig verstehen und im Interesse der Werktätigen, des gesellschaftlichen Fortschritts anwenden zu können."[48]

Der Sozialistische Teil der ‚sozialistischen Gesetzlichkeit' oder die Parteilichkeit bedeuten also, notwendige Auslegungen der Rechtsnormen in Übereinstimmung mit als gegeben und erkennbar angesehener historisch-sozialer Entwicklungsgesetzmäßigkeit vorzunehmen und für deren „bewußte Durchsetzung" einzutreten.[49] Spezifische Variante der DDR gegenüber demokratisch-sozialistischen Strömungen ist dabei ihre leninistische Konstruktion, daß der Partei als „bewußtem Vortrupp"[50] das Erkenntnis- und Interpretationsmonopol zugesprochen wird.

### *5.2.2 Kollektivität*

Das zweite Prinzip der Urteilsfindung, die Kollektivität der Entscheidung[51], ist ein fundamentaler Bestandteil der politischen Lehre[52] der DDR und bei Beschlußfassungsorganen[53] in allen Staats- und Gesellschaftsbereichen vorgesehen. Es besagt, daß Grundsatzfragen immer von mehreren Personen als Kollegialorgan entschieden werden, um, positiv gesehen, die Kenntnisse und Erfahrungen mehrerer Individuen für eine möglichst sachgemäße Entscheidung nutzbar zu machen, negativ gesehen, um Subjektivismus und persönliche Fehleinschätzungen auszuschließen. Die Kollektivität der gerichtlichen Entscheidungen ergibt sich z. T. als Konsequenz der oben erörterten Laienbeteiligung an der Rechtsprechung, ist jedoch grundsätzlich auch bei den anderen ausschließlich aus Berufsjuristen gebildeten Spruchkörpern wie den Senaten der Bezirksgerichte als Berufungsinstanz und des Obersten Gerichts in Zivil-, Familien- und Strafrechtsverfahren anzutreffen. Die kollegialen Spruchkörper umfassen als Minimum nach der schon bei den Römern geltenden *tres-faciunt*-Regel 3 Personen. Die stärkste Besetzung haben die Senate für Arbeitsrechtssachen mit 5 Mitgliedern. Jedes Mitglied der Kollegialorgane hat das gleiche Stimmrecht, Entscheidungen werden mit einfacher Mehrheit getroffen; bei Stimmengleichheit entscheidet die Stimme des Vorsitzenden; ein Richter darf sein Votum nicht verweigern, weil er bei der vorhergehenden Frage überstimmt worden ist (§ 180 StPO). Das Beratungs- und Abstimmungsgeheimnis ist zu wahren (§ 6 GVG), so daß eine repressalienfreie Entscheidungsmöglichkeit besteht.

Aus Gründen der Effektivität, eines „angemessenen Verhältnisses"[54] von personellem Aufwand und Bedeutung der Sache, gibt es in der DDR auch den Einzelrichter. Eine echte Ausnahme vom Prinzip der Kollektivität stellt das Verfahren nach Einspruch gegen eine polizeiliche Strafverfügung dar, in dem allein und abschließend ein Berufsrichter entscheidet (§§ 278 ff. StPO). Eine nur einstweilige Ausnahme bei fehlendem Einverständnis des betroffenen Bürgers stellt der gerichtliche Strafbefehl dar, über den nach Einlegung des Einspruchs in normaler Verhandlung unter Mitwirkung der Schöffen entschieden wird (§§ 270 ff. StPO).

Nicht wegen der Ressourceneffektivität, sondern aus angegebenen Gründen der „außergewöhnlichen“[55] Schnelligkeit gibt es nach § 257 der Strafprozeßordnung die Möglichkeit, daß im Beschleunigten Verfahren der Berufs- als Einzelrichter entscheidet, wenn es zur sofortigen Durchführung der Hauptverhandlung erforderlich ist. Unter normalen Umständen sind so eilige Fälle eigentlich nicht denkbar, als daß man in der nachrichten- und beförderungsmäßig vergleichsweise gut erschlossenen DDR die zwei vorgesehenen Schöffen nicht beiziehen könnte. Eher drängt sich der Gedanke auf, daß eine Möglichkeit offen gehalten werden soll, in unruhigen Krisenzeiten auch ohne Mitwirkung der Laienbevölkerung allein mit den als staatstreuer eingeschätzten hauptamtlichen Richtern[56] schnell und kompromißlos durchgreifen zu können. Das Voraussetzung/Folge-Schema könnte sich umkehren: das Beschleunigte Verfahren wird angewandt, wenn man ohne Schöffen verhandeln will. Es bleibt anzumerken, daß diese Bestimmung dem Prinzip des Gesetzlichen Richters eklatant widerspricht, da die Mehrheit der eigentlich vorgesehenen Mitglieder des Gerichts von dem Verfahren ausgeschlossen bleibt.

Im Zivil-, Familien- und Arbeitsrechtsverfahren ist das Prinzip der Kollektivität uneingeschränkt bewahrt. Auch im schriftlichen Verfahren ergeht das Urteil unter Mitwirkung der Schöffen (§ 65 III ZPO).

## 5.3 Prinzipien der Vereinheitlichung und Nachprüfbarkeit der Entscheidungen

### *5.3.1 Relativität und gegenseitiges Verhältnis*

Es bleiben die beiden Prinzipien der Einheitlichkeit und Richtigkeit zu erörtern[57], nach denen das Urteil in einem bestimmten Prozeß aufgrund eines bestimmten Sachverhalts und einer konkreten Rechtslage in Beziehung zu setzen ist einmal zu den Urteilen in anderen vergleichbaren Fällen, zum anderen in einem Überprüfungsverfahren noch einmal zur tatsächlichen und gesetzlichen Entscheidungsgrundlage. Dabei ist klar, daß die beiden angestrebten Ziele der Einheitlichkeit und der Richtigkeit nicht absolut zu setzen sind. Eine alleinige Berücksichtigung der Einheitlichkeit der Rechtsprechung würde die, gleichfalls als Wert gesehene, individuelle Fallgerechtigkeit verdrängen, eine jederzeit mögliche Neuüberprüfung und Nachbesserung der Richtigkeit eines Urteils würde dessen Rechtskräftigkeit und daraus resultierende Befriedungsfunktion aufheben. Die DDR tendiert zwischen den beiden Polen der Einheitlichkeit und Fallindividualität bzw. denen der Nachprüfbarkeit[58] und Bestandskraft eines Urteils jeweils zur ersten Alternative, ohne sie jedoch in reiner Form zu verwirklichen.

Die beiden Prinzipien sind des weiteren insofern miteinander verbunden, als eine immer richtige Gesetzesanwendung auch eine in allen Fällen einheitliche Entscheidung mit sich bringen würde und umgekehrt[59]. Doch in der Praxis der Rechtsprechung sind zur Gewährleistung der ‚Einheitlichkeit‘ einerseits und der ‚Gesetzlichkeit‘ andererseits teilweise unterschiedliche Verfahren und Kontrollmechanismen vorgesehen, weil ja auch u. a. nicht von vornherein feststeht, ob zwei Fälle in den als konstitutiv anzusehenden Elementen übereinstimmen.

### 5.3.2 *Einheitlichkeit*

Das Prinzip der Einheitlichkeit der Rechtsprechung hat in Artikel 93 II seinen verfassungsrechtlichen Niederschlag gefunden. Es folgt neben allgemeineren Gesichtspunkten der Gerechtigkeit aus der bereits mehrfach angesprochenen zentralistischen Verfassung der DDR, nach der alle Staatstätigkeit sich an den zentralen Vorgaben und damit einheitlich auszurichten hat. Die Sicherung der Einheitlichkeit der Rechtsprechung obliegt dem Obersten Gericht. Zur Erfüllung dieser Aufgabe stehen dem Obersten Gericht „Leitungsmaßnahmen entsprechend der Gerichtsverfassung und andererseits ... Formen allgemeinstaatlicher Führungstätigkeit“[60] zur Verfügung.

Einen allgemeinen Vereinheitlichungseffekt hat zunächst die Vorbildwirkung vorliegender obergerichtlicher Urteile. Zwar ist auch in der DDR das Untergericht nach dem Wortlaut nicht an frühere obergerichtliche Urteile gebunden,[61] sondern allein an die Rechtsvorschriften, doch dürfte es bei der Auslegung und Anwendung einer Rechtsnorm für ein Untergericht keine Rechtfertigung geben, von der Rechtsprechung des Obergerichts abzuweichen. Das ergibt sich inhaltlich aus dem Fehlen von Föderalismus und Gewaltenteilung. Die Unter- und Mittelinstanzen sind pragmatisch-technische Untergliederungen, denen allgemein eine eigenständige Meinungs- und Willensbildungskompetenz nicht zukommt.[62] Des weiteren ist das Oberste Gericht und nur dieses unmittelbar an das ‚Oberste staatliche Machtorgan‘, die Volkskammer, angebunden und erhält von dort eine negative wie aber auch positive Sanktionierung seiner Tätigkeit. Organisatorisch-formal ergibt sich die Bindung aus der Möglichkeit der Obergerichte, unabhängig von den Parteien nach eigenen Kriterien und eigener Entscheidung Urteile der Untergerichte zu kassieren, so daß die Fällung der Ansicht der Obergerichte entgegenstehender Urteile nur einen nutzlosen Mehraufwand verursachen würde.

Im Strafrecht liegen aufgrund der Eingangsinstanzregelung „in Sachen, in denen die schwersten Strafen verhängt werden können“[63], (Berufungs-) Urteile des Obersten Gerichts vor, an denen sich die Untergerichte einheitlich orientieren können. „Im Zivil-, Familien- und Arbeitsrecht spielt ... eine zweitinstanzliche Tätigkeit des Obersten Gerichts, der ja eine Heranziehung der Sache an das Bezirksgericht in erster Instanz vorangehen muß, keine wesentliche Rolle“[64], so daß dort die Sicherung der Einheitlichkeit auf einem der anderen Wege erfolgen muß. Hebt das Obergericht eine Entscheidung im Rechtsmittel- oder sonstigen Verfahren auf und verweist die Sache zur erneuten Entscheidung zurück, haben eventuelle Weisungen „für das in der konkreten Sache nachgeordnete Gericht bindende Wirkung im Rechtssinne“.[65]

Unabhängig von konkreter Rechtsprechung kann das Oberste Gericht als vorlaufendes Vereinheitlichungsmittel Richtlinien und Beschlüsse erlassen. In den vom Plenum zu verabschiedenden und im Gesetzblatt zu veröffentlichenden Richtlinien wird ein „Komplex von Fragen (behandelt), der auf längere Sicht zu lösen ist. Demgegenüber nehmen Beschlüsse des Präsidiums zu Einzelfragen Stellung oder behandeln ... Gebiete, die eine größere Flexibilität erfordern und u. U. in einer voraussehbaren Zeit einer Abänderung unterliegen werden“.[66] Der Rechtscharakter dieser ‚Leitungsdokumente‘ ist auch für die DDR-Rechtslehre unklar. Auf der einen Seite regelten sie nur die Anwendung bestehender Gesetze und änderten diese nicht ab. Auf der anderen Seite seien sie nicht auf

„authentische Erläuterungen“ reduzierbar, da sie z. T. sehr knapp gefaßte rechtliche Regelungen[67] für die Rechtsprechung ausgestalten. Nach Ansicht des Präsidenten des Obersten Gerichts haben sie „einen auf die Gerichtstätigkeit begrenzten normativen Charakter ... dabei müssen sie sich im Rahmen der Rechtsvorschriften der DDR halten“[68]. Durch die Richtlinien und Beschlüsse wird den nachgeordneten Gerichten eine bestimmte Rechtsauffassung und Gesetzesauslegung einheitlich und zwingend vorgeschrieben. Sie sind an die Festlegungen gebunden und prüfen nicht mehr, ob diese mit den Gesetzen in Einklang stehen.

Soweit die Richtlinien und Beschlüsse normativen statt, auch extensiv, interpretierenden Charakter haben, stehen sie im Widerspruch zur Bindung des Richters allein an die Rechtsvorschriften, denn solche sind sie nach allgemeiner Meinung nicht, wirken aber andererseits wie Gesetze, ohne deren Legitimation durch ein zur Gesetzgebung berufenes Organ zu haben.

Zu den allgemeinen Formen staatlicher Führungstätigkeit, dessen sich das Oberste Gericht zur Wahrnehmung seiner Leitungsfunktion bedient, gehören „operative Einsätze“[69] zur Untersuchung von Schwerpunkten der Rechtsprechung und zur Kontrolle der Durchführung zentraler Beschlüsse an den nachgeordneten Gerichten, teilweise gemeinsam mit den ‚Revisionen‘ des Justizministeriums. Daneben finden u. a. Tagungen und Berichterstattungen statt, mittels derer das Oberste Gericht die Probleme der nachgeordneten Gerichte, auch als Unterlage seiner eigenen Leitungstätigkeit, kennenlernt und den Bezirksgerichten Auffassungen und Erkenntnisse des Obersten Gerichts vermittelt.

### *5.3.3 Richtigkeit*

Erstinstanzliche Urteile der Kreis- und Bezirksgerichte können in einem Nachprüfungsverfahren auf ihre Richtigkeit überprüft werden. Dazu können die Parteien in allen Verfahren das Rechtsmittel der Berufung einlegen. Dem Staatsanwalt steht – mit der Ausnahme von Urteilen in Ehescheidungsprozessen – unabhängig von einer erstinstanzlichen Mitwirkung das Rechtsmittel des Protestes zur Verfügung. Für Strafsachen, die durch entsprechende Anklage des Generalstaatsanwalts erstinstanzlich beim Obersten Gericht anhängig gemacht werden, besteht keine Rechtsmittelinstanz. 1979 berichtete der Präsident des Obersten Gerichts von „Überlegungen, auch für diese Fälle eine zweite Instanz beim Präsidium des Obersten Gerichts zu schaffen“[70], doch sind sie bis heute nicht realisiert worden. Das Rechtsmittelverfahren führt zu einer vollen Überprüfung des erstinstanzlichen Urteils in tatsächlicher und rechtlicher Hinsicht (§§ 291 StPO, 154 ZPO).

Das Zwei-Instanzen-Prinzip soll auch bei Urteilsaufhebungen real praktiziert werden. Falls daher im Berufungsverfahren eine neue Beweisaufnahme notwendig wird, „die über den Rahmen der Überprüfung im engeren Sinne hinaus gehen würde“[71], soll das Rechtsmittelgericht diese nicht selbst vornehmen, sondern die Sache zur erneuten erstinstanzlichen Feststellung des Sachverhalts zurückverweisen, um seine mögliche spätere Stellung als Überprüfungsorgan nicht einzubüßen. Ist das Urteil hingegen aus Rechtsgründen abzuändern, kann und soll das Rechtsmittelgericht selbst durchentscheiden, da das Rechtsmittel, das dem Angeklagten nach erneuter Verhandlung vor der ersten Instanz zustünde, ohnehin zur Beschlußverwerfung führen müßte, da das Kreisgericht gesetzlich verpflichtet ist, die zuvor vom Berufungsgericht gegebene Weisung einzuhalten. „Entscheidend für die ... Gerechtigkeit ist nicht, wie oft ein Angeklagter Berufung einlegen kann".[72]

Neben den Rechtsmitteln in der Hand der Parteien und der Staatsanwaltschaft besteht noch die Möglichkeit der Kassierung rechtskräftiger Urteile oder auch allein ihrer Begründung durch das Oberste Gericht, bzw. durch ein Bezirksgericht hinsichtlich von Urteilen der ihm nachgeordneten Kreisgerichte. Da die Kassation binnen Jahresfrist erfolgen kann[73], sind Urteile in ihrem Bestand erst nach dieser Zeit gesichert.[74] Was euphemistisch „Einheit von Rechtskraft und Gesetzlichkeit"[75] genannt wird, höhlt die Rechtskraft aus und kann dazu führen, daß nach über einem Jahr ‚Rechtskraft' eine Rückerstattung des aufgrund des angefochtenen Urteils bereits Geleisteten stattzufinden hat.[76] Man tut in der DDR daher gut daran, mit der Vollstreckung obsiegender Urteile ein Jahr zu warten; eine Verzögerung der Rechtsverwirklichung, die zu persönlichen und ökonomischen Schwierigkeiten führen kann. Die Antragsbefugten machen von ihrem Recht nach „rechtspolitischen Erwägungen über die Kassationsbedürftigkeit"[77] Gebrauch, d. h. sie sind zur Beseitigung eines gesetzwidrigen Urteils nach dieser Meinung nicht verpflichtet. Da die Parteien oder der Verurteilte des früheren Prozesses nicht antragsberechtigt sind, können sie im Kassationsverfahren auch keine Anträge stellen, sie können jedoch Stellungnahmen abgeben.[78] Das kassierende Gericht hat seine Entscheidung dann allein nach der gesetzlichen Grundlage, ohne Erwägungen rechtspolitischer Art, zu treffen. Durch Kassation übt das Oberste Gericht auch in Zivil-, Familien- und Arbeitsrechtssachen eigene Rechtsprechung aus, die, da sich die Untergerichte daran orientieren, Ausgangspunkt der Vereinheitlichung der Rechtsprechung auch auf diesen Gebieten ist.

Die Kassation dient neben der ‚Berichtigung' einzelner Urteile der Herstellung einer zunächst räumlichen Unifizierung und gibt dem Obersten Gericht die Möglichkeit, von seiner Betrachtung abweichende örtliche Auffassungen anzupassen, auch wenn alle lokalen Beteiligten: Prozeßparteien, Gericht und Staatsanwalt ein Ergebnis durch die Nichteinlegung von Rechtsmitteln zumindest tolerieren. Die Aufpasserfunktion des vielfältig beteiligten Staatsanwalts reicht dem einseitigen Bestreben der Zentrale nach angleichenden Korrekturmöglichkeiten nicht. Das ist für die Weiten Rußlands und für die nationalen Unterschiede der Sowjetunion, von wo das Institut übernommen ist, nachvollziehbar, in der räumlichen und sozial-kulturellen Überschaubarkeit der DDR wirkt es hypertroph.

Eine andere Funktion kann die Kassation zugunsten von Strafverurteilten erfüllen, für die in der DDR mit ihren politischen Umorientierungen Bedarf nicht auszuschließen ist, nämlich die historische Bereinigung von jetzt als politisch fehl angesehenen Verurteilungen. Auf diese Weise können Opfer von politisch motivierten Strafprozessen in geänderten Zeiten formal korrekt ohne Antrag, gar *postum* rehabilitiert werden.

# 6 Zur Kongruenz und Funktionalität der Rechtsprechung

## 6.1 Vergleichsdimensionen

Nachdem das Rechtsprechungssystem der DDR in seinen Aufgaben und Mitteln dargestellt ist, soll es im folgenden in verschiedener Weise in Beziehung gesetzt werden. Die erste Bezugnahme ist normativ und immanent, indem die Organisation der Rechtsprechung mit ihrer innerstaatlichen Aufgabenstellung konfrontiert wird, um zu sehen, ob sie zu deren Erfüllung geeignet und in der Lage ist. Ein zweiter Vergleichsmaßstab ist die Internationale Konvention über Bürger- und politische Rechte von 1966, der neben einigen Dutzend anderen Staaten der Erde auch die DDR beigetreten ist. Diese Konvention[1] stellt die von der Staatengemeinschaft aufgestellte und für die Mitgliedstaaten völkerrechtlich verbindliche Anforderung an die Gestaltung der bürgerlichen und politischen Rechtsstellung dar. Da die DDR selber Mitglied ist, wird ihr auch bei dieser Prüfung kein fremder Maßstab oktroyiert. In einem dritten Schritt soll auf sozialwissenschaftlicher Grundlage versucht werden, den vorgefundenen Zustand zu interpretieren und seine Implikationen für die soziale und personale Entwicklung zu erörtern. Auch hier wären Verstehens- und Deutungskategorien und -muster zu suchen, die einerseits der DDR nicht von außen übergestülpt werden[2], von denen sich andererseits der Autor nicht distanzieren muß.[3]

## 6.2 Innerstaatliche Aufgabenerfüllung

Nachdem eingangs die der Rechtsprechung in der DDR gestellten Aufgaben zusammengetragen und aufbereitet sowie in den nachfolgenden Kapiteln die zur Erfüllung dieser Aufgaben vorhandenen strukturellen, personellen und prozessuellen Mittel dargestellt worden sind, ist nun zu prüfen, ob diese Mittel geeignet und ausreichend sind, die normierten Aufgaben zu erfüllen. Diese Fragestellung zielt auf eine der Staats- und Rechtsordnung der DDR immanente Effizienzanalyse ab. Die der Rechtsprechung zugewiesenen Hauptaufgaben waren (a) die ‚Durchführung der sozialistischen Gesetzlichkeit' oder „Durchsetzung des materiellen Rechts"[4], (b) der Schutz und die Entwicklung der DDR sowie (c) der Schutz der Rechte und Interessen der Bürger. Läßt man die Mittel Revue passieren, so ergibt sich, daß dem ersten Ziel in weitem Umfang genüge getan werden kann. Damit die Rechtsstreitigkeiten oder Rechtsverletzungen vor Gericht kommen, kann die Staatsanwaltschaft ihr strafprozessuales Anklagerecht sowie ihr in Arbeitsrechtsverfahren umfassendes, im Zivil- und Familienrecht punktuelles Klagerecht ausüben. Um von den Parteien in Gang gesetzte Zivil- und Familienrechtsverfahren vor Gericht zu halten, kann die Staatsanwaltschaft nach Erklärung ihrer Mitwirkung die Verfahren nach eventueller Rücknahme der Klage durch den Kläger von sich aus fortsetzen. Scheint der Staatsanwaltschaft ein erstinstanzliches Urteil ungesetzlich, kann sie, außer bei Ehescheidungssachen, in allen anderen Fällen von sich aus ihren devolutionierenden ‚Protest' einlegen, bei letztinstanzlichen Urteilen kann der General- bzw. Bezirksstaatsanwalt die Kassation beantragen. Der Durchsetzung des materiellen Rechts auf gerichtlichem Wege durch die Staatsanwaltschaft sind damit viele Möglichkeiten eröffnet. Auf außergerichtlichem Wege kann die Staatsanwaltschaft bei Vorliegen von gesetzwidrigen Zuständen gegenüber allen staatlichen und Gesellschaftlichen Einrichtungen ebenfalls ‚Protest' erheben, der allerdings abschließend von der zentralen Leitungsinstanz der kritisierten Einrichtung entschieden wird.

Die Gerichte ermitteln in allen Verfahren notfalls von sich aus den gesamten entscheidungserheblichen Sachverhalt und setzen so hinsichtlich der gestellten Anträge das materielle Recht durch. Einigungen der Parteien, die nicht mit den Grundsätzen des Sozialistischen Rechts in Einklang stehen, werden zurückgewiesen. Im Rechtsmittelverfahren wird der Prozeß in der Breite der erstinstanzlichen Anträge wieder aufgerollt, eine Begrenzung durch Berufungsanträge findet nicht statt. Unabhängig von den Rechtsmitteln der Parteien und der Staatsanwaltschaft können die Obergerichte rechtsfehlerhafte Urteile der Untergerichte im Kassationswege aufheben.

Stellen die Gerichte gesetzwidrige Zustände fest, können sie ‚Gerichtskritik' üben, die die kritisierte Einrichtung zur schriftlichen Stellungnahme verpflichtet.

Soweit ein Bürger zu Lasten eines anderen Bürgers oder als Werktätiger oder Konsument zu Lasten einer ökonomischen Einheit (Betrieb, Handel) begünstigt ist, kann das materielle Recht auf den insoweit eingerichteten Gerichtswegen durchgesetzt werden. Soweit zwischen Betrieben Vertragsstreitigkeiten bestehen, findet eine Drittentscheidung, aber nicht nach Rechtskriterien statt. Soweit Staatsorgane belastet werden könnten, stehen keine gerichtlichen Verfahren, sondern Protest (Staatsanwaltschaft), Kritik (Gerichte), Rügen (Gesellschaftliche Kontrollorgane) und Beschwerden (Bürger) zur Rechtsdurchsetzung zur Verfügung, wobei die Wirksamkeit aller dieser Mittel spätestens bei der zentralen Leitungsinstanz erschöpft ist. Um es bildlich auszudrücken: viele Hunde, doch alle an kurzer Leine, da mag der Hase schon überleben und, wenn er sich an das Bellen gewöhnt hat, auch unbeeindruckt im alten Stil weitermachen. Nüchtern-prosaischer: die Durchsetzung des materiellen Rechts ist mit diesen Mitteln nicht gesichert. Die Offensichtlichkeit der Diskrepanz zwischen der Aufgabenstellung und der Mitteleinräumung läßt dann Zweifel an der Ernsthaftigkeit der verlautbarten Intention aufkommen.

Die zweite Aufgabe, die des Schutzes und der Entwicklung der DDR und ihrer Staats- und Gesellschaftsordnung überschneidet sich mit der ersten, da alle nachkonstitutionellen Gesetze dies gleichfalls inhaltlich bezwecken. Soweit die Gerichte das materielle Recht durchsetzen können, tragen sie also auch zur Erfüllung der zweiten Aufgabe bei. Des weiteren haben die Gerichte, jeweils auf Antrag der Staatsanwaltschaft, noch Möglichkeiten der Verfahrensgestaltung, die der bestehenden Staats- und Gesellschaftsordnung zugute kommen. Hier ist einmal die Verhandlung vor Erweiterter Öffentlichkeit zu nennen, mit der ein höherer Abschreckungs- und Erziehungseffekt verbunden wird, sowie die Ausschaltung der Schöffen im Beschleunigten Verfahren, mit der in Krisenzeiten die systemkonforme Tätigkeit der Rechtsprechung gesichert werden kann. Dem Schutz und der Entwicklung der DDR im Sinne ihrer zentralen

Führung sind weiterhin die umfangreichen personellen und organisatorischen Steuerungs- und Eingriffsmöglichkeiten der Justizverwaltung dienlich, durch die die Gerichte auf zentralem Kurs gehalten werden.

Die Rechtsprechung kann ihren dritten Auftrag, den Schutz der Rechte der Bürger, erfüllen, soweit dadurch andere Bürger oder Wirtschaftseinrichtungen belastet werden. Der Schutz ist für die Gläubiger auf den Gebieten des Arbeits- und Zivilrechts auch leicht zu erlangen, da die Barrieren zum Rechtsprechungssystem durch die bürgernahen Gesellschaftlichen Gerichte sehr niedrig sind.[5]

Soweit die Belegschaftsmitglieder durch die Speisung des Prämien- sowie des Sozial- und Kulturfonds aus dem Gewinn ihres Betriebes ein Interesse daran haben, daß dieser nicht rechtswidrig Nachteile gegenüber anderen Betrieben hinnehmen muß, kann die Rechtsprechung zu dessen Realisierung nicht beitragen, da Vertragsstreitigkeiten nicht von ihr entschieden werden, immerhin jedoch durch Drittentscheid von der Staatsarbitrage.

Bei Rechtsstreitigkeiten zwischen Bürgern und Staatsorganen auf den Gebieten des Verwaltungs- und Staatsrechts kann die Rechtsprechung den Bürgern keinen Schutz bieten, da ihr dort keine Zuständigkeit eingeräumt ist. Auch die an ihrer Stelle angebotenen Verfahren sind mangelhaft, da nicht einmal bei allen Beschwerdearten eine schriftliche und begründete Antwort zu ergehen hat, die als Mindestmaß zum Ausschluß von Willkür und Unsachgemäßheit dienen könnte.

Ambivalent bleibt, daß die Staatsanwaltschaft im Arbeitsrecht dem Bürger auch gegen dessen Willen zu seinem Recht verhelfen kann. Das ist positiv hinsichtlich der materiellen Forderung, jedoch negativ hinsichtlich der Selbstbestimmung des Bürgers. Das Angebot an Hilfe durch Information und Prozeßvertretung, wie es von der Gewerkschaft offeriert wird, realisiert die positiven Seiten, ohne sie mit den negativen zu verknüpfen.

Greift man den Satz von K. Bönninger noch einmal auf, nach dem „in der gleichen Weise, wie es kein Recht gibt ohne einen Apparat, es durchzusetzen, es auch kein subjektives Recht (gibt), ohne ein Verfahren, es durchzusetzen“[6], so stellt sich die, hier nicht zu vertiefende Frage nach der Qualität des in der DDR geltenden Staats- und Verwaltungs-„Rechts“.

## 6.3 Völkerrechtliche Vereinbarkeit

Als zweiter Schritt eines normativen Vergleichs soll die Organisation der Rechtsprechung und die Ausgestaltung des Rechtsschutzes in der DDR an den einschlägigen Bestimmungen der UN-Konvention über Bürger- und politische Rechte von 1966[7] gemessen werden. Die Berechtigung dazu ergibt sich zum einen daraus, daß diese Konvention Ausdruck der mit der Autorität der Völkergemeinschaft[8] aufgestellten Anforderungen ist, bei deren gravierender Nichtentsprechung sich einzelne Staaten zu rechtfertigen haben. Im gegebenen Falle muß jedoch auf solche allgemeineren Überlegungen nicht zurückgegriffen werden, da die DDR die Konvention ratifiziert hat und ihr beigetreten ist[9], woraus für sie Rechtspflichten nach innen und gegenüber den Vertragspartnern entstehen.[10] Damit steht ein beidseitig geteilter einheitlicher normativer Maßstab zur Verfügung, an dem die Situation in der DDR gemessen werden kann, ohne daß die DDR dem Illegitimität oder Unangemessenheit entgegen halten könnte.

Dabei ist jedoch zu berücksichtigen, daß diese Konvention wegen des politischen Kompromißcharakters ihrer Entstehung mehr noch als andere Kodifikationen auslegungsbedürftig und -fähig ist. Bei der gerade bei fehlender Übereinstimmung notwendig werdenden Auslegung ist es dann nicht zulässig, allein die eigenen Methoden und das eigene tradierte Verständnis zugrunde zu legen, da bei Vertragsschluß bekannt war, daß andere Vertragspartner dieses Verständnis und diese Auslegungsmethoden nicht übernommen haben, sondern bei ihrer Interpretationsweise bleiben wollten. Es wäre vertragstheoretisch und -technisch verfehlt, später mehr aus einem solchem Text herausholen zu wollen, als die Parteien bei Vertragsschluß gemeinsam hineingelegt haben. Das gilt jedoch auch für die andere Seite, die DDR hat ihrerseits kein Monopol der legitimen Interpretation. Von daher wird man die Bestimmungen der Konvention nicht wie Gesetzesnormen auslegen, bei denen nur der objektive Erklärungswert gilt, noch aber auch wie einseitige Willenserklärungen wie z. B. Testamente, bei denen allein der subjektive Wille maßgeblich ist.[11] Die Auslegung muß sich, wie bei Verträgen allgemein, deren Inhalt vom Richter festzustellen ist, daran orientieren, wie die anderen Partner eine Erklärung unter Beachtung der Umstände und der allgemeinen sowie der beiderseitigen Interessen[12] verstehen konnten und durften. Die Auslegung wird also die internationale menschenrechtliche Real- und Geistesgeschichte wie auch die eigene Gesetzgebung und Literatur der DDR berücksichtigen.

Die Konvention normiert in Art. 14 Maßstäbe für das Straf- und Zivilverfahren. Dabei werden für die DDR auch das Familien- und Arbeitsrechtsverfahren mitumfaßt, da diese in der DDR separierten Rechtsgebiete von den meisten Rechtsordnungen dem Zivilrecht zugeordnet werden und auch die DDR prozeßrechtsmäßig durch das einheitliche „Gesetz über das gerichtliche Verfahren in Zivil-, Familien- und Arbeitsrechtssachen" mit den Kurztitel „Zivilprozeßordnung" die verfahrensmäßige Gleichstellung normiert. Neben anderem besteht danach gemäß Art. 14 I der Konvention ein Anspruch darauf, daß über Anklagen und Ansprüche durch ein ‚auf Gesetz beruhendes Gericht' entschieden wird. Die Formulierung ist im Deutschen wenig griffig, auch die Versionen der authentischen englischen, französischen, russischen und spanischen Texte[13] führen nicht zu einer weiteren Klärung. Sucht man nach geläufigeren Instituten, so könnten in der von der Konvention gewählten Formulierung zwei traditionellere Prinzipien zusammengefaßt sein, die trotz gerechtfertigter Erwartung auch sonst nicht auftauchen, nämlich das Verbot von *ad hoc*- und Ausnahmegerichten sowie der Gesetzliche Richter. ‚Auf Gesetz beruhend' wäre zu schwach verstanden, würde man es nur dahingehend auslegen, daß das Gericht formal nur irgendwie im Gesetz erwähnt sein muß, denn das machte keinen Sinn einer Interessenberücksichtigung. Die Formulierung ist inhaltlich zu verstehen, daß es sich um ein vom Gesetz und nicht durch eine *ad hoc*-Entscheidung gebildetes und seine Zuständigkeit ableitendes Gericht handeln muß. Mit dieser Interpretation wird auch der DDR kein Zwang angetan, da sie beide Prinzipien in ihrer Verfassung selbst aufführt und damit zur gleichen Auslegung gelangte.

Hinsichtlich des Gesetzlichen Richters war festgestellt, daß im Normalfall durch Anklageerhebungs-, Heranziehungs- oder Möglichkeiten der Übernahme des Vorsitzes mindestens fünf verschiedene oder verschieden besetzte Spruchkörper für die Behandlung eines Falles nach dem Gesetz in Frage kommen. Damit beruht in der DDR das praktisch in der Sache tätig werdende Gericht im Sinne des konkreten Spruchkörpers nicht auf dem Gesetz, sondern auf der Entscheidung der Staatsanwaltschaft bzw. des Direktors des Bezirksgerichts über die einem Fall zugemessene ,Bedeutung', über die auch kein irgendwie gearteter Nachweis gefordert wird. In den Beschleunigten Verfahren fehlt auch noch ein solches schwaches positives Entscheidungskriterium. Das Beschleunigte Verfahren mit dem statthaften Ausfall der Schöffen wird auf Antrag der Staatsanwaltschaft vom Gericht nach einer bloßen „kann"-Bestimmung durchgeführt. Damit ist das Gericht nicht vom Gesetz bestimmt und die entsprechenden Vorschriften sind ein Verstoß gegen die Konvention.

Zweite zu erörternde Bestimmung ist die, daß das Gericht unabhängig sein soll. Von wem es unabhängig sein soll, ist nicht ausgeführt, mit Sicherheit kann man davon ausgehen, daß es insbesondere von den administrativen Staatsorganen unabhängig sein soll. Von daher sind die vom Justizministerium durchgeführten ,Revisionen' problematisch, insbesondere ist aber als Verstoß zu werten, daß das Justizministerium einen Richter wegen sehr unbestimmt gefaßter „gröblicher Verletzung der Grundpflichten oder anderer Disziplinarvergehen" (§ 53 III GVG) mit sofortiger Wirkung suspendieren kann. Mit dieser Verwaltungskompetenz können Richter in Konfliktfällen *stante pedes* aus dem Verfahren entfernt werden, was ihnen die Unabhängigkeit gegenüber der Justizverwaltung nimmt.

Drittens fordert die Konvention die Öffentlichkeit der Verfahren, wozu aus dem auch in der DDR erwähnten Gedanken der Kontrolle des Gerichts auch zu zählen ist, daß Bürger, die einen Prozeß beobachten wollen, überhaupt eine Chance haben müssen, daran teilnehmen zu können. Wenn ein Gericht in der DDR die Öffentlichkeit jedoch vollständig organisiert oder, eindeutiger, die Verhandlung in einen Betrieb verlagert, besteht für andere Bürger überhaupt keine Möglichkeit, auch nur auf das Betriebsgelände zu kommen. Auch in diesem Punkt widerspricht die DDR-Regelung den Konventionsbestimmungen.

Bei Erhebung der Anklage vor dem Obersten Gericht in erster Instanz fällt für den Angeklagten die von Art. 14 V der Konvention geforderte Überprüfung ,durch ein höheres Gericht entsprechend dem Gesetz' fort. Die Bezugnahme auf Gesetzesbestimmungen legitimiert verschiedene Ausgestaltungen eines solchen Berufungsverfahrens. Daß es aufgrund des Gesetzes völlig ausgeschlossen sein könnte, unterfällt nicht mehr dem Sinn der Konvention, sonst wäre die Bestimmung überflüssig. Die DDR sollte die vom Präsidenten des Obersten Gerichts 1979 erwähnten Überlegungen wieder aufgreifen, auch in diesem Fall eine zweite Instanz zu schaffen, um den jetzt bestehenden Verstoß abzustellen.

Auf dem Gebiet der in der Konvention garantierten Bürger- und politischen Rechte und Freiheiten hat sich die DDR als Teilnehmerstaat der Konvention gemäß Art. 2 III a) verpflichtet, bei Verletzungen wirksame Rechtsbehelfsmöglichkeiten zu gewährleisten. Hier wäre die Bestimmung des Adjektivs ,wirksam' auslegungsbedürftig. Als *minimum* der Ausgestaltung eines wirksamen Rechtsbehelfs wird man im europäischen Kontext davon ausgehen können, daß er schriftlich und begründet beschieden werden muß, damit der betroffene Bürger in Ruhe und unbeeinflußt sowie eventuell unter Hinzuziehung fachlicher Hilfe die Rechts- und Zweckmäßigkeitsansicht der staatlichen Seite prüfen und Ge-

genvorstellungen entwickeln kann. Dieses Mindestmaß ist aber nicht bei allen gemäß der Konvention zu gewährleistenden Rechten gegeben. So sind in der DDR Versammlungen auch in geschlossenen Räumen anmelde- und solche im Freien erlaubnispflichtig.[14] Ob das inhaltlich den Anforderungen der Konvention genügt, soll hier nicht weiter verfolgt werden, sondern unter Rechtsschutzgesichtspunkten nur die Tatsache, daß gegen die polizeiliche Untersagung einer anmeldepflichtigen oder die Versagung einer erlaubnispflichtigen Versammlung „kein Rechtsmittel ... vorgesehen (ist). Der von dieser Entscheidung Betroffene folglich auch kein Rechtsmittel einlegen (kann)".[15] Damit steht nur die Eingabenbeschwerde zur Verfügung, auf die kein schriftlicher Bescheid ergehen muß. Das ist kein wirksamer Rechtsbehelf in einem so wichtigen Bereich wie der Versammlungsfreiheit.

Über diese – gravierenden – Einzelfragen hinaus zeigt ein anderer Umstand, wie tief ablehnend die DDR einem gerichtlichen Rechtsschutz bei Staats- und Verwaltungsrechtsstreitigkeiten und einer Erweiterung desselben gegenüber steht. Sie hat in ihrer offiziellen im Gesetzblatt abgedruckten deutschen Übersetzung der Konvention, sicherlich nicht aus Unkenntnis oder Fahrlässigkeit, die in Art. 2 III b) geforderte Entwicklung des gerichtlichen Rechtsschutzes unterschlagen. Es ist dies keine Frage einer besseren oder schlechteren Übersetzung oder einer Unklarheit zwischen den vier bzw. fünf authentischen Texten, sondern eindeutig ein Fall von Sinnverfälschung. Zum Nachvollzug die entsprechenden Passagen (Hervorhebungen jeweils von mir. U. L.):

> To ensure that any person claiming such a remedy shall have his right thereto determined by competent judicial, administrative or legislative authorities, or by any other competent authority provided for by the legal system of the State, *and to develop the possibilities of judicial remedy;*
>
> Garantir que l'autorité compétente, judiciaire, administrative ou législative ou toute autre autorité compétente selon la législation de l'Etat, statuera sur les droits de la personne qui forme le recours et *à développer les possibilités de recours juridictionnel;*
>
> обеспечить, чтобы право на правовую защиту для любого лица, требющего такой защиты, устанавливалось компетентными судебными, административными или законодательными властями или любым другим компетентным органом, предусмотренным правовой системой государства, и развивать возможности судебной защиты;

Daraus wird die DDR-Version:

> Die Möglichkeiten des Rechtsschutzes zu entwickeln und zu gewährleisten, daß über das Recht eines jeden, der um solchen Rechtsschutz nachsucht, durch zuständige Justiz-, Verwaltungs- oder Gesetzgebungsorgane oder durch andere zuständige Behörden, die das Rechtssystem des Staates vorsieht, entschieden wird.

Die DDR-Version suggeriert flüssig, die DDR habe nichts mehr zu erweitern[16], mit ihrem verwaltungsinternen Beschwerdeverfahren genüge sie den internationalen Standards. Aufgedeckt, wirft dieses Vorgehen jedoch ein doppelt negatives Licht auf die in Frage stehende Situation. Soll der vom Justizminister gesprochene Satz auch in dieser Richtung gelten, daß solche Manipulationen „erneut zum Ausdruck (bringen), wie gewissenhaft die DDR durch Gesetzgebung und Rechtspflege die Prinzipien des Völkerrechts in ihrer Rechtsordnung verwirklicht"[17]?

### 6.4 Sozialsystemische Rationalität

Abschließend soll auf einer sozialwissenschaftlichen Grundlage versucht werden, die aufgezeigte Situation hinsichtlich Rechtsprechung und Rechtsschutz in ihrer Differenzierung zu deuten und Implikationen zu erörtern. Zunächst wäre zu fragen, wie der unterschiedliche Ausbau des gerichtlichen Rechtsschutzes auf den verschiedenen Rechtsgebieten zu verstehen und zu erklären ist. Dabei ist es im ersten Schritt unerheblich, ob man das Vorhandensein des gerichtlichen Rechtsschutzes z. B. im Arbeitsrecht oder dessen Fehlen im Verwaltungsrecht problematisiert, ein gleichsam ‚natürlicher' Zustand, dem gegenüber allein die differente Ausgestaltung erklärungsbedürftig wäre, wird nicht vorausgesetzt; problem- und erkenntnis-generierend ist die Differenz bei gleicher Umwelt und gleicher allgemeiner Zielstellung. Die Frage soll statt mit einem kausalen ‚warum' mit dem funktionellen ‚wozu' angegangen werden. Als *raison d'être* wird damit nicht ein vorlaufender genetischer Grund (Verkündung im Gesetzblatt, Beschluß des Politbüros, Einsicht der Führung etc.), sondern eine systemnützliche Leistung genommen.[18]

Stellt man die gerichtlichen Klagemöglichkeiten der Rechtsinhaber einschließlich der Freiheit von staatsanwaltschaftlicher Interventionsmöglichkeit nebeneinander, so läßt sich eine Skala von negativen und positiven Rechtsschutzmöglichkeiten ausmachen, beginnend auf der einen Seite mit dem Scheidungsverfahren, bei dem die Parteien auch das alleinige Berufungsrecht haben, über das sonstige Familien- und Zivilrecht mit grundsätzlicher Dispositionsbefugnis der Parteien über das In-Gang-Setzen des Prozesses, das Wirtschafts- und Sozialversicherungsrecht, wo Drittentscheidungen nach anderen als Rechtskriterien erfolgen, bis hin zu den Gebieten des Staats- und Verwaltungsrechts, auf denen nur eine mehr oder minder elaborierte verwaltungsinterne Nachprüfung stattfindet.

Um zu einer Interpretation als gesellschaftlichem Phänomen zu kommen, wäre zunächst zu bestimmen, was die Möglichkeit gerichtlichen Rechtsschutzes gesellschaftlich bedeutet. Sie bewirkt durch Drittentscheid die ansonsten unbedingte Durchsetzung des Rechts. Die gesellschaftliche Funktion des Rechts läßt sich nun interaktionsmäßig-formal gesehen[19] als die Sicherung von Vorhersehbarkeit und Berechenbarkeit der *reactio* von *alter*, inhaltlich gesehen[20] als die Sicherung der Äquivalenz von Leistung und Gegenleistung bestimmen, was sich im übrigen auch wechselseitig bedingt. Aus beiden Momenten zusammen kann dann bewußtseinsmäßig die Legitimationsfunktion des Rechts erwachsen: wenn am Ende des Rechtsweges eine Entscheidung produziert ist, dann war sie auch vorhersehbar und beinhaltet Äquivalentes.

Gerichtlicher Rechtsschutz ist also da installiert, wo Vorhersehbarkeit, Berechenbarkeit und Äquivalenzbeziehungen herrschen sollen. Diese sollen dort herrschen, wo man nur mit ihnen oder mit ihnen jedenfalls auch unter Einrechnung eigentlich unerwünschter Nebenfolgen am effektivsten die Adressaten dazu bringt, das von ihnen zum Nutzen des Gesamtsystems zu Leistende auch zu erbringen. Von daher wäre zu ermitteln, wie notwendig in den den einzelnen Rechtsschutzmöglichkeiten parallelen Lebensbereichen eine eigenmotivierte Mitwirkung der Bevölkerung erforderlich ist. Je mehr die Initiative und Aufgeschlossenheit der Leute gebraucht werden, desto mehr gerichtlicher Rechtsschutz ist ihnen eingeräumt, damit sie durch die vorher bestimmbare, äquivalente Sanktion der Gegenmaßnahme bzw. -leistung sich von sich aus engagieren.

Auf der anderen Koordinate wird sich der Staat – unabhängig von der den Bürgern gegebenen Klagemöglichkeit – den zur Entscheidung anstehenden Problemen (in Form des Staatsanwalts, durch Befassung nichtrichterlicher verwaltungsnaher Spruchkörper oder durch administrativen Selbstentscheid) entsprechend ihrer systemkonstitutiven Bedeutung annehmen.

Hinsichtlich der Einräumung gerichtlichen Rechtsschutzes sind, unbeschadet der unterschiedlich weitgehenden Interventionsmöglichkeit der Staatsanwaltschaft, die Gebiete des Zivil-, Familien-, Arbeits- und Strafrechts gleich ausgestaltet. Dies ist nach der oben skizzierten Logik ein Indiz für die zu stimulierende Eigenaktivität und -verantwortlichkeit der Bürger. Im Arbeitsbereich, um mit dem einsichtigsten Beispiel zu beginnen, bedarf es heute bei der technisierten industrialisierten Produktionsweise der Umsichtigkeit und Eigenmotivation der Beteiligten. Klassische agrarische oder sonst wenig komplexe und intellektuell anspruchslose Arbeit läßt sich mit Druck und Gewalt erpressen, der moderne Produktionsfacharbeiter und -techniker muß zur effektiven Arbeit von sich aus zur Leistung gewillt sein. Ist dies, wie regelmäßig, nicht durch den *Inhalt* der Arbeit gegeben, muß eine versprochene kompensatorische Gegenleistung, üblicherweise in Geld, als Sekundärmotivation dienen. Dabei muß jedoch zur hohen andauernden Stimulierung die unbedingte Sicherheit der Gegenleistung nach eigener erbrachter Leistung gewährleistet sein. Unbedingte Sicherheit leistungsgemäßer Entlohnung und sonstiger Status- oder Freizeitvorteile ist vor dem Hintergrund drohender Streitigkeiten regelmäßig nur durch Drittentscheidung nach vorher feststehenden Regeln, m. a. W. durch gerichtliche Entscheidungs- und Vollstreckungsverfahren gegeben. Nur dadurch ist sicher, daß, wenn der Werktätige seinen Vertragsteil erbracht hat, auch die andere Seite, notfalls gezwungen, ihren Teil erfüllen muß, unabhängig von allen nachträglichen, möglicherweise sogar zutreffenden Zweckmäßigkeitserwägungen. Unter diesen – und nur unter diesen Bedingungen ist die Bereitschaft zur Anstrengung vorhanden. Das aus dem Charakter der industriellen Arbeit resultierende Maß an notwendiger Eigenmotivation bestimmt also den Grad der Einräumung gerichtlicher Klagemöglichkeit.

Der Konsumbereich des Zivilrechts wird als weitgehender Annex des Arbeitsbereichs verständlich. Daß für die Leistung der vereinbarte Lohn gezahlt wird, hat erst dann realen Nutzen, wenn für das Geld entsprechende Konsumgüter erwerbbar sind. Das Zwischenglied des Geldes in der Tauschkette Arbeitsleistung – Geld – Konsumwaren stellt in der DDR ohne Möglichkeiten der Umwandlung von Geld in Kapital[21] nur eine technische Stufe dar, der kein eigener Wert zukommt.[22] Die Einräumung der regelmäßigen Drittentscheidung im Zivilrecht ist also als Fernwirkung der Motivation zur Arbeit anzusehen.[23]

Im Familienrecht stellt sich die Lage etwas komplizierter dar. Soweit es dort um Statusfragen (Eheschließung, -scheidung, Abstammung) geht, ist dem Staat aus eigenen Verwaltungsordnungs- wie aus mittelbaren Interessen an der personalen Identität und Stabilität der Bürger an der Wahrheit und Klarheit der personenrechtliche Status gelegen.[24] Die lassen sich jedoch nur bei weitgehendem eigenem Tätigwerden der Betroffenen erreichen.

Auch hinsichtlich der gegenseitigen Personen- und Vermögenssorge bzw. der Unterhaltsleistungen ist der Staat zur Vermeidung in der Regel uneffektiverer eigener, z. B. fürsorgender Anstrengungen auf die Wahrnehmung der Möglichkeiten durch die Familienmitglieder angewiesen. Die gerichtsverfahrensmäßige Ausgestaltung der Unterhaltsbeziehungen getrennt lebender Familienmitglieder könnte auch am Vorbild sonstiger finanzieller Leistungsbeziehungen ausgerichtet sein.

Die hier der Erklärung zugrunde gelegte Logik ist auch im Strafrechtsbereich anzutreffen. Dort wandelt sich das Parteienklagerecht in das mehr oder minder ausgestaltete Recht des Angeklagten auf Rechtsschutz durch effektive Verteidigungsmöglichkeiten. Das Problem im Bereich des abweichenden Verhaltens besteht in der Motivierung der Menschen, sich von sich aus gesetzestreu zu verhalten. Das wird unter anderem dadurch verstärkt, daß sichergestellt ist, daß bei rechtstreuem Verhalten negative Sanktionen auch wirklich ausgeschlossen sind. Es muß die Gewißheit herrschen, daß Strafe nur bei gesetzwidrigem Verhalten droht. Die Abstandnahme von Vergehen oder Verbrechen lohnt nicht, wenn strafrechtliche Maßnahmen dennoch nicht ausgeschlossen sind. Bei strafrechtlicher Willkür oder verfahrensmäßiger Ungenauigkeit kann mit kriminellen Taten begonnen oder fortgefahren werden, denn Delikt und Strafe sind entkoppelt.

Bei den vom Wirtschafts- und Sozialversicherungsrecht geregelten Gebieten ist wegen der hohen Komplexität des Gegenstands die Mitarbeit der Basissubjekte, der Betriebe bzw. der Sozialversicherten, für eine effektive Organisation unverzichtbar. Zur Erlangung dieser Mitarbeit sind daher Drittentscheidungen eingerichtet, die die Betroffenen wegen der mehr oder minder realistischen Chance, eine Berücksichtigung ihrer Interessen zu finden, zum Mittun anregen. Andererseits will sich die jeweilige leitende Verwaltungsinstanz auf diesen Gebieten den Interessen und Entscheidungen der Basissubjekte nicht unterwerfen und insbesondere die aufgestellten Regeln im Problemfalle auch flexibel handhaben können. Von daher verbietet sich die Einrichtung gerichtlicher Entscheidungsverfahren in Form eigenständiger, juristisch professionalisierter Gremien auf der Grundlage von Rechtsregeln. Stattdessen sind verwaltungsnahe Gremien installiert, die im Zweifelsfall die Interessen und Perspektiven der Zentrale teilen. Diese Konstruktion wird möglich, weil zwar die Zentrale zur Durchführung ihres Programms, der Erfüllung des Wirtschaftsplanes bzw. der Gewährleistung der gesundheitlichen und sozialen Reproduktion, von der Gesamtheit der Basissubjekte abhängig ist, im Einzelfall letztere jedoch gegenüber der die Ressourcen kontigentiert zuteilenden Zentrale einen schwächeren Status haben.

Diese Konstruktion der nichtjustiziellen Drittentscheidung war seinerzeit auch für den Verwaltungsrechtsbereich vorgesehen. Aus der Beseitigung wäre dann der Schluß zu ziehen, daß in der Öffentlichen Verwaltung die Bevölkerung auch in ihrer Gesamtheit nicht gebraucht wird, daß Politik in der DDR ohne die Bürger gemacht wird. Ein Indiz dafür wäre auch Art. 1 der Verfassung, in dem das Ziel ‚Sozialismus' und die ‚führende Rolle' der SED *a priori* verankert sind, bevor noch das Volk oder auch nur die Arbeiterklasse ein Votum dazu abzugeben haben. Vielleicht kann man noch einen Schritt weitergehen und vermuten, daß die Bürger in den politischen Prozeß als Subjekte nicht nur nicht einbezogen, sondern als potentielle Störfaktoren durch wenig substanzielle Verfahren und die Diskreditierung professionell-anwaltlicher Hilfe möglichst außen vor gehalten werden sollen. Die sich im Gefolge dessen einstellende Frustration und Inaktivität wird dabei im Gegensatz etwa zum Arbeitsbereich eher billigend in Kauf genommen.

Das vorhandene Gefälle der Gewährung gerichtlichen Rechtsschutzes könnte von der machtpolitischen Durchsetzbarkeit, bzw. der systemverträglichen Auswirkung her nach der einen oder anderen Seite verschoben sein. Die vorfindlichen realen Gegebenheiten wären mit einer gewissen Plausibilität als Korrelat der tatsächlichen oder angenommenen Unabdingbarkeit der eigenmotivierten Aktivität des Bürgers erklärbar.

Die Ausgestaltung der Rechtsschutzverfahren wird neben der Klagemöglichkeit der Individuen überlagert von der Mitwirkung der Staatsanwaltschaft bzw. der staatlichen Selbstentscheidung, die primär als Folge der konstitutiven Bedeutung des jeweiligen Gebiets für das Gesamtsystem verstanden werden sollen. Daneben können andere Momente wie traditionelle kulturelle Muster z. B. bei dem relativ staats(-anwalts-)freien Raum des Scheidungsverfahrens mit hineinspielen, nach denen die Ehe im neuzeitlichen Europa[25] an der Spitze der privaten, staatsfreien Angelegenheiten steht. Basis für das Weiterwirken dieser Einschätzung auch in der DDR mag auch hier sein, daß die einzelne Scheidung[26] staatliche Interessen wenig berührt. Beim sonstigen Familienrecht und beim Zivilrecht folgt die Verteilung der Verfahrensmöglichkeiten mit den den Parteien gegebenen Dispositionsmöglichkeiten und der staatsanwaltschaftlichen Sicherung der Gesetzmäßigkeit in allen Verfahrensstadien dem Muster des zugrundeliegenden realen Gütertausches. Ob der Bürger etwas kauft und konsumiert, ist ihm freigestellt, wenn er dies tut, dann aber gemäß den staatlichen Bestimmungen. Die Sicherung der Abwicklung des Güter- und Leistungstausches in den vom Staat vorgesehenen Formen und nach den von ihm vorgesehenen Relationen ist für seine sozialgestaltende und -verteilende Zielsetzung unverzichtbar. Eine staatlich ungesteuerte Form würde offensichtlich zu anderen als den politisch intendierten Verhältnissen führen.

Auf den ersten Blick überraschend findet sich das Arbeits- und das Strafrecht in ein und derselben Fallgruppe, denn auf beiden Gebieten kann die Staatsanwaltschaft von sich aus mit ihrem An-/Klagerecht auf gesetzmäßige Zustände hinwirken. Daß die Unterbindung rechtswidrigen abweichenden Verhaltens für den Bestand und die Entwicklung von Staat und Gesellschaft wichtig sind, bedarf keiner weiteren Begründung, daß im Arbeitsbereich rechtskonforme Verhältnisse für gleichbedeutend erachtet werden, beruht wohl in erster Linie auf Gründen des Selbstverständnisses. Im Arbeitsbereich als Kernstück sozialistischer Gesellschaftslehre und -gestaltung ‚kann' es keine von den geltenden Regeln abweichende Situationen geben, die keine der Parteien ändern will. Die Gewährleistung ‚sozialistischer' Zustände im Arbeitsbereich ist für die DDR eine legitimatorische Notwendigkeit.

Der Bereich der Wirtschaft und der Sozialversicherung stellen nach dem eigenen Verständnis der DDR, wie aber aufgrund der engen Verknüpfung von Politik und Produktion bzw. Reproduktion auch nach allgemeinerer Ansicht gleichsam die ‚materielle Basis' der DDR-Staats- und Gesellschaftsordnung dar. Von daher ist die staatsinterne Organisation der Entscheidungsverfahren bezüglich der Produktionsmittel und -verhältnisse sowie des Arbeitskräftepotentials nachvollziehbar.

Die vom Verwaltungs- und Staatsrecht geregelten Bereiche sind für die DDR über das ansonsten gegebene Maß hinaus wegen des politisch-administrativen Zusammenhalts der sonst auseinandertreibenden anderen Gesellschaftsbereiche wie der Wirtschaft, Kultur, Kunst oder Wissenschaft so hochrelevant, daß der Staat dort nicht nur die Entscheidungen selbst trifft, sondern darüber hinaus die Bürgeradressaten verfahrensmäßig möglichst unprofessionell, *i. e.* ohne anwaltliche Vertretung wünscht.

So zeigt die Betrachtung der einzelnen Bereiche, daß das Gefälle der Stärke der Staatspräsenz vom Scheidungsverfahren mit eingeschränkter Interventionsmöglichkeit der Staatsanwaltschaft bis hin zum Verwaltungsrechtsverfahren mit eingeschränkter Mithilfemöglichkeit des ‚Bürger'-Anwalts als Spiegel der tatsächlichen oder ideologisch-vermeintlichen konstitutiven Bedeutung der jeweiligen Sektoren gelesen werden kann.

Diese Ausgestaltung des gerichtlichen Rechtsschutzes hat nicht nur für das Rechtssystem, sondern darüber hinaus für das ganze Sozialsystem und für die personale Situation des einzelnen Bürgers tiefgreifende Implikationen unterschiedlicher Art. Man wird die negativ erachteten Wirkungen zu minimieren oder zu eliminieren trachten; es werden sich jedoch manche unerwünschten Elemente als dem System untrennbar innewohnend herausstellen, und dann einen z. T. sehr hohen Preis für die Beibehaltung des Gesamtsystems darstellen.

Zunächst ergibt sich die Konsequenz, daß die Bereiche, in denen keine nach einschlägigen Regeln getroffene Drittentscheidung stattfindet, sich weniger nach ihrer eigenen Gesetzlichkeit entwickeln können. Die notwendigen Entscheidungen werden von außerhalb getroffen und richten sich tendenziell an den Motiven und Kriterien des entscheidenden Organs aus. Durch eine solche mehr oder minder unangemessene Objektstellung wird dem betroffenen Bereich Eigendynmaik entzogen. In schwächerer Form trifft diese Logik aufgrund der mannigfaltigen staatlich-administrativen Interventionen in Gestalt der staatsanwaltschaftlichen Beteiligung, der ministeriellen Personalherrschaft und ‚Revisionen' oder der parteilichen Ausrichtung der Richter auch für die gerichtswegeröffneten Bereiche zu.

Die in der DDR dahinterstehende Erwartung, für solche Einbußen an anderer Stelle durch erhöhte Effektivität eventuell sogar überproportional entschädigt zu werden, bleibt eine unsichere Hoffnung, der höhere Fremdsteuerungsaufwand ist jedenfalls erst einmal verausgabt.

Die verminderte Eigensteuerung der verschiedenen Gesellschaftsbereiche zugunsten des politisch-administrativen Systems und speziell dessen Zentrale führt des weiteren zu einer fast schrankenlosen Ausdehnung des damit einhergehenden Legitimationsfeldes. Das würde im Falle des reibungslosen Funktionierens einen nicht unbeträchtlichen Legitimationszuwachs erbringen, ist in den heutigen Zeiten jedoch eher eine Bürde.

In der zeitlichen Entwicklungsdimension gesehen verschenkt die DDR mit der praktizierten Verstaatlichung und Zentralisierung ein großes Maß an Adaptionskapazität. Kleinere Unstimmigkeiten können sich nicht artikulieren, um sie Schritt für Schritt zu bearbeiten. Zwar ist in der DDR das Denken in systemtheoretischen Kategorien und Strukturen und die Formulierung in systemtheoretischer Terminologie[27] 1971 abgebrochen worden, doch dürfte nach wie vor in der Sache akzeptiert sein, daß jedes System zur längerfristigen Wahrung seiner Stabilität eines annähernden Gleichgewichts von Beharrung und Innovation bedarf, um nicht einerseits – das wäre aber nicht das Problem der DDR – seine Identität zu verlieren, andererseits durch die unflexible Starrheit jedoch an relativen Kleinigkeiten abrupt zu zerbrechen oder zumindest evolutions-selektive Nachteile zu erleiden. Das geringe Maß der zugelassenen eigengesetzlichen Problemlösungskapazität erschwert die angemessene Verarbeitung des technischen, kulturellen und sozialen Wandels.

In der personalen Dimension werden durch die gegebene Ausgestaltung des gerichtlichen Rechtsschutzes die Interessen der einzelnen Bürger überlagert und ausgeblendet, ohne daß das Gesamtsystem in gleichem Maße davon Nutzen hätte. Unabhängig von der Realisierung materieller Interessen ist jedoch die Rechtsschutzlage für den Einzelnen dadurch gekennzeichnet, daß auf manchen, auch wichtigen Gebieten Entscheidungsverfahren, in denen er als gleichberechtigter Teil mitwirken kann, überhaupt nicht eingerichtet sind, seine Herrschaft in Verfahren in anderen Gebieten mehr oder minder stark eingeschränkt ist. Dieser Status verminderter Autonomie führt generell zu einer Schwächung des Engagements im Öffentlichen Leben. Die heteronome Verfassung setzt sich über den Bereich des Einzelnen in der Staatlichen Gerichtsbarkeit hinaus fort auch für die Gesellschaftlichen Gerichte. Statt der sozialen Gruppe eine eigene Interessenfindung und -artikulation und Verhaltensregulierung zu erlauben, wird auch sie für staatlich-zentrale Ziele instrumentalisiert. Eine Trennung von familiarer Lebenswelt und gesellschaftlicher Organisation stellt sich über das angemessene Maß hinaus ein – zum entwicklungsdynamischen Nachteil beider.

# Anmerkungen

## zu 1 Einleitung

1 S. das Gesetz vom 12. 1. 1968 zur Bekämpfung von Ordnungswidrigkeiten
2 S. § 2 II der 1. DVO zum EG StGB/StPO – Verfolgung von Verfehlungen – vom 19. 12. 1974, GBl. 1975 I, 128
3 S. § 5 der 1. DVO zum EG StGB/StPO
4 Dies auf der Grundlage von Art. 92 der Verfassung; vgl. auch F. Müller/H. Fritzsche: Gerichtsverfassungsrecht. Staatsanwaltschaftsrecht. Potsdam–Babelsberg 1981
5 Es kann dahingestellt bleiben ob es sich im Selbstverständnis einer Rechtsordnung um anerkannte vorstaatliche oder um allein durch Staatsakt verliehene Rechte und Pflichten (Naturrecht vs. Rechtspositivismus) sowie auch um längere Zeit als rechtens ausgeübte oder nur um gesetzlich fixierte Positionen (Gewohnheitsrecht vs. Gesetzespositivismus) handelt.
6 Dem widerspricht nicht die Möglichkeit der Vollstreckung aufgrund vorheriger Unterwerfung.
7 Etwa im Sinne der ‚verstehenden Soziologie' Max Webers; vgl. ders.: Wirtschaft und Gesellschaft. 5. Aufl. Tübingen 1980, insb. S. 390 ff.
8 S. G. Lehnmann/H. Weber NJ 1969, 609
9 Die in der Bundesrepublik erörterte Eröffnung der Möglichkeit von „Verbandsklagen" würde dieses klassische Schema modifizieren; es ginge dabei um eine kollektive bzw. stellvertretende Rechtsverfolgung in Bereichen nur unzulänglich zu individualisierender Güter wie der Umweltqualität.
10 An dem der Dogmatik gegenüberliegenden Ende der Skala möglicher wissenschaftlicher Betrachtung des Rechtslebens beschäftigt sich die Rechtssoziologie ganz überwiegend mit der Frage der Rechtsrealisierung in Form der Richtersoziologie und der Verfahrenssoziologie.
11 Damals erregte das Verfahrensrecht größeres Interesse, weil das materielle Recht noch weitgehend gleich war.
12 Vgl. dazu: Grundfragen der Durchführung des Rechtspflegeerlasses. Eine Gemeinschaftsarbeit von Wissenschaftlern und Praktikern. Berlin (DDR) 1964.
13 S. die Arbeiten von Brunner, Felgentreu, Gamer und Schattenberg.
14 Vgl. die im Literaturverzeichnis aufgeführten Arbeiten.
15 Hrsg. v. Bundesministerium für Innerdeutsche Beziehungen. Bonn 1972.
16 GBl. I, 457
17 Für die Ausbildung gab es Broschüren des Lehrstuhls Rechtspflege der Akademie für Staats- und Rechtswissenschaft der DDR von den Autoren H. Grieger, 1977; F. Müller/H. Fritzsche, 1981.
18 Vgl. dazu Marxistisch-Leninistische Staats- und Rechtstheorie. Lehrbuch., in dessen Auflage 1975 auf Seite 559 in Anm. 26 das Gerichtsverfassungsrecht bei den Rechtszweigen aufgezählt ist, bei der Auflage 1980 fehlt es hingegen.
19 Siehe den Vorspann zu dem Artikel von G. Lehmann und H. Weber in NJ 1969, 606
20 Wünsche (LAK): Grundlagen der Rechtspflege. Lehrbuch. Berlin 1983
21 Klassisches Beispiel wären Titel wie „Die Aufgaben der Rechtspflege aus gesamtgesellschaftlicher Sicht lösen!" oder auch neuerlich „Die Qualität der Arbeit der Staatsanwaltschaft weiter erhöhen!" (NJ 1984, S. 81)

22 Dazu zählt insbesondere der größte Teil der Artikel in der Neuen Justiz sowie die Broschüren der Babelsberger Akademie.
23 Z. B. die Artikel von G. Lehmann/H. Weber: Theoretische Grundlagen der sozialistischen Rechtspflege; R. Herrmann et al.: Zu einigen theoretischen Grundfragen der sozialistischen Rechtspflege ...; R. Gürtler et al.: Einige wissenschaftliche Aufgaben auf dem Gebiet der Rechtspflege ...
24 Das fällt nicht zusammen mit einer Vorgehensweise der immanenten Deskription, weil die Arbeit insgesamt nicht deskriptiv vorzugehen sucht.
25 Vgl. dazu meine Thesen und die Diskussion in: B. Meissner et al.: Grundsatzfragen der Ostrechtsforschung. Tübingen 1980, S. 107 f. und 129 ff.
26 Und wie Luhmann sagen würde, zum komplexitätsreduzierenden Moment
27 S. dazu statt vieler z. B. M. Greven: Systemtheorie und Gesellschaftsanalyse. Darmstadt und Neuwied 1974; H. Willke: Systemtheorie. Eine Einführung in die Grundprobleme. Stuttgart 1982

## zu Kapitel 2

1 So z. B. das Parteiprogramm in Abschnitt II C.; S. auch meine Kritik dazu in ARSP: 1977, 534 ff.
2 S. z. B. die Verweisung von ‚Gewaltenteilung' auf ‚bürgerliche Verfassung' und deren dortige Kritik im: Wörterbuch zum sozialistischen Staat. Berlin (DDR) 1974.
3 So z. B. in: Justizorgane der Deutschen Demokratischen Republik. Aufbau und grundlegende Aufgaben. Dresden 1977: „Die Justizorgane der DDR sind fester Bestandteil der einheitlichen sozialistischen Staatsmacht", S. 5
4 Im Lehrbuch Wünsche (LAK): Grundlagen der Rechtspflege, wird von einer „arbeitsteiligen Verwirklichung der Aufgaben der sozialistischen Staatsmacht durch die den Volksvertretungen unterstellten Organe" (S. 24) gesprochen.
5 Vgl. Staatsrecht der DDR. Lehrbuch. S. 279
6 Vgl. Art. 89 III Verf.
7 Vgl. Art. 78 II Verf.
8 Verfassung der Deutschen Demokratischen Republik. Dokumente. Kommentar. Hg. v. K. Sorgenicht. et al. 2 Bde. Berlin 1969
9 Die Veränderungen betrafen insbesondere die gesellschaftstheoretischen, staatsorganisatorischen und deutschlandpolitischen Elemente der Verfassung.
10 Unter den Herausgebern finden sich die beiden wichtigsten Funktionsinhaber, der Leiter der zuständigen ZK-Abteilung sowie des Verfassungs- und Rechtsausschusses der Volkskammer.
11 S. Bd. II 427
12 A.a.O.
13 S. Art. 2 Verf. sowie Kap. II Parteiprogramm
14 H. Toeplitz, NJ 1976, 34
15 H. Toeplitz: Beitrag der Gerichte zur Entwicklung und Gestaltung der sozialistischen Gesellschaft. NJ 1979, 524
16 H. Toeplitz, NJ 1984, S. 391
17 Vgl. H.-J. Heusinger: Das neue Gerichtsverfassungsgesetz – wichtige Grundlage für die weitere Erhöhung der Wirksamkeit der Gerichte. NJ 1974, 601
18 Zur Unterscheidung s. o. unter Pkt. 1.2
19 Vgl. E.-G. Severin (Sektorenleiter im Justizministerium): Zur Neufassung des Gerichtsverfassungsgesetzes. NJ 1974, 737
20 S. Staatsrecht der DDR. Lehrbuch. S. 280
21 Müller/Fritzsche differenzieren die Militärgerichte nach dem Personalprinzip und dem Sach(= Gegenstands-)prinzip und betonen unter Verweis auf Art. 101 II Verf., daß sie keine Ausnahmegerichte darstellen.

22 S. Zivilprozeßrecht. Lehrbuch. S. 11
23 A.a.O. S. 32 f.
24 S. Strafverfahrensrecht. Lehrbuch. S. 4
25 A.a.O. S. 25
26 Vgl. Art. 92 Verf.
27 H.-J. Heusinger (Justizminister): Neues Gesetz über die gesellschaftlichen Gerichte. NJ 1982, 146
28 In grober Annäherung hier zunächst etwa mit ,Verwirklichung der (objektiven) Rechtsordnung' zu übersetzen. Zum genaueren Verständnis siehe die Ausführungen und Quellennachweise unter Pkt. 4.1.
29 S. § 31 Satz 1 GGG
30 Vgl. § 13 GGG
31 Vgl. Zivilprozeßrecht. Lehrbuch. S. 85 ff.
32 Vgl. die Ausführungen über das Antragserfordernis bei Müller/Fritzsche: Gerichtsverfassungsrecht. Staatsanwaltschaftsrecht. S. 58 ff.
33 Vgl. § 1 I StPO
34 S. Zivilprozeßrecht. Lehrbuch. S. 85
35 A.a.O.
36 A.a.O. S. 131
37 Im Gegensatz zur sozialwissenschaftlichen Betrachtung im nächsten Abschnitt
38 Anzumerken ist noch der Gebrauch des normativen Indikativs, der als feierliche Versicherung oder quasi-magische Beschwörung zu verstehen ist.
39 Oder entsprechend der Dualität von objektivem und subjektivem Recht
40 S. Verfassungskommentar II, S. 427
41 Zu dieser semantischen Doppeldeutigkeit siehe hinsichtlich der sowjetischen Grundrechtssituation meinen Beitrag in: Kommunität Nr. 88 (1978) S. 127 ff.
42 Vgl. Verfassungskommentar a.a.O.
43 Vgl. dazu meinen Beitrag „Staats- und Demokratieauffassung in der DDR" in: DDR-Report 1978 S. 721 ff.
44 S. den Rechtszustand nach dem alten Gesetz vom 11. 06. 1968. GBl. I, 229
45 Zu der Frage, ob die bildhaften Ausdrücke Verzahnung oder Überlappung oder Integration angemessen sind, siehe unten unter Pkt. 3.3.
46 Früher wurde an dieser Stelle der stärkere Ausdruck der ,Sozialistischen Menschengemeinschaft' benutzt.
47 Siehe fallweise §§ 85–104, 112 StGB
48 Sieht man von der – leider metaphysisch geratenen – Strafrechtslehre Hegels ab, auf die sich die DDR jedoch nicht stützt. Die Todesstrafe in der DDR ist mehr einem alten (Klassen-)Kampfdenken verhaftet.
49 Vgl. dazu meinen Beitrag „Das Neue Arbeitsgesetzbuch der DDR" in: RdA 1978 356 ff.
50 Daneben bestünde eine sozialwissenschaftliche Rechtsentstehungstheorie, die nicht von einer vorstaatlichen, vorgesellschaftlichen oder gar vormenschlichen ,natürlichen' Existenz der Rechtsnormen ausgeht oder die Entstehungskette unvermittelt, wie etwa die Reine Rechtslehre, mit dem „Gesetzgeber" abbricht.
51 S. z. B. den Sammelband: Methodologische Probleme der Sozialwissenschaften. Hg. v. K. Acham. Darmstadt 1978
52 S. dazu grundlegend T. Parsons: Zur Theorie sozialer Systeme. Opladen 1976
53 In zwei wichtigen Bereichen, der strafrechtlichen Sozialprognose sowie der familienrechtlichen Bestimmung des Kindeswohls ist die klassische Grundlage auch in der Bundesrepublik verlassen.
54 Den weitestgehenden Fall stellen die Plangesetze dar. Vgl. allgemein H. Rodingen: Die gegenwärtige rechts- und sozialphilosophische Diskussion in der Sowjetunion. ARSP 1970, 209–244; N. Reich: Alternative Rechtsformen – von Rechtsnormen und subjektiven Rechten zu Aufgabennormen und Mitgestaltungsrechten – eine Skizze. In: Jahrbuch für Rechtssoziologie und Rechtstheorie VI. Opladen 1980, 410–424

55 Das gilt strukturell auch für die anderen wichtigen Bereiche der DDR wie z. B. den Sozialistischen Realismus, die Sozialistische Warenproduktion oder die Sozialistische Persönlichkeit.

56 S. H. Kern: Wirksame Tätigkeit der Gerichte. NJ 1981, 154

## zu Kapitel 3

1 Daneben werden noch die materiellen ‚Rechtszweige' des Staatsrechts, Verwaltungsrechts, Finanzrechts, Wirtschaftsrechts, LPG- und Bodenrechts ausgewiesen; vgl. Marxistisch-leninistische Staats- und Rechtstheorie. Lehrbuch, S. 551 ff.

2 Zum Verhältnis von Arbeitsrecht und Neuererrecht s. Arbeitsrecht. Lehrbuch, S. 50 f.

3 Die im 15. Kapitel des Arbeitsgesetzbuches geregelte Materie der „Sozialversicherung der Arbeiter und Angestellten" unterliegt nicht der gerichtlichen Rechtsprechung, sondern einem Verfahren vor speziellen „Beschwerdekommissionen"; s. u. Pkt. 3.5.2.

4 1983 führten 68.733 Strafverfahren zu Verurteilungen, 21.904 Fälle wurden an die Gesellschaftlichen Gerichte übergeben; die Gerichte verhandelten 52.219 Zivilrechts-, 89.184 Familienrechtsfälle, darunter 62.297 Ehescheidungen, sowie 14.949 Arbeitsrechtssachen. Die Strukturangaben der Arbeitsrechtssachen lauten:
1.974 Beendigung des Arbeitsrechtsverhältnisses,
2.175 Forderung von Lohn, Gehalt und sonstiger Vergütung,
942 Rückforderung von Lohn, Gehalt und sonstiger Vergütung,
4.347 Materielle Verantwortlichkeit des Betriebs bzw. Werktätigen sowie
5.350 sonstige Arbeitsrechtsstreitigkeiten.
Vgl. Statistisches Jahrbuch der DDR 1984, S. 383 ff.

5 Die gerichtliche Entscheidung begründet Schmitt, S. 133, damit, daß entgegenstehende Gründe eine Entmündigung oder der Verlust der staatsbürgerlichen Rechte sein kann und über diese die Gerichte zu entscheiden haben; in diesem Sinne auch Wünsche (LAK): Grundlagen der Rechtspflege, S. 52.

6 Gesetz über die Wahlen zu den Volksvertretungen der DDR – Wahlgesetz v. 24. 6. 1976 i. d. F. des Gesetzes zur Änderung des Wahlgesetzes v. 28. 6. 1979, GBl. I, 139

7 Gesetz über das Staatliche Notariat – Notariatsgesetz – v. 5. 2. 1976, GBl. I, 93

8 Gesetz über die Einweisung in stationäre Einrichtungen für psychisch Kranke v. 11. 6. 1968, GBl. I, 273

9 1. Durchführungsverordnung zum Einführungsgesetz zum Strafgesetzbuch und zur Strafprozeßordnung – Verfolgung von Verfehlungen – v. 19. 12. 1974, GBl. I 1975, 128

10 Gesetz über die landwirtschaftlichen Produktionsgenossenschaften – LPG-Gesetz – v. 2. 7. 1982, GBl. I, 44

11 Vgl. dazu: Zivilprozeß. Lehrbuch S. 165

12 v. 20. 1. 1983, GBl. I, 33

13 § 17 des Gesetzes über die Entschädigung bei Inanspruchnahme nach dem Aufbaugesetz – Entschädigungsgesetz – v. 25. 4. 1960, GBl. I, 257; das Atomenergiegesetz und die Finanzierungs- und Entschädigungsverordnung hinsichtlich der Landesverteidigung nehmen darauf Bezug, vgl. Zivilprozeßrecht. Lehrbuch, S. 164, Anm. 49.

13a v. 6. 12. 1968, GBl. II 1969, 61

14 Gesetz über die Gewährung des Aufenthaltes für Ausländer in der DDR – Ausländergesetz – v. 28. 6. 1979, GBl. I, 149

15 Zivilprozeßrecht. Lehrbuch, S. 158

16 1971 wurde die Behandlung neuererrechtlicher Streitigkeiten umgestellt von besonderen Kommissionen auf die Gerichte; 1974 wurden die Beschwerdeausschüsse zur Behandlung von Verwaltungsrechtsstreitigkeiten abgeschafft.

17 Zivilprozeßrecht. Lehrbuch, S. 164

18 Vgl. dazu meinen Aufsatz „Das neue Arbeitsgesetzbuch der DDR" in RdA 1978, S. 356 ff.

19 Vgl. Zivilprozeßrecht. Lehrbuch, S. 30 ff.; Bodenrecht. Lehrbuch. Berlin (DDR) 1976, S. 89 ff; LPG-Recht. Lehrbuch. Berlin 1976, S. 120 ff.
20 S. Urteil v. 23. 07. 1976, NJ 1976, S. 661 f.
21 Nach Wünsche (LAK): Grundlagen der Rechtspflege, S. 79
22 Z. B. in Dresden und Leipzig; vgl. Grieger: Gerichtsverfassungsrecht, S. 109 Anm. 12; manchmal ist die Zuständigkeit für einen Land- u. Stadtkreis zusammengefaßt, z. B. in Stralsund, Wismar, Brandenburg, Eisenhüttenstadt, Görlitz und Plauen. S. Beschluß des Staatsrates über die Bildung von Kreisgerichten für mehrere Kreise v. 28. 02. 1979, GBl. I 67
23 Früher „Stadtgericht von Groß-Berlin"; s. zur jetzigen Bezeichnung Wünsche (LAK): Grundlagen der Rechtspflege, S. 79
24 Müller/Fritzsche: Gerichtsverfassungsrecht. Staatsanwaltschaftsrecht, S. 19
25 Vgl. Grieger, a.a.O., S. 16
26 Vgl. G. Schüßler (LAK): Der Demokratische Zentralismus. Theorie und Praxis. Berlin (DDR) 1981
27 § 30 III GVG, § 28 I des Gesetzes über den Rechtsschutz für Erfindungen – Patentgesetz – v. 27. 10. 1983, GBl. I, S. 284
28 Seehandelsschiffahrtsgesetz der DDR – SHSG – v. 5. 2. 1976, GBl. I, S. 109
29 Vgl. P. Glotz: Stammbelegschaften, Warum? Wie? Berlin (DDR) 1981
30 S. 1. DB zur ZPO – Zuständigkeit des Kreisgerichts in Arbeitsrechtssachen
31 S. 1. DB zum EG StGB/StPO – Verfolgung von Verfehlungen; insbesondere § 3
32 Vgl. das 5. Kap. der Strafprozeßordnung, §§ 283 ff. sowie den 3. Teil der Zivilprozeßordnung, §§ 147
33 S. §§ 158 f. ZPO; 305 ff. StPO
34 Außer bei Scheidungsurteilen; s. §§ 149 ZPO, 287 ff. StPO
35 Vgl. Verwaltungsrecht. Lehrbuch, S. 336
36 Vgl. § 59 GVG
37 Vgl. § 280 StPO
38 Vgl. § 277 StPO
39 Vgl. § 16 GVG
40 Eine andere Situation ergibt sich bei veränderter Tatsachen- u. Beweislage in Form des Wiederaufnahmeverfahrens.
41 Die Zuständigkeit erstreckt sich neben Militärpersonen auf Zivilbeschäftigte der NVA, der Grenztruppen, der Zivilverteidigung und der Organe des Wehrersatzdienstes.
42 S. Grieger: Gerichtsverfassungsrecht, S. 19
43 Vgl. § 11 II Nrn. 1–3 MilGO
44 S. Müller/Fritzsche, S. 20
45 A.a.O.
46 Grieger: Gerichtsverfassungsrecht, S. 19; vgl. aus westlicher Militärsicht W. Rehm: Das Militärstrafrecht der DDR als ideologisches Instrument. ROW 1976, S. 121–128, insbesondere Kap. III: Militärgerichtsbarkeit, S. 125 ff.
47 Dafür sorgen die ‚Politorgane' und die Parteiorganisationen in den Streitkräften.
48 Es ließe sich darüber diskutieren, ob solche Privilegien in Zeiten, in denen Front und Hinterland noch getrennt waren, aufgrund einer höheren persönlichen Opferbereitschaft legitimierbar waren.
49 Das frühe Bürgertum forderte, nicht von höherrangigen Adeligen abgeurteilt zu werden, von einer Abschottung nach unten ist nichts bekannt; nach der gleichen Logik müßten auch die Schöffen im Zivilbereich schichtenspezifisch herangezogen werden.
50 So könnte man die Paradoxie aufstellen, daß zwar alle Bürger gemäß Art. 20 I Satz 2 Verf. vor dem Gesetz gleich sind, für Militärpersonen aber eine Drei-Klassen-Gerichtsbarkeit besteht.
51 S. den Beschluß des ZK der SED und des Ministerrats vom 06. 08. 1974, GBl. I, 389
52 S. NJ 1969, 566 ff.

53 Vgl. F. Engels in MEW, Bd. 19, S. 224
54 S. W. Weichelt, NJ 1982, 148
55 A.a.O.
56 S. H. Kern, Der Schöffe 1980, S. 245 (248)
57 Für beides H. Grieger: Das Wesen der gesellschaftlichen Gerichte in der DDR. StuR 1982, 311 (316)
58 F. Posorski: Staat, Recht und gesellschaftliche Gerichte. StuR 1983, 178 (181)
59 A.a.O.; auch Wünsche kommt im Lehrbuch „Grundlagen der Rechtspflege" zu dem Ergebnis, daß „die GG in ihrer Rechtsprechung staatliche Macht ausüben" (S. 77), desgleichen sprechen Müller/Wünsche ebenfalls eindeutig davon, daß die Rechtsprechung der Gesellschaftlichen Gerichte „wie die aller anderen Glieder des einheitlichen Gerichtssystems Ausübung staatlicher Macht (ist)" (StuR 1984, S. 414).
60 In diesem Sinne etwa K. Görner/R. Sokolow, Der Schöffe 1983, 76–80, die von einer „Einheit staatlicher und gesellschaftlicher Organe" sprechen.
61 Diese Zurücknahme der Trennung von Staat und Gesellschaft müßte für die DDR kein Voranschreiten zu neuen Ufern bedeuten, sondern könnte auch ein Rückschritt in vorbürgerliche Verhältnisse darstellen.
62 Vgl. Müller/Fritzsche S. 22
63 S. NJ 1982 S. 294, Tabelle
64 S. für den ganzen Absatz § 4 GGG
65 S. Presse-Informationen 1984 Nr. 102, S. 6
66 S. § 5 GGG
67 Vgl. §§ 13 f. GGG
68 S. Statistisches Jahrbuch der DDR 1984, S. 386
69 S. Presse-Informationen 1984 Nr. 102, S. 6
70 A.a.O.
71 Vgl. NJ 1982 S. 146 und 152
72 S. Sahr, Arbeit und Arbeitsrecht 1983, S. 165 (166), ‚materielle Verantwortlichkeit' ist die Schadensersatzpflichtigkeit des Werktätigen im Rahmen erzieherischer Absichten.
73 S. Presse-Informationen 1984 Nr. 102, S. 6
74 S. NJ 1982, 146
75 R. Winkler, Der Schöffe, 1979
76 S. § 20 GGG
77 S. § 18 VI GGG
78 Wünsche (LAK): Grundlagen der Rechtspflege, S. 115
79 S. C. Löhn, NJ 1982, 150
80 Vgl. §§ 21, 28, 34, 42, 47 SchKO; 24, 30, 36, 44, 49 KKO
81 Schulz in StuR 1967, 44, 48
82 Film im DDR-Fernsehen 1980 „Jackis Liebe" aus der Reihe: Der Staatsanwalt hat das Wort
83 S. NJ 1982, 294
84 Presse-Informationen 1984 Nr. 102, S. 6
85 Müller: Wirksamkeit der gesellschaftlichen Gerichte. NJ 1982, 154
86 S. NJ 1982, 294, Tabelle sowie NJ 1982, 147
87 S. ND v. 7. 3. 1984
88 Vgl. § 22 IV. GGG
89 S. § 30 GGG sowie den Beschluß des Präsidiums des Bundesvorstandes des FDGB v. 26. 03. 1982
90 S. § 23 II GGG
91 S. Pkt. 2.1 des FDGB-Beschlusses
92 S. Der Schöffe 1974, 290
93 Vgl. Art. 9 III Verf.
94 Diese Interpretation geht auf Gedanken zurück, die nach meiner Erinnerung B. Bösche seinerzeit im Seminar formulierte.

95 S. NJ 1983, 138
96 Daneben trifft eine erhöhte eigene Verpflichtung die Parteimitglieder, Gewerkschaftsfunktionäre, Angehörigen der ABI, Schöffen etc.
97 So gleichlautend §§ 4 I und 14 I StVG-VO
98 S. § 14 III StVG-VO; in der Industrie gibt es seit 1972 keine halbstaatlichen Betriebe mehr.
99 Zur Struktur s. § 10 I StVG-VO
100 S. L. Penig (LAK): Wirtschaftsrecht. Grundriß. Berlin (DDR) 1978, 138; Wünsche (LAK): Grundlagen der Rechtspflege, spricht von einer „zu Mißverständnissen Anlaß gebenden Verwendung des Gerichtsbegriffs" (S. 76).
101 Das in § 14 noch angesprochene Ausgleichsverfahren findet nicht mehr statt; vgl. die Anm. zu § 14 II Ziff. 3 in: Gesetz über das Vertragssystem in der sozialistischen Wirtschaft. Textausgabe. Berlin (DDR) 1976.
102 S. § 37 II StVG-VO
103 S. Präambel der StVG-VO
104 S. Wirtschaftsrecht. Grundriß, S. 138
105 S. Präambel StVG-VO
106 S. die zitierten Arbeiten von Reich und Rodingen
107 Hinsichtlich der zur Verfügung stehenden Maßnahmen s. §§ 37 ff. StVG-VO
108 S. die auf der Grundlage des § 22 des neuen Vertragsgesetzes v. 25. 3. 1982, GBl. I, S. 293 erlassene 4. DB zur VO über die Aufgaben und die Arbeitsweise des Staatlichen Vertragsgerichts – Ausspruch von Anerkennungen und Durchführung von Kontrollverfahren – v. 6. 12. 1983, GBl. I 1984, S. 1
109 S. Wirtschaftsrecht. Grundriß, S. 138
110 S. § 1 StVG-VO
111 S. StuR 1964, 1044 (1051)
112 Vgl. § 4 I sowie 25 I StVG-VO
113 S. Präambel StVG-VO
114 S. NJ 1969, 606 (609)
115 S. StuR 1964, 2100 (2111)
116 Unter diesem Gesichtspunkt stellt sich dann eher die Frage, warum das Entscheidungsverfahren soviel justizförmige Elemente enthält; s. dazu meinen Beitrag „Alternativen zum Recht in sozialistischen Staats- und Gesellschaftsordnungen?" In: Jahrbuch für Rechtssoziologie und Rechtstheorie VI, 439 (442).
117 S. Wirtschaftsrecht. Grundriß, S. 139
118 Die Ausnahmen s. o. unter Punkt 3.1.1
119 So schlicht und klar das Verwaltungsrechtslehrbuch, S. 336; in letzter Zeit hat sich über diese Frage jedoch eine Diskussion ergeben. Vgl. auf der einen Seite z. B. Bernet: Gerichtliche Nachprüfbarkeit von Verwaltungsakten in der DDR? mit einem weitgehenden Enumerativkatalog, traditionell restriktiv hingegen z. B. Büchner-Uhder, StuR 1984, S. 581 ff.
120 Art. 48 ist dabei im Zusammenhang mit Art. 1 Verf. zu lesen: Die Partei als außerstaatliche Institution ist in Wahrnehmung ihrer ‚führenden Rolle' zur Korrektur staatlicher Entscheidungen berechtigt.
121 Mit Blick auf die Erfahrungen der Weimarer Republik ließe sich über die Berechtigung einer solchen Grundentscheidung diskutieren, wenn sich das Problem in der gleichen Form wie damals: hier demokratische neue Volksvertretung – dort reaktionäre überkommene Justiz, stellen würde.
122 Vgl. den Unterschied auch in Art. 48 II Satz 2 Verf. in Beschlußfassung und Durchführung und die Charakterisierung des Ministerrats als Organ der „Durchführung der Staatspolitik" in Art. 76 I Verf.
123 Im Unterschied zur Eigenständigkeit einer Gewalt in der westlichen Lehre
124 S. insgesamt den Erlaß des Staatsrates der DDR über die Bearbeitung der Eingaben der Bürger v. 20. 11. 69. GBl. I, S. 239

125 S. § 22 II Eingabenerlaß
126 S. § 25 I lit. b) Eingabenerlaß
127 S. § 25 I lit. a) Eingabenerlaß
128 S. § 26 I Eingabenerlaß
129 So stellt sich die Frage, ob z. B. Verkehrsführungs-, Umwelt- und Atomkraftwerksprobleme nach rein rechtlichen Gesichtspunkten gegenüber einem einzelnen betroffenen Bürger adäquat behandelt werden können.
130 V. 28. 11. 74 GBl. I, S. 563, nachdem durch die Verfassungsänderung von 1974 die verfassungsmäßige Einrichtungsgrundlage entzogen war.
131 Die ausgestaltende Rechtsgrundlage, der Eingabenerlaß, wurde 1975 durch das Eingabengesetz aufgehoben; s. dort § 14 II.
132 S. insbesondere die Dissertation von A. Zschiedrich, 1973, S. 215 ff.
133 S. G. Egler/H.-D. Moschütz in StuR 1975, S. 357 (367)
134 Diese Regelung soll daraus folgen, „daß die Sozialversicherung vornehmlich *Pflicht*versicherung ist." (Wünsche [LAK]: Grundlagen der Rechtspflege, S. 51), also wohl mehr zum gerichtlich-rechtsschutzfreien Verwaltungsrecht hin tendiert.
135 S. allgemein den Beschluß des Ministerrates und des Bundesvorstandes des FDGB zur Richtlinie über die Wahl, Aufgabe und Arbeitsweise der Beschwerdekommission für Sozialversicherung des FDGB v. 21. 02. 78.
136 Auf der Grundlage des Art. 45 III Verf.
137 S. Ziff. 4 der Richtlinie
138 S. Ziff. 9 II der Richtlinie
139 S. Ziff. 2 1. Spiegelstr. der Richtlinie
140 S. Ziff. 43 der Richtlinie
141 Das Beschwerdeverfahren in SV-Streitfällen (I). Tribüne v. 6. 12. 1984
142 Nach einer Information wurden 1984 bei den Kreisbeschwerdekommissionen rd. 4.400 Einsprüche eingelegt, von denen etwa 1/4 erfolgreich war. Bei den Bewirksbeschwerdekommissionen wurden als Rechtsmittelinstanz 780 Einsprüche eingelegt; davon führten 150 zum Erfolg. Die Zentrale Beschwerdekommission hob als Kassationsinstanz 8 Beschlüsse auf, wobei in 6 Fällen die Wiederaufnahme des Verfahrens veranlaßt wurde.
143 VO über die Wahl, Aufgaben und Arbeitsweise der Beschwerdekommissionen für die Sozialversicherung bei der Staatlichen Versicherung der Deutschen Demokratischen Republik – Beschwerdekommissionsordnung – v. 4. 5. 1979, GBl. I, S. 106.
144 Vgl. allgemein Verwaltungsrecht. Lehrbuch S. 282
145 Das Verwaltungsrechtslehrbuch sucht auf S. 343 eine pragmatische eindeutige Rangfolge festzulegen. Besser wäre es, die Rechtsmittelbeschwerde als „Einspruch" zu bezeichnen. Es fragt sich, ob dieser Begriff für die DDR zu antagonistisch klingt.
146 S. W. Bernet in StuR 1981, S. 733
147 Vgl. allgemein G. Duckwitz: Entscheidungen über Rechtsmittel gegen Ordnungsstrafmaßnahmen. NJ 1983, S. 122
148 S. allgemein S. Lörler: Das Staatshaftungsrecht und seine Anwendung, Potsdam–Babelsberg 1981, S. 146, insbesondere den 5. Abschnitt
149 Dort besteht die einzige selbständige Rechtsmittelregelung in der Verordnung über das Beschwerdeverfahren bei der Erhebung von Steuern und Abgaben v. 04. 01. 72. GBl. II, S. 17.
150 S. die Verordnung über die Durchführung von Veranstaltungen (Veranstaltungsverordnung – VAVO) v. 30. 06. 80. GBl. I, S. 235
151 Beide v. 24. 06. 71. Gesetzblatt I, S. 49 (Gesetz); Gesetzblatt II, S. 465 (Verordnung)
152 S. K. Bönninger in StuR 1980, S. 932
153 S. W. Bernet in StuR 1981, S. 733; eine Verbesserung schlagen auch H. Pohl/G. Schulze in StuR 1981, S. 406 ff. vor; des weiteren auch R. Schmitt in seiner Dissertation im IV. Kapitel „Zusammenfassung und Vorschläge für die Gesetzgebung", S. 188 ff.; auch K. Sorgenicht: Unser Staat in den achtziger Jahren. Berlin (DDR) 1982, S. 185

154 S. W. Bernet in StuR 1981, S. 739

155 So R. Schmitt, S. 118 f.; die letzte Kategorie scheint sehr restriktiv gewählt, da nach einem anderen Beispiel ein Drittel der Beschwerden Erfolg hatte, doch wohl mehrheitlich wegen der Rechtswidrigkeit der Verfügung; vgl. Bernet, S. 739.

156 S. die tabellarische Beispielsübersicht bei W. Bernet in StuR 1981, S. 738; vgl. auch Verwaltungsrecht. Lehrbuch, S. 340

157 S. R. Schmitt, S. 93; Schmitt mutmaßt, daß einige bei der Neuregelung schlicht „vergessen" (S. 99) worden sind.

158 Vgl. R. Schmitt, S. 113; zur Illustration sei ein Beispiel zitiert aus der Ordnungsstrafverfügung des VPKA 6550 Schleiz, Az. 329 B 706515 v. 28. 05. 82: „Gegen diese Ordnungsstrafverfügung steht ihnen das Rechtsmittel der Beschwerde zu. Die Beschwerde ist innerhalb von zwei Wochen bei der obigen Dienststelle schriftlich einzulegen und zu begründen oder mündlich zu Protokoll zu erklären. Die Beschwerde hat keine aufschiebende Wirkung."

159 S. Schmitt, S. 113

160 S. Bernet, StuR 1981, 739

161 S. Schmitt, S. 139

162 S. Bernet, StuR 1981, 740

163 S. Schmitt, 117

164 S. Schmitt, S. 122

165 Das ist das Kennzeichen des Beschwerdeverfahrens; Verfahren, in denen bei Nichtstattgabe ein Bescheid an den Bürger ergeht und dieser dann die Möglichkeit hat, sich an das nächsthöhere Organ zu wenden, wären als „Einspruchsverfahren" zu kennzeichnen, wie eigentlich auch das Entschädigungsverfahren; vgl. Schmitt S. 98 ff.

166 Vgl. Schmitt, S. 146

167 Vgl. Schmitt, S. 98 u. S. 151

168 S. § 34 IV OwG

169 S. G. Duckwitz in NJ 1983, 122

170 Vgl. Verwaltungsrecht. Lehrbuch. S. 343

171 Gesetz über die Bearbeitung der Eingaben der Bürger v. 19. 6. 1975

172 Im Zusammenhang mit den Wahlen zur Volkskammer und zu den Bezirkstagen im Jahre 1976 sollen von den Bürgern 140.000 Eingaben, bei den Gemeinde- und Kreistagswahlen 1979 163.000 Eingaben eingebracht worden sein (StuR 1981, 401); im Bezirk Potsdam wurden im Jahr 1978 über 36.000 Eingaben vorgebracht (NJ 1979, 246); wieviel davon jeweils Beschwerden wegen Verletzung der Gesetzlichkeit waren, wird nicht mitgeteilt, es wird wohl auch nicht immer von den Bürgern unterschieden.

173 Der Sache förderlicher wäre, wenn die Weiterleitung „unverzüglich" zu erfolgen hätte.

174 S. Pohl/Schulze in NJ 1979, 246 (247)

175 So K. Kleinert, in: NJ 1984, S. 394

176 Ein typischer Fall wäre etwa, daß das vorgesetzte Organ mit dem Bürger der Meinung ist, der anhängige Fall sei unrichtig entschieden worden, aus Gründen der Wahrung der „Autorität" der Verwaltung das Unterorgan aber nicht anweist, den vorliegenden Einzelfall nachträglich zu korrigieren, sondern für die Zukunft anders zu verfahren. Das ist politisch sehr begrüßenswert, nützt dem betroffenen Bürger aber wenig.

177 S. dazu unten Pkt. 5.2.1

178 S. Verwaltungsrecht. Lehrbuch, S. 330

179 Vgl. a.a.O., S. 333

180 S. a.a.O.

181 S. NJ 1982, 7 (8)

182 S. Müller/Fritzsche S. 66 „Anspruch der Bürger auf das Tätigwerden des Staatsanwalts entsprechend dem Gesetz"

183 S. Harrland in NJ 1982, 7 (8)

184 S. Art. 45 II Verf. und gleichlautend § 8 I AGB

185 S. Verfassungskommentar II, 220
186 S. Arbeitsrecht. Lehrbuch, S. 109
187 S. Verwaltungsrecht. Lehrbuch, S. 321; Zahlenangaben im statistischen Jahrbuch 1982 unter Abschnitt XXV. 9: Mitarbeit der Bürger in gesellschaftlichen Gremien
188 S. Verwaltungsrecht. Lehrbuch, S. 314
189 Nach einem Zitat von Lenin; s. Verwaltungsrecht. Lehrbuch, S. 330
190 Vgl. dazu Zschiedrich: Die juristischen Garantien ..., S. 228 ff. „Untersuchung von Eingaben, die Fragen der Beeinträchtigung von Grundrechten betreffen"
191 Um künstlerisch tätig sein zu können, bedarf es in der DDR der Mitgliedschaft in einem entsprechenden Verband. Eine Ausnahme bilden in gewisser Weise die Kirchen, wo im Detail staatlich unkontrollierte Aktivitäten stattfinden.
192 So der Titel des Protokolls des Internationalen Symposiums des Lehrstuhls Arbeitsrecht der ASR der DDR vom 8.–20. September 1979
193 S. Müller/Fritzsche, S. 163
194 S. Verfassungskommentar II, S. 471 ff.
195 Von denen hieß es seinerzeit, daß Ihre „Tätigkeit ... eine wesentliche Voraussetzung dafür (ist), die Funktion der Kontrolle über die Wahrung der Rechte der Bürger unablässig zu stärken, das System des Schutzes der Rechte der Bürger weiter auszubauen" (Ritter: Eingabenarbeit S. 86)
196 S. Bönninger in StuR 1980, S. 933; ähnlich U.-J. Heuer: Recht und Wirtschaftsleitung im Sozialismus. Berlin (DDR) 1982, S. 207: „Ohne ein entsprechendes Verfahrensrecht, ohne die Festlegung, wie und bei wem ich meine Rechte durchsetzen kann, ist das materielle Recht letztlich wirkungslos".
197 S. Bernet in StuR 1981, 732
198 S. E. Poppe (LAK): Grundrechte des Bürgers in der sozialistischen Gesellschaft. Berlin (DDR) 1980, S. 210
199 S. a.a.O., S. 215, 213, 219
200 Das muß nicht unbedingt durch Staatseigentum geschehen, es wären auch unter dem Stichwort der Sozialpflichtigkeit obligationsmäßige Lösungen denkbar.
201 Wünsche (LAK): Grundlagen der Rechtspflege, S. 62 f.
202 Daran ändert nichts, daß der Staatsrat für seine Tätigkeit der Volkskammer verantwortlich ist, es könnte eben der Umfang der Tätigkeit im Streit sein.
203 Im System der politischen Organisation der DDR ist die Frage schnell geklärt: solche Fragen werden im Parteiapparat der SED entschieden.
204 S. allgemein das Statut des Ministeriums (vgl. Gesetzesregister)
205 S. Wünsche in NJ 1969, 65
206 S. § 7 II des Statuts
207 S. § 7 I des Statuts
208 S. Wünsche in NJ 1969, 71
209 S. a.a.O.
210 S. dazu W. Maser: Aufgaben und Ergebnisse der Weiterbildung von Richtern und Notaren (NJ 1979, 438), wonach neben Lehrgängen für Direktoren für Richter auf Spezialgebieten alle 2 Jahre und für Richter, die Straftaten gegen die Volkswirtschaft bearbeiten, jährlich durchgeführt werden sollen.
211 S. Heusinger in NJ 1976, 379
212 S. § 4 des Statuts
213 Wünsche (LAK): Grundlagen der Rechtspflege, S. 107
214 S. Wünsche in NJ 1969, 67
215 S. § 1 III des Statuts
216 S. Heusinger in NJ 1976, 379
217 Wünsche (LAK): Grundlagen der Rechtspflege, S. 108
218 S. Grieger, 97
219 S. § 18 des Statuts

220 S. § 5 MilGO
221 Vgl. §§ 4 III des Statuts, 21 III GVG
222 S. Verfassungskommentar II, 333
223 Gruel et al. (GR): Staatsrecht der DDR, S. 361
224 S. Verfassungskommentar II, 333
225 Wünsche (LAK): Grundlagen der Rechtspflege, S. 99
226 Vgl. §§ 33 ff. StGB
227 Gruel et al. (GR) 1984, S. 361
228 S. Präambel des Parteistatuts
229 Vgl. Art. 1 Satz 2 Verf.
230 S. Lehmann/Weber in NJ 1969, 607
231 S. Parteistatut, Pkt. 57 a)
232 S. Naumann in NJ 1970, 129
233 S. Naumann in NJ 1970, S. 130 f.
234 Vgl. Parteistatut, Pkt. 63
235 Vgl. Parteistatut, Pkt. 1 f.
236 S. Parteistatut, Pkt. 63

## zu Kapitel 4

1 Die DDR spricht von Berufsrichtern, z. B. in Art. 96 II Verf., aber bei einer längstens 5-jährigen Amtszeit scheint die Bezeichnung etwas zu hochgegriffen. Auch wenn die Richter im Normalfalle jedesmal wieder berufen werden, haben sie doch nicht die für eine berufliche Lebensperspektive notwendige Sicherheit.
2 Bis Ende 1983 wurden die Richter des Patentgerichts entgegen Art. 94 II der Verfassung gem. § 3 der Patentgerichtsverordnung von 1951 von der Staatlichen Plankommission vorgeschlagen und vom Justizministerium ernannt.
3 S. Toeplitz in NJ 1968, 327
4 Vgl. § 3 I der Wahlordnung v. 1979 sowie § 2 I der v. 1981
5 Die Aufstellung lehnt sich an Grieger, S. 30 f. an.
6 S. Benjamin in NJ 1979, 388
7 S. NJ 1984, S. 301
8 S. ND v. 29. 3. 1979 S. 3
9 S. G. Schulze (LAK): DDR – Gesellschaft, Staat, Bürger. Berlin (DDR) 1978, S. 228
10 S. NJ 1984, S. 94, 301; Tribüne v. 19. 4. 1984, S. 3
11 S. NJ 1984, S. 95
12 S. NJ 1984, S. 301
13 S. Kern in NJ 1977, 317 (320)
14 S. Heusinger in NJ 1976, 217 (221)
15 S. Presse-Informationen 1984 Nr. 102, S. 6; 12.000 von ihnen oder gut ein Viertel sind zugleich Mitglieder oder Vorsitzende von Gesellschaftlichen Gerichten (s. ND v. 9. 4. 1984).
16 S. Heusinger in NJ 1981, 201
17 S. Stat. Jahrbuch der DDR 1984, S. 398
18 S. NJ 1984, S. 301
19 S. W. Müller, Der Schöffe 1984, S. 156
20 S. Tabelle in NJ 1982, 294
21 S. § 8 II GGG
22 S. AuA 1983, 167
23 A.a.O.
24 A.a.O.
25 S. Presse-Informationen 1984 Nr. 102, S. 6

26 S. NJ 1984, 301
27 A.a.O.
28 A.a.O.
29 A.a.O.
30 S. Beyer; Wenn Streit sich nicht vermeiden läßt, S. 34; auch in Tribüne v. 3. 4. 1984, S. 6
31 S. Redlich/Müller in NJ 1981, 405 ff.
32 S. § 16 MilGO
33 S. Art. 94 I Verf. und § 44 I GVG
34 S. Benjamin in NJ 1979, 388
35 S. Art. 94 I Verf. und § 44 I GVG
36 S. Heusinger in NJ 1979, 151
37 S. Grieger: Gerichtsverfassungsrecht, S. 24
38 S. § 6 I GGG
39 S. Kranke (seinerzeit Leiter der Rechtsabteilung des FDGB) in AuA 1975, 60; neuerlich bekräftigt in Otte/Sahr/Herzog 1984, S. 13
40 S. die Ordnung über die Verleihung des Ehrentitels von 1979
41 S. § 55 GVG, dazu die Disziplinarordnung von 1978
42 S. § 16 III Disziplinarordnung
43 S. § 14 I Disziplinarordnung
44 S. § 17 I, II Disziplinarordnung
45 S. § 53 GVG
46 Dies stellt eigentlich einen Verstoß gegen Art. 95 Verfassung dar, da die Wähler die Bürger sind.
47 S. § 24 MilGO
48 S. § 53 IV GVG
49 S. § 6 VI GGG
50 Wissenschaftliche Zeitschrift der Universität Halle 1982 G, Heft 1, S. 21 (24)
51 Gleichlautend auch § 5 GVG
52 S. Grieger: Gerichtsverfassungsrecht, S. 32
53 A.a.O.
54 Vgl. dazu allgemein Grieger a.a.O., S. 50
55 Vgl. §§ 7 GVG, 73 ff. ZPO, 157 ff. StPO
56 S. in NJ 1977, 253
57 A.a.O., S. 255. Vgl. Staatsrecht der DDR. Lehrbuch, S. 279
58 In der Regel sind die Exekutivorgane in der DDR sowohl der Volksvertretung der gleichen Ebene wie dem Exekutivorgan der höheren Ebene unterstellt.
59 S. Streit in NJ 1977, 255
60 Andere Ermittlungsorgane sind das Innenministerium (= Polizei), die Staatssicherheit sowie der Zoll; vgl. § 88 II StPO.
61 S. dazu allgemein Kap. II Staatsanwaltschaftsgesetz
62 S. § 3 2. Spiegelstrich StAG; dies muß offenbar nicht persönlich im Prozeß erfolgen, da die Staatsanwälte nur „an den meisten Verhandlungen teil(nehmen)“ (Wünsche LAK Grundlagen der Rechtspflege S. 143).
63 S. § 154 StPO
64 S. Müller/Fritzsche, S. 88
65 S. dazu: Strafrecht – Allgemeiner Teil. Lehrbuch. Berlin (DDR), S. 165 ff.
66 Diese Kategorie bedarf natürlich einer inhaltlichen Ausfüllung, die in der DDR nach den Lehren der Partei erfolgt.
67 S. § 148 I Ziff. 4 StPO
68 S. § 36 II StAG
69 S. § 222 StPO
70 S. Müller/Fritzsche, S. 87

71 S. Kirmse/Haber in NJ 1976, 550

72 Arbeitsgesetzbuch der Deutschen Demokratischen Republik v. 16. 6. 1977, GBl. I., S. 165

73 2. DB zur Neuererverordnung – Aufgaben der Leiter beim Abschluß von Neuerervereinbarungen – v. 25. 6. 1974, GBl. I, S. 333

74 Zivilgesetzbuch der Deutschen Demokratischen Republik v. 19. 6. 1975, GBl. I, S. 465

75 Familiengesetzbuch der Deutschen Demokratischen Republik v. 20. 12. 1965 i. d. F. des Einführungsgesetzes zum Zivilgesetzbuch der DDR v. 19. 6. 1975, GBl. I, S. 157

76 Gesetz über die Einweisung in stationäre Einrichtungen für psychisch Kranke v. 11. 6. 1968, GBl. I, S. 273

77 S. Müller/Fritzsche, S. 91

78 S. Kirmse/Haber in NJ 1976, 551

79 Vgl. meinen Beitrag in RdA 1978, 356 ff.

80 S. § 21 StAG, 7 ZPO

81 S. Kirmse/Haber in NJ 1976, 549

82 S. Harrland in NJ 1977, 289

83 S. Kirmse/Haber a.a.O.

84 S. Harrland a.a.O., S. 288

85 A.a.O.

86 Wünsche (LAK): Grundlagen der Rechtspflege, S. 144

87 S. Harrland in NJ 1977, S. 288

88 A.a.O.

89 Wünsche (LAK): Grundlagen der Rechtspflege, S. 134

90 S. Scholz/Schönfeldt in NJ 1978, 333

91 A.a.O.

92 A.a.O.

93 Wünsche (LAK): Grundlagen der Rechtspflege, S. 133

94 S. Harrland in NJ 1977, S. 288

95 S. Luther/Wolff in StuR 1978, S. 144

96 Hinsichtlich von „Prozeßbeauftragten" für rechtlich oder tatsächlich handlungsunfähige Parteien s. § 36 I ZPO und G. Krüger/Wallis: Rechtsstellung des Prozeßbeauftragten im Verfahren in Zivil-, Familien- und Arbeitsrechtssachen. NJ 1979, 442–444

97 Für den Zivilprozeß s. Urteil des Obersten Gerichts vom 23. 11. 1976, in NJ 1977, 213 f.

98 Vgl. Luther/Wolff in StuR 1978, S. 147

99 Neben dem anwaltlichen Beistand „nehmen die Gewerkschaften in ca. 81 Prozent aller verhandelten arbeitsrechtlichen Verfahren erster Instanz die Interessen ihrer Mitglieder wahr". Der gewerkschaftliche Beistand ist jedoch nicht allein auf die Durchsetzung der Interessen des Werktätigen, sondern „unter Beachtung der Einheit gesetzlich garantierter Rechte mit der Erfüllung der Pflichten im Arbeitsprozeß auf die Durchsetzung des sozialistischen Arbeitsrechts und die Gewährleistung einer hohen Ordnung, Disziplin und Sicherheit gerichtet". So W. Büttner in NJ 1984, S. 257

100 S. § 18 VI GGG

101 Vgl. Ziff. 31 der Anlage des Beschlüsses des Ministerrates der DDR und des Bundesvorstandes des FDGB zur Richtlinie über die Wahl, Aufgaben und Arbeitsweise der Beschwerdekommissionen für Sozialversicherung des FDGB; § 24 VO über die Wahl, Aufgaben und Arbeitsweise der Beschwerdekommissionen für die Sozialversicherung bei der Staatlichen Versicherung der DDR – Beschwerdekommissionsordnung –

102 S. Poppe in NJ 1981, S. 223

103 Ähnlich auch Büchner-Uhder/Schneider, StuR 1983, S. 41

104 Wünsche (LAK): Grundlagen der Rechtspflege, S. 191; ähnlich auch S. 196, wo hinzugefügt wird, daß die rechtsanwaltliche Vertretung das jeweilige Staatsorgan nicht daran hindert, „sich direkt mit dem betreffenden Bürger in Verbindung zu setzen und ihn zu Aussprachen zu laden".

105 S. Wolff, F.: Vertrauensvoll zum Rechtsanwalt, S. 22
106 S. § 16 Musterstatut sowie Baatz in NJ 1982, S. 207
107 S. Luther/Wolff StuR 1978, S. 145
108 S. Baatz in NJ 1982, S. 207
109 S. Luther/Wolff in StuR 1978, S. 151
110 Vgl. Horn in NJ 1980, S. 39(40)
111 Wolff, F.: Vertrauensvoll zum Rechtsanwalt, S. 112 f.
112 S. Splittgerber in NJ 1977, S. 173
113 A.a.O.
114 A.a.O.
115 Vgl. auch Luther/Wolff in StuR 1978, S. 144(149)
116 S. Wolff in NJ 1979, S. 401
117 S. Baatz in NJ 1980, 38
118 S. Luther/Wolff in NJ 1979, S. 308
119 S. Wolff in NJ 1979, S. 400
120 S. Baatz in NJ 1980, S. 38
121 S. Wolff in NJ 1979, S. 400
122 Wolff, F.: Vertrauensvoll zum Rechtsanwalt, S. 10 f.
123 S. Luther/Wolff in StuR 1978, S. 151
124 S. Wolff in NJ 1979, S. 401
125 S. G. Baatz in NJ 1980, S. 39 unter Berufung auf Pein in NJ 1972, S. 508 ff.
126 S. Horn in NJ 1980, S. 39
127 S. Wolff in NJ 1979, S. 401
128 Wünsche (LAK): Grundlagen der Rechtspflege, S. 182
129 A.a.O.; ähnlich auch S. 189
130 S. Heusinger in NJ 1981, S. 4
131 S. Heusinger in NJ 1981, S. 5
132 S. die AO über die Voraussetzungen und die Durchführung des Disziplinarverfahrens (s. Gesetzesregister)
133 S. § 22 II Musterstatut
134 S. Luther/Wolff in NJ 1979, S. 309

## zu Kapitel 5

1 Vgl. dazu die Richtlinie des Plenums des Obersten Gerichts zu Fragen der gerichtlichen Beweisaufnahme und Wahrheitsfindung im sozialistischen Strafprozeß v. 16. 3. 1978. Gesetzblatt I, 169; insbesondere Abschn. III
2 S. Zivilprozeßrecht. Lehrbuch, S. 271
3 A.a.O.
4 S. Kellner in StuR 1975, S. 1512
5 S. Beyer in NJ 1974, S. 517
6 S. Zivilprozeßrecht. Lehrbuch, S. 92
7 A.a.O., S. 304
8 „Ein Rechtsstreit darf erst entschieden werden, wenn das Gericht den für die Entscheidung erheblichen Sachverhalt geklärt und festgestellt hat.“
9 S. Zivilprozeßrecht. Lehrbuch, S. 304 f.
10 S. dazu und zum folgenden H. Kietz/W. Rudelt: Feststellung von Konfliktursachen in Zivil-, Familien-, Arbeits- und LPG-Rechtsverfahren, NJ 1972, S. 535 ff.
11 Vgl. Arbeitsmaterial des Obersten Gerichts: Zur effektiven Durchführung der gerichtlichen Verfahren auf den Gebieten des Zivil-, Familien-, Arbeits- und LPG-Rechts. NJ 1971, S. 568 ff.
12 S. Presse-Informationen 1984 Nr. 124, S. 5

13 Vgl. allgemein W. Kube: Gerichtskritik, Hinweise und Empfehlungen zur Beseitigung der Ursachen und Bedingungen von Rechtsverletzungen. NJ 1976, S. 294 ff.
14 S. Müller in NJ 1982, S. 154
15 S. Müller/Fritzsche, S. 62
16 A.a.O.
17 S. Müller/Plischke in NJ 1976, S. 616
18 Vgl. auch die Richtlinie des Plenums des Obersten Gerichts zu Fragen der gerichtlichen Beweisaufnahme und Wahrheitsfindung im Sozialistischen Strafprozeß sowie: Zivilprozeßrecht. Lehrbuch, S. 100 f.
19 Vgl. Grieger: Gerichtsverfassungsrecht, S. 42 f., der die Mündlichkeit ganz strikt mit dem rechtlichen Gehör in Verbindung bringt. Rechtliches Gehör kann aber auch schriftlich gewährt werden.
20 Vgl. die Rundverfügung Nr. 7/77 des Justizministeriums: Bearbeitungsfristen für die Durchführung von ZFA-Verfahren bei den Kreis- und Bezirksgerichten vom 31. 5. 1977. Dokumente und Informationen des Ministeriums der Justiz und des Obersten Gerichts der DDR, Berlin (DDR)
21 S. Beyer: Wenn sich der Streit nicht vermeiden läßt, S. 60
22 S. Zivilprozeßrecht. Lehrbuch, S. 101
23 S. § 9 GVG
24 S. §§ 25 II, 33 II, III, 41 IV GVG
25 Vgl. Lieske: Die Mitwirkung von Kollektivbeauftragten im Zivilverfahren. Potsdam—Babelsberg 1978, 68 S.
26 S. die Richtlinie des Plenums des Obersten Gerichts zu Fragen der gerichtlichen Beweisaufnahme und Wahrheitsfindung im sozialistischen Strafprozeß vom 16. 3. 1978, insbesondere Pkt. III 6
27 S. Statistisches Jahrbuch 1984, S. 383
28 A.a.O.
29 S. Zivilprozeßrecht. Lehrbuch, S. 126 ff.
30 S. Unser Standpunkt. AuA 1971, 13., 2. Umschlagseite
31 S. Trautmann in NJ 1978, S. 124
32 S. Kositzki in NJ 1978, S. 30
33 Vgl. Müller/Fritzsche, S. 63
34 S. Brodführer in NJ 1978, S. 225
35 S. Trautmann in NJ 1978, S. 124
36 Wünsche (LAK): Grundlagen der Rechtspflege, S. 91
37 S. Kurtzwart in NJ1977, 513
38 S. Trautmann in NJ 1978, S. 124
39 A.a.O.
40 S. die Angaben von Brodführer für den Bezirk Gera in NJ 1978, S. 225 sowie von Trautmann für den Bezirk Halle in NJ 1978, S. 124
41 Mit solchen metaphysisch anmutenden Bestimmungen wie „Die sozialistische Gesetzlichkeit ist in ihrem Wesen parteilich“ (Wünsche [LAK]: Grundlagen der Rechtspflege, S. 26) ist auch keine intersubjektiv-rationale Klarheit gewonnen.
42 Vgl. die seinerzeitigen Arbeiten von H. Benjamin: Grundsätzliches zur Methode und zum Inhalt der Rechtssprechung. NJ 1951, S. 150 ff.; H. Klenner: Formen und Bedeutung der Gesetzlichkeit als eine Methode in der Führung des Klassenkampfes. Berlin (DDR) 1953; H. Benjamin: Zu Fragen der Gesetzlichkeit und der Leitung innerhalb des Justizapparates. NJ 1955, S. 387 ff.; dies.: Die dialektische Einheit von Gesetzlichkeit und Parteilichkeit durchsetzen. NJ 1958, S. 365 ff.; J. Leymann/S. Petzold: Zum Wesen der sozialistischen Gesetzlichkeit in der DDR. StuR 1959, S. 691 ff.
43 Z. B. das Familiengesetzbuch von 1965 und das Strafgesetzbuch von 1968
44 S. Verwaltungsrecht. Lehrbuch, S. 303

45 S. den Sozialistischen Realismus, die Sozialistische Persönlichkeit oder die Sozialistische Warenproduktion
46 S. Toeplitz in NJ 1976, S. 409
47 S. Kern/Sarge in NJ 1980, S. 50
48 Wünsche (LAK): Grundlagen der Rechtspflege, S. 23
49 Die bewußte Durchsetzung beinhaltet sowohl kognitive wie normative Elemente.
50 S. Präambel des Parteistatuts; auch hier wie bei der „bewußten Durchsetzung" die changierende Ambivalenz zwischen Wissen und Wollen.
51 Vgl. §§ 6 GVG, 3 MilGO sowie Grieger: Gerichtsverfassungsrecht, S. 38 f.
52 S. das Stichwort „Kollektivität" in: Wörterbuch zum sozialistischen Staat. Berlin (DDR) 1974, S. 157; in der Praxis schließt das Elemente eines Personenkultes mit der Ernennung von weisen bis genialen Einzelpersonen nicht aus.
53 Das Gegenstück ist die Durchführung von Entscheidungen, z. B. bei der Einzelleitung von Betrieben.
54 S. Grieger: Gerichtsverfassungsrecht, S. 39
55 S. Strafverfahrensrecht. Lehrbuch, Seite 378
56 Sollten sich auch die als unzuverlässig erweisen, kann ja immer noch der Direktor den Verfahrensvorsitz übernehmen.
57 Vgl. Verfassungskommentar II, S. 447 ff.
58 Insbesondere in Form der Kassation zugunsten der zentraleren Justizorgane
59 Wenn man davon ausgeht, daß das Oberste Gericht ‚richtig' entscheidet.
60 S. H. Toeplitz in NJ 1979, S. 393
61 In Wünsche (LAK): Grundlagen der Rechtspflege wird eine ausdrückliche Festlegung zur Verbindlichkeit der Rechtssätze des Obersten Gerichts für „wünschenswert" (S. 102) erklärt.
62 Vgl. in der allgemein-staatlichen Gliederung die Stellung der Bezirke und Gemeinden, denen keine exklusiven Kompetenzen zukommen
63 S. H. Toeplitz in NJ 1979, S. 394
64 A.a.O.
65 A.a.O., S. 3
66 A.a.O., S. 394
67 Z. B. für die Feststellung der Vaterschaft eines nichtehelichen Kindes oder die Eigentums- und Vermögensfragen bei Ehegatten; auch die Fragen der Beweisführung im Strafprozeß wurden durch eine Richtlinie detailliert ausgestaltet.
68 S. H. Toeplitz in NJ 1979, S. 394
69 A.a.O.
70 A.a.O., Fußnote 6
71 S. W. Lehnhart/D. Reichwagen in NJ 1974, S. 240
72 A.a.O., S. 238
73 Außer zugunsten von Verurteilten, wo kein zeitliches Limit besteht.
74 Abgesehen von einem eventuellen Wiederaufnahmeverfahren.
75 S. Grieger: Gerichtsverfassungsrecht S. 53
76 Vgl. G. Krüger in NJ 1976, S. 680
77 S. H. Toeplitz in NJ 1979, S. 393
78 Vgl. G. Krüger in NJ 1976, S. 680

## zu Kapitel 6

1 Neben der Konvention über Bürger- und politische Rechte ist auch die über wirtschaftliche, soziale und kulturelle Rechte, gleichfalls von 1966, bei der menschenrechtlichen Diskussion zu beachten, hier jedoch nicht einschlägig.
2 Das wäre mehr oder weniger das Problem bei dem Totalitarismus-Ansatz.

3 Das ist mehr oder minder das Problem bei der immanenten Deskription.
4 S. H. Kietz in StuR 1976, S. 55
5 Vgl. H. Krieger/F. Posorski in NJ 1979, S. 206, die berichten, daß nach dem früheren Rechtszustand, als die Gesellschaftlichen Gerichte zivilrechtliche Streitigkeiten nur auf beiderseitigen Antrag entscheiden konnten, sich die Antragsteller nach Ausbleiben der gegnerischen Zustimmung zur Entscheidung nur „selten" zur weiteren Rechtsverfolgung an das Kreisgericht gewandt haben.
6 S. K. Bönninger in StuR 1980, S. 933
7 S. die authentischen englischen, französischen, chinesischen, russischen und spanischen Fassungen u. a. im Gesetzblatt der DDR, Teil II 1974, S. 67 ff.
8 Die Konvention ist von der Vollversammlung der Vereinten Nationen (als Resolution) einstimmig angenommen; vgl. Völkerrecht. Dokumente. Teil 2. Berlin (DDR) 1973, S. 893, Fußnote.
9 S. die Bekanntmachung über die Ratifikation in GBl. 1974 II, S. 57
10 So auch H. Gruber in Deutsche Außenpolitik 1976, S. 1811 f.
11 So auch ZGB DDR, § 372
12 Analog dem Zivilrecht der DDR formuliert; vgl. Zivilrecht. Lehrbuch. Band 1, S. 207
13 Der chinesische Text steht mir bedeutungsmäßig leider nicht zur Verfügung.
14 S. § 3 I VO über die Durchführung von Veranstaltungen – Veranstaltungsverordnung – v. 30. 06. 80 GBl. I, 235
15 S. Verwaltungsrecht. Lehrbuch. S. 340, zur alten Rechtslage, die aber insofern gleichgeblieben ist
16 Der Satzspiegel an der entsprechenden Stelle in: Völkerrecht. Dokumente. Teil 2. Berlin (DDR) 1973 ist verrutscht, was von einer nachträglichen Korrektur herrühren könnte; vgl. S. 895.
17 S. H.-J. Heusinger in NJ 1981, S. 5
18 Das Deutungsmuster ist in etwa der biologischen Evolutionstheorie vergleichbar, bei der auch nicht molekulargenetische Ursachen für Artwandel und -vielfalt ergründet werden, sondern die Angepaßtheit der Arten, d. h. ein Ergebnis, als Erklärung ihrer Existenz jetzt und so herangezogen wird.
19 Darauf legt eine ‚bürgerliche' Rechtstheorie den Akzent; vgl. etwa Luhmann mit seiner „Gegenseitigen Erwartungsstabilisierung".
20 Darauf legt eine ‚materialistische' Rechtstheorie den Akzent; vgl. etwa im Extrem den frühen Pašukanis mit seiner Parallelisierung von Rechtsform und Warenform.
21 Eine systemwidrig-pragmatische Ausnahme stellen die Zinsen auf Sparguthaben dar.
22 Das Geld entkoppelt Produktion und Konsumtion zeitlich.
23 In diesem Sinne auch Wünsche (LAK): Grundlagen der Rechtspflege, S. 21: „Von nicht geringer Bedeutung für die Realisierung des Leistungsprinzips ist die Gewährleistung der Gesetzlichkeit in der Sphäre der individuellen Konsumtion durch die Entscheidung zivilrechtlicher Streitigkeiten".
24 Die hohen Scheidungszahlen beunruhigen die DDR schon, aber wenn die Ehepartner sich auseinandergelebt haben oder sogar getrennt leben, besteht ein Interesse an wahrheitsgemäßen Statuszuschreibungen.
25 Im mittelalterlichen Europa oder beim Militär noch länger bedurfte die Eheschließung statusniedriger Personen der obrigkeitlichen Zustimmung; in Asien bis hin zum modernen Industriebetrieb in Japan werden Eheschließungen auch heute mit von oben geregelt.
26 Bei der gegebenen hohen Wiederverheiratungsquote; etwas anderes würde sich ergeben, wenn durch die Scheidungen die Institution der Ehe nachhaltig in Frage gestellt würde.
27 Vgl. für die Zeit davor z. B. den Aufsatz von E. Buchholz: Sozialistische Rechtsverwirklichung unter dem Gesichtspunkt der Stabilität eines Systems. StuR 1968, S. 24–29

# Gesetzesregister

(Stand: 1. 1. 1985)

## Allgemeine Bestimmungen

Verfassung der Deutschen Demokratischen Republik v. 6. 4. 1968 i. d. F. des Gesetzes zur Ergänzung und Änderung der Verfassung v. 7. 10. 1974. GBl. I, 432

Gesetz über die Verfassung der Gerichte der Deutschen Demokratischen Republik – Gerichtsverfassungsgesetz – v. 27. 9. 1974. GBl. I, 457

Beschluß des Staatsrates der Deutschen Demokratischen Republik über die Bildung von Kreisgerichten für mehrere Kreise v. 22. 9. 1975. GBl. I, 661; v. 28. 2. 1979. GBl. I, 667

Beschluß des Staatsrates der Deutschen Demokratischen Republik über die Bildung des Kreisgerichts der Stadt Halle v. 13. 2. 1984. GBl. I, 75

Anordnung des Nationalen Verteidigungsrates der Deutschen Demokratischen Republik über die Aufgaben, Zuständigkeit und Organisation der Militärgerichte (Militärgerichtsordnung) v. 27. 9. 1974. GBl. I, 481

Verordnung über die Aufgaben und die Arbeitsweise des Staatlichen Vertragsgerichts v. 18. 4. 1963 i. d. Neufassung v. 12. 3. 1970. GBl. II, 209

Statut des Ministeriums der Justiz. Beschluß des Ministerrates v. 25. 3. 1976. GBl. I, 185

Beschluß des Staatsrates der Deutschen Demokratischen Republik über die Durchführung der Wahlen der Direktoren, Richter und Schöffen der Kreisgerichte und der Mitglieder der Schiedskommissionen im Jahre 1984 v. 13. 2. 1984. GBl. I, 75

Beschluß des Zentralen Wahlausschusses über die Wahlen der Direktoren, Richter und Schöffen der Kreisgerichte und der Mitglieder der Schiedskommissionen im Jahre 1984 – Wahlordnung – v. 20. 2. 1984. GBl. I, 76

Beschluß des Staatsrates der Deutschen Demokratischen Republik über die Durchführung der Wahlen der Direktoren, Richter und Schöffen der Bezirksgerichte im Jahre 1981 v. 16. 3. 1981. GBl. I, 102

Beschluß des Zentralen Wahlausschusses über die Wahlen der Direktoren, Richter und Schöffen der Bezirksgerichte im Jahre 1981 – Wahlordnung – v. 20. 3. 1981. GBl. I, 102

Verordnung über die Stiftung des Ehrentitels „Verdienter Jurist der Deutschen Demokratischen Republik" v. 8. 9. 1979. GBl. I, 379

Anordnung über die Voraussetzungen und die Durchführung des Disziplinarverfahrens gegen Richter der Deutschen Demokratischen Republik – Disziplinarordnung – v. 21. 4. 1978. GBl. I, 179

**Gesellschaftliche Gerichte, Beschwerdekommissionen für Sozialversicherung**

Gesetz über die gesellschaftlichen Gerichte der Deutschen Demokratischen Republik – GGG – v. 25. 3. 1982. GBl. I, 269

Beschluß des Staatsrates der Deutschen Demokratischen Republik über die Tätigkeit der Konfliktkommissionen – Konfliktkommissionsordnung – v. 12. 3. 1982. GBl. I, 274. Berichtigung GBl. I 1983, 276

Richtlinie für die Wahl der Mitglieder der Konfliktkommissionen. Beschluß des Präsidiums des Bundesvorstandes des FDGB v. 21. 9. 1984. In: Die Konfliktkommission 19/84. Beilage zur TRIBÜNE Nr. 195 v. 3. 10. 1984

Aufgaben der Gewerkschaften bei der Anleitung und Schulung der Konfliktkommissionen. Beschluß des Präsidiums des Bundesvorstandes des FDGB v. 26. 3. 1982. Beschlüsse und Hinweise des Bundesvorstandes des FDGB – Informationsblatt 1982 Nr. 2

Beschluß des Staatsrates der Deutschen Demokratischen Republik über die Tätigkeit der Schiedskommissionen – Schiedskommissionsordnung – v. 12. 3. 1982. GBl. I, 283. Berichtigung GBl. I, 1983, 276

Die Aufgaben der Ausschüsse der Nationalen Front bei der Zusammenarbeit mit den Schiedskommissionen sowie bei der Wahl ihrer Mitglieder. Beschluß des Sekretariats des Nationalrates der Nationalen Front der DDR v. 1. 4. 1982. In: Gesellschaftliche Gerichte. Textausgabe. Hg. v. Ministerium der Justiz. Berlin 1982, 48

Richtlinie des Ministerrates der Deutschen Demokratischen Republik und des Bundesvorstandes des Freien Deutschen Gewerkschaftsbundes über die Wahl, Aufgaben und Arbeitsweise der Beschwerdekommissionen für Sozialversicherung des Freien Deutschen Gewerkschaftsbundes. Beschluß v. 21. 2. 1978. GBl. I, 109

Verordnung über die Wahl, Aufgaben und Arbeitsweise der Beschwerdekommissionen für die Sozialversicherung bei der Staatlichen Versicherung der Deutschen Demokratischen Republik – Beschwerdekommissionsordnung – v. 4. 5. 1979. GBl. I, 106

**Staats- und Rechtsantwaltschaft**

Gesetz über die Staatsanwaltschaft der Deutschen Demokratischen Republik v. 7. 4. 1977. GBl. I, 93

Gesetz über die Kollegien der Rechtsanwälte der Deutschen Demokratischen Republik v. 17. 12. 1980. GBl. 1981 I, 1

Musterstatut der Kollegien der Rechtsanwälte der Deutschen Demokratischen Republik. Beschluß des Ministerrates v. 17. 12. 1980. GBl. 1981 I, 4

Anordnung über die Durchführung von Disziplinarverfahren gegen Mitglieder der Kollegien der Rechtsanwälte der Deutschen Demokratischen Republik – Disziplinarverfahrensordnung – v. 27. 2. 1981. Dokumente und Informationen des Ministeriums der Justiz und des Obersten Gerichts der DDR – B 1 – 1/81

**Verfahrensbestimmungen**

Gesetz über das gerichtliche Verfahren in Zivil-, Familien- und Arbeitsrechtssachen – Zivilprozeßordnung – v. 19. 6. 1975. GBl. I, 533

Erste Durchführungsbestimmung zur Zivilprozeßordnung – Zuständigkeit des Kreisgerichts in Arbeitsrechtssachen v. 25. 10. 1977. GBl. I, 349

Strafprozeßordnung der Deutschen Demokratischen Republik – StPO – v. 12. 1. 1968 i. d. Neufassung v. 19. 12. 1974. GBl. 1975 I, 62

Gesetz über die Bearbeitung der Eingaben der Bürger – Eingabengesetz – v. 19. 6. 1975. GBl. I, 461

Gesetz über die Neufassung von Regelungen über Rechtsmittel gegen Entscheidungen staatlicher Organe v. 24. 6. 1971. GBl. I, 49

# Literatur

## Literatur aus der Bundesrepublik Deutschland


Adelaida, C.: Die Unabhängigkeit des Richters in der DDR. DiRZ 1981, 11–16

Adler, J./Alich, K.: Zur Rolle der Anwaltschaft in der DDR nach dem Gesetz über die Kollegien der Rechtsanwälte v. 17.2.1980. ROW 1982, 71–73

Bechtold, I.: Der Kampf gegen Konfliktursachen in der Zivil- und Familienrechtspflege der DDR. JOR 1970, I, 40–83

dies.: Die Prozeßprinzipien im Strafverfahren der DDR. Bonn 1967, 177 S.

dies.: Gerechtigkeit und sozialistische Gesetzlichkeit im neuen Strafverfahren der DDR. ZStW 1969, 277–328

dies.: Die Rolle des Strafverteidigers in der DDR. DA 1971, 262–273

dies.: Das neue sozialistische Strafverfahrensrecht in der DDR. JOR 1968, I, 19–76

Bericht der Bundesregierung und Materialien zur Lage der Nation 1972. Hg. v. Bundesministerium für innerdeutsche Beziehungen. Bonn 1972, 361 S.

Brand, P.-A.: Der Rechtsanwalt und der Anwaltsnotar in der DDR. Ihre Stellung und Funktion im sozialistischen Rechtssystem. Köln usw. 1984, 214 S.

Breitkopf, S.: Gewerkschaftliche Prozeßvertretung und Mitwirkung im arbeitsrechtlichen Verfahren der DDR. ROW 1980, 137–142

ders.: Das neue Zivilprozeßrecht der DDR. NJW 1977, 177

Bruhn, H.-H.: Die Rechtsanwaltschaft in der DDR. Stellung und Aufgaben. Köln 1972, 190 S.

Brunner, G.: Neues Anwaltsrecht in der DDR. NJW 1981, 1189–92

ders.: (Hrsg.): Grundrechte und Rechtssicherheit im sowjetischen Machtbereich. Berlin 1982, 139 S.

ders.: Kontrolle in Deutschland. Eine Untersuchung zur Verfassungsordnung in beiden Teilen Deutschlands. Köln 1972, 604 S.

ders.: Das System des öffentlichrechtlichen Rechtsschutzes in der DDR. In: R. Lange et al. (Hrsg.): Probleme des DDR-Rechts. Köln 1973, 81–106

Dielewicz, O. C.: Zur Einführung: Rechtsverständnis und Funktion der Rechtspflege in der DDR. JuS 1972, 369–373

Eser, A.: Gesellschaftsgerichte in der Strafrechtspflege. Neue Wege zur Bewältigung der Kleinkriminalität in der DDR. Tübingen 1970, 64 S.

Felgentreu, D.: Die Staatliche Vertragsgerichtsbarkeit in der DDR. Diss. iur. Köln 1972, 188 S.

Frank, H.: Die Stellung des Rechtsanwalts in beiden deutschen Staaten. Anwaltsblatt 1976, 1–4

Fricke, K.-W.: Politik und Justiz in der DDR. Zur Geschichte der politischen Verfolgung 1945–1968. Bericht und Dokumentation. Köln 1979, 676 S.

ders.: Zwanzig Jahre Oberstes Gericht in der DDR. DA 1969, 1254–1261

Funke, F.-W.: Die Stellung und Aufgaben der Staatsanwaltschaft in der Sowjetischen Besatzungszone Deutschlands. Diss. iur. Köln 1960, 164 S.

Gamer, W.: Recht und richterliche Gewalt in der DDR. Diss. iur. Mainz 1973, 84 S.

Haberstroh, C.: Vergesellschaftung der Rechtspflege. Konflikt- und Schiedskommissionen, Gesellschaftliche Gerichte in der DDR. NJW 1969, 1996–1700

Heidrich, H.: Die Funktion des Verteidigers in der DDR. NJW 1974, 265–267

Hinz, H.: Die Aufgaben der Staatsanwaltschaft in der DDR. ROW 1981, 85–91

Hirsch, E.: Was bedeutet „sozialistische Gesetzlichkeit“? JZ 1962, 149–154
Hückel, H.: Der sozialistische Zivilprozeß in der DDR. Diss. jur. Münster 1973
Hünke von Podewils, T.: Das künftige Zivilverfahrensrecht der DDR. Diss. iur. Heidelberg 1970, 106 S.
Jakob, N.: Die Möglichkeiten des Rechtsschutzes durch die Rechtsanwaltschaft in der DDR. ROW 1982, 109–112
Kaschkat, H.: Der Rechtsschutz des einzelnen gegen staatliches Handeln in der DDR. In: K. Westen et al. (Hrsg.): Der Schutz individueller Rechte und Interessen im Recht sozialistischer Staaten. Berlin 1980, 65–78
Kirchheimer, O.: Die Rechtspflege und der Begriff der Gesetzlichkeit in der DDR. AöR 1960, 1–65
Kittke, H.-D./Kringe, O.: Das neue Gerichtsverfassungsgesetz der DDR. NJW 1975, 150–152
Körting, E.: Grundtendenzen in der Entwicklung der gesellschaftlichen Gerichte der DDR. JOR 1981 I, 103–116
Krahwinkel, B.: Die Leitungsfunktion des Obersten Gerichts in der Straf- und Arbeitsrechtsprechung der Deutschen Demokratischen Republik. Diss. iur. Würzburg 1973, 157 S.
Kringe, O.: Das Zivilprozeßrecht der DDR. JOR 1984, 43–66
Krüger, H.: Rechtsnatur und politische Funktion des „Eingabenrechts“ in der DDR. DÖV 1977, 432–437
Kuss, K.-J.: Staatstheoretische Grundlagen und historische Entwicklung des gerichtlichen Verwaltungsrechtsschutzes in den sozialistischen Staaten. Diss. iur. Berlin 1984, 407 S.
Lammich, S.: Merkmale des sozialistischen Gerichtsverfassungsrechts. ROW 1978, 251–264
ders.: Das Problem der richterlichen Unabhängigkeit im sozialistischen Gerichtsverfassungsrecht. JZ 1979, 93–96
Lehmann, G. [DDR]: Die Teilnahme der Werktätigen an der Rechtsprechung in der DDR. Marxistische Blätter 1972, 67–72
Lindheim, Th. v.: Das Prinzip der Öffentlichkeit des Verfahrens im Strafprozeß der DDR. ROW 1978, 65–68
Lüers, H.: Das arbeitsgerichtliche Verfahren in der DDR. RdA 1971, 91–96
Luhmann, U.: Die Betriebsjustiz in der Bundesrepublik und die Ahndung von Verstößen gegen die sozialistische Arbeitsdisziplin durch gesellschaftliche Gerichte in der DDR. JOR 1973, I, 97–109
ders.: Das gerichtliche Verfahren für Arbeitsrechtssachen in der DDR. JOR 1975, I, 37–53
Mohr, C.: Das Recht auf Verteidigung im Strafverfahren der DDR. Diss. iur. Hamburg 1974, 163 S.
Mohrmann, U.: Die gesellschaftliche Beteiligung an der Strafrechtspflege in der DDR. Ein Beispiel für die Erziehungsfunktion eines sozialistischen Staates. Diss. iur. Köln 1972, 166 S.
Müller, B.: Gesellschaftliche Gerichte in der DDR. NJW 1983, 2297–2302
Müller-Römer, D.: Die Gerichtskritik in der DDR. Zeitschrift für Zivilprozeß 1969, 284–296
ders.: Zur Rechtsnatur der Richtlinien des Obersten Gerichts der DDR. ROW 1968, 151–157
Petev, V.: Rechtsfindung und Bindungen des Richters im sozialistischen Rechtskreis. In: Recht und Gesellschaft. Festschrift für H. Schelsky. Hrsg. v. F. Kaulbach et al. Berlin 1978, 391–401
Pfarr, H.: Auslegungstheorie und Auslegungspraxis im Zivil- und Arbeitsrecht der DDR. Berlin 1972, 169 S.
Preuss, W.: Der Begriff der sozialistischen Gesetzlichkeit in der DDR und die Methoden ihrer Verwirklichung als Herrschaftsinstrument der SED. Diss. iur. Tübingen 1963, 102 S.
Reiland, W.: Die gesellschaftlichen Gerichte der DDR. Tübingen/Basel 1971, 240 S.

Révész, L.: Justiz im Ostblock. Richter und Strafrecht. Köln 1967, 247 S.
Roggemann, H.: Entwicklungstendenzen in der Zivilrechtspflege der „DDR“ und der Einfluß des sowjetischen Rechts. JR 1966, 201–206, 444–448, 1967, 9–14, 241–245
ders.: Rechtsschutzprobleme und Eingabenwesen in der DDR. ROW 1984, 253–261
ders.: Zur Funktion der Justiz in der DDR. Recht und Politik 1971, 119–127
Rosenthal, W.: Die Justiz in der Sowjetzone. Aufgaben, Methode und Aufbau. Bonn 1962, 175 S.
ders.: Die Lage der Justiz in der Sowjetischen Besatzungszone. In: 150 Jahre Oberlandesgericht Naumburg. 1966, 37–54
Rotter, F.: Die Gesellschaftlichen Gerichte in der DDR und das Problem der Alternativen zum Recht. In: Jahrbuch für Rechtssoziologie und Rechtstheorie VI. Opladen 1980, 462–475
Schattenberg, D.: Prinzipien der Gerichtsverfassung in der „DDR“. Diss. iur. Köln 1969, 198 S.
Schlicht, G.: Das Familien- und Familienverfahrensrecht der DDR. Tübingen/Basel 1970, 414 S.
Schmidt, H.-Th.: Wesen und Entwicklung der Konflikt- und Schiedskommissionen in der DDR (1952–1969). JOR 1969, II, 57–86
Schrader, H.: Die Gesellschaftsgerichtsbarkeit in Mitteldeutschland, insbesondere in Strafsachen. ZStW 1965, 512–525
ders.: Das Prinzip der sozialistischen Gesetzlichkeit in der Rechtstheorie der sowjetischen Besatzungszone Deutschlands. JöR 1965, 77–85
Schroeder, F.-C.: Rechtsstaat und „sozialistische Gesetzlichkeit“. aus politik und zeitgeschichte 1980, 3, 3–15
Schulze-Hagen, A.: Die Grundsätze der Zivilrechtsprechung in der DDR. Berichte des Osteuropa-Instituts an der Freien Universität Berlin. Reihe Wirtschaft und Recht. Heft 130. Berlin 1983, 257 S.
Schwindt, R.: Demokratie und Zentralismus bei der Mitwirkung der DDR-Bevölkerung in der Strafjustiz. Meisenheim am Glan 1979, 117 S.
Stenda, D.: Die Gesetzlichkeitsaufsicht der Staatsanwaltschaft in der DDR. Diss. iur. Würzburg 1976, 267 S.
Suermann, W.: Verwaltungsrechtsschutz in der DDR. Diss. iur. Göttingen 1971, 508 S.
Vogel, P.: Wesen und Aufgabe der staatlichen Vertragsgerichtsbarkeit in der SBZ. Diss. iur. Münster 1966, 210 S.
Westen, K.: Neue Beschwerdeausschüsse in der DDR – Verwaltungsrechtsschutz in der Retorte. Berichte des Bundesinstituts für ostwissenschaftliche und internationale Studien 1969, 2, 14 S.
ders.: Das Staatshaftungsrecht der DDR. ROW 1971, 105–113
ders.: Verwaltungsrechtsschutz in der Retorte. DA 1969, 370–378
Woesner, H.: Zwang zur Parteilichkeit. Recht und Justiz in der DDR. ZRP 1973, 112–115
Zieger, G.: Die Gerichtsverfassung der DDR unter Einschluß der gesellschaftlichen Gerichte. Königsteiner Kreis 1980, 9–12

## Literatur aus der Deutschen Demokratischen Republik

Altnau, E./Westphal, H./Schaufert, K./Röske, H.: Zur Anwendung neuer Formen der Teilnahme der Werktätigen an der Rechtspflege. NJ 1963, 722–725
Anders, W.: Zur Delegierung gesellschaftlicher Ankläger und Verteidiger als Form der Mitwirkung der Werktätigen an der sozialistischen Rechtspflege in der DDR. Wiss. Zeitschrift der Karl-Marx-Universität Leipzig. Gesellschafts- und sprachwiss. Reihe 1965, 641–644
ders.: Die Stellung und die Aufgaben der Rechtsanwaltschaft in der DDR. a.a.O. 1967, 329–332

Baatz, G.: Erhöhung der Qualität der Arbeit der Rechtsanwälte. NJ 1982, 207–209
Bein, H.: Das beschleunigte Verfahren. Beispiel einer Strafakte für Lehr- und Ausbildungszwecke. Berlin 1977, 88 S.
Benjamin, H.: Der sozialistische Richter. NJ 1979, 387–388
dies.: Stete Sorge der Partei für die Entwicklung der Justizkader. StuR 1971, 559–578
dies. (LAK): Zur Geschichte der Rechtspflege der DDR. I: 1945–1949, Berlin 1967, 384 S.; II: 1949–1961, ebd. 1980, 444 S.
dies./Görner, K./Kamin, H.: 35 Jahre DDR – Entwicklung und Gestaltung sozialistischer Gesetzlichkeit und Rechtspflege. NJ 1984, 250–253
Benjamin, M.: Konfliktkommissionen, Strafrecht, Demokratie. Eine theoretischen Untersuchung zur Stellung und zu den Aufgaben der Konfliktkommissionen nach der neuen Strafgesetzgebung der DDR. Berlin 1968, 188 S.
Bernet, W.: Gerichtliche Nachprüfbarkeit von Verwaltungsakten in der DDR? In: Bürger im sozialistischen Recht. Jena 1983
ders.: Entwicklung und Funktion der deutschen bourgeoisen Verwaltungsgerichtsbarkeit. StuR 1983, 824–832
ders.: Staatliche Leitung und Sicherung der Bürgerrechte. Diss. B. [= Hab.] Jena 1978
ders.: Verwirklichung der sozialistischen Gesetzlichkeit in der staatlichen Leitung durch Rechtsmittel. StuR 1980, 13–23
ders.: Wirksamkeit von Rechtsmittelverfahren in der staatlichen Leitung. StuR 1981, 732–743
Beyer, K.-H.: Die Mitwirkung der Parteien im Zivil-, Familien- und Arbeitsrechtsverfahren. NJ 1974, 515–520
ders.: Wenn Streit sich nicht vermeiden läßt. Berlin 1981, 124 S.
ders.: Zur Hinweispflicht des Gerichts im Zivilverfahren. NJ 1974, 291–295
ders.: Das Zusammenwirken von Gericht und Parteien im Zivilprozeß. Diss. iur. Berlin 1972
ders./Naumann, H.: Die Mitwirkung der Werktätigen am Strafverfahren. Vertreter der Kollektive der Werktätigen, gesellschaftliche Ankläger und gesellschaftliche Verteidiger. Berlin 1966, 203 S.
Biebl, R./Pompoes, H.: Über die Mitwirkung gesellschaftlicher Kräfte im Strafverfahren. NJ 1968, 520–526
Bley, G./Lekschas, J./Schüsseler, R.: Sozialistische Demokratie und Gesetzlichkeit. Thesen. In: Staat, Recht und Demokratie bei der Gestaltung der entwickelten sozialistischen Gesellschaft. Berlin 1974, 91–97
ders./Müller, F.: Gesetzlichkeit und Leitungstätigkeit im Leninschen Sinne. NJ 1979, 389–391
ders./Schüsseler, R.: Weitere Festigung und wachsende Bedeutung der sozialistischen Gesetzlichkeit. StuR 1974, 1467–1482
Bock, W.: Persönliche Grundrechte der Bürger in der Gerichtsverfassung der DDR und Festigung der sozialistischen Gesetzlichkeit. Wiss. Zeitschrift der Univ. Halle 1982 Heft 1, 21–26
Bönninger, K.: Zu theoretischen Problemen eines Verwaltungsverfahrens und seiner Bedeutung für die Gewährleistung der subjektiven Rechte der Bürger. StuR 1980, 931–939
ders.: Zur Zulässigkeit des Gerichtsweges bei Schadenersatzforderungen von Bürgern gegenüber Staatsorganen. NJ 1976, 41–43
Breitbarth, H.: Kollegien der Rechtsanwälte – dem Sozialismus gemäße Form rechtsanwaltlicher Tätigkeit. NJ 1981, 124–131
Buchholz, E.: Sozialistische Rechtsverwirklung unter dem Gesichtspunkt der Stabilität eines Systems. StuR 1968, 24–29
Büchner-Uhder, W.: Zur Extensität des Verwaltungsrechts. StuR 1984, 581–588
ders./Poppe, E.: Zum Schutz sozialökonomischer Grundrechte. StuR 1984, 617–623
ders./Schneider, D.: Anträge der Bürger an staatliche Entscheidungen. StuR 1983, 38–43

Büttner, W.: Gewerkschaftliche Rechtshilfe – wichtiger Bestandteil der Interessenvertretung der Werktätigen. NJ 1984, 256–258
Bunzel, E.: Die Beschwerdekommissionen für Sozialversicherung. Berlin 1975, 72 S.
Buske, A.: Kriterien für die differenzierte Mitwirkung gesellschaftlicher Kräfte im Strafverfahren und für die Zusammenarbeit mit Kollektiven der Werktätigen. NJ 1974, 429–431
Busse, H.: Wirksame Gesetzlichkeitsaufsicht des Staatsanwalts durch koordiniertes Zusammenwirken mit der Volksvertretung. NJ 1972, 110–111
Cohn, K. et al. (LRK): Oberstes Gericht der DDR – höchstes Organ wahrhaft demokratischer Rechtsprechung. Sammelband. Berlin 1970, 339 S.
Cramer, J.: Die Prozeßvertretung der Werktätigen in Arbeitsrechtssachen nach der ZPO. AuA 1977, 315–316
Detterborn, H.: Psychologische Probleme der Gerichtsverhandlung. NJ 1983, 313–315
Dressler, K.-H./Göhler, E.: Zur Auflagentätigkeit des Staatlichen Vertragsgerichts. Wirtschaftsrecht 1978, 34–37
Duckwitz, G.: Sozialistische Gesetzlichkeit und Staatshaftung. NJ 1979, 480–482
Dukes, K.: Wirksamkeit der gesellschaftlichen Gerichte und künftige Erweiterung ihrer Rechte – Ergebnisse von Untersuchungen des Verfassungs- und Rechtsausschusses der Volkskammer. NJ 1980, 260–261
Ebeling, W.: Gegenstand und Umfang der Beweisführung im Strafverfahren. NJ 1977, 292–295
Eberhardt, K.-H.: Besonderheiten des Verfahrens in Familienrechtssachen nach der neuen ZPO. NJ 1976, 12
Ellinger, J./Schaefer, O./Lange, E.: Eingabenarbeit – Bestandteil der Leitungstätigkeit. Berlin 1971, 92 S.
Frank, N.: Zur Durchsetzung verwaltungsrechtlicher Entscheidungen. StuR 1981, 1025–1033
Gaese, P.: Die Verantwortung des Staatsanwalts zur Sicherung der differenzierten Mitwirkung gesellschaftlicher Kräfte im Strafverfahren. NJ 1974, 524–528
Garke, G.: Eine neue Ordnung zur gewerkschaftlichen Interessenvertretung bei Gericht. Der Schöffe 1979, 251–254
Gathge, H.: Disziplinarische Verantwortlichkeit in der Rechtsprechung der Gerichte. Der Schöffe 1979, 273–276
Gesellschaftliche Gerichte. Konfliktkommissionen. Schiedskommissionen. Textausgabe mit Sachregister. Hrsg. v. Ministerium der Justiz und Bundesvorstand des FDGB. Berlin, 2. Aufl. 1984, 64 S.
Gerichtsverfassungsrecht. Textausgabe mit Anmerkungen und Sachregister. Hrsg. v. Ministerium der Justiz. Berlin 1975, 175 S.
Göhring, J.: Die Tätigkeit des Rechtsanwalts als persönliche Dienstleistung. NJ 1978, 300–302
Grieger, H.: Gesellschaftliche Gerichte – fester Bestandteil des sozialistischen Rechtssystems. AuA 1983, 41–43
ders.: Gerichtsverfassungsrecht. Einführung für das staatswissenschaftliche Studium II. Potsdam-Babelsberg 1977, 116 S.
ders.: Das Wesen der gesellschaftlichen Gerichte in der DDR. StuR 1982, 311–318
ders./Müller, F.: Sozialistische Demokratie und gesellschaftliche Gerichte. NJ 1981, 160–162
dies.: Die Erweiterung der Rechte der gesellschaftlichen Gerichte und ihr Zusammenwirken mit örtlichen Staatsorganen, Betrieben und gesellschaftlichen Organisationen. Potsdam-Babelsberg 1982, 79 S.
dies.: Zur Wirksamkeit der Rechtsprechung der Kreisgerichte und der Schiedskommissionen. StuR 1979, 304–311
ders./Posorski, F.: Entwicklung der Wirksamkeit der gesellschaftlichen Gerichte. NJ 1979, 204–207

Gruel, K.-F. et al. (GR): Staatsrecht der DDR. Lehrbuch. Berlin, 2. Aufl. 1984, 411 S.
Grundfragen der Durchführung des Rechtspflegeerlasses. Eine Gemeinschaftsarbeit von Wissenschaftlern und Praktikern. Berlin 1964, 230 S.
Gürtler, R./Lehmann, G./Weber, H.: Einige wissenschaftliche Aufgaben auf dem Gebiet der Rechtspflege nach dem VIII. Parteitag der SED. StuR 1971, 1723–1763
Häusler, G.: Die Entwicklung der sozialistischen Rechtsanwaltschaft in der DDR. NJ 1973, 340–344
Hafner, M.: Die Parteibeschlüsse in der Tätigkeit der Rechtspflegeorgane schöpferisch verwirklichen! NJ 1967, 478
Hantsche, W.: Konfliktkommissionswahlen und Aufgaben der betrieblichen Gewerkschaftsleitung. AuA 1977, 123–125
ders./Winkler, R./Görner, K.: Neue Bestimmungen über die Tätigkeit der Konfliktkommissionen und Schiedskommissionen – weitere Ausgestaltung der sozialistischen Rechtsordnung. NJ 1968, 709–713; 741–745
Haring, W.: Zusammenarbeit der Gerichte und Betriebe zur Festigung der Gesetzlichkeit. NJ 1978, 193–194
Harrland, H.: Aufgaben der Staatsanwaltschaft zur Unterstützung der gesellschaftlichen Gerichte. NJ 1984, 38–40
ders.: Für eine hohe Qualität der staatsanwaltlichen Gesetzlichkeitsaufsicht. NJ 1975, 347–351
ders.: Die Allgemeine Gesetzlichkeitsaufsicht des Staatsanwalts wirksam gestalten. NJ 1982, 7–9
ders.: Gesetzlichkeitsaufsicht des Staatsanwalts auf arbeitsrechtlichem Gebiet. AuA 1979, 493–496
ders.: Die Gesetzlichkeitsaufsicht konsequent und wirksam ausüben! NJ 1974, 129–134
ders.: Stellung und Aufgaben der Staatsanwaltschaft in der DDR. NJ 1977, 391–393
ders.: Unablässig für die Festigung der sozialistischen Gesetzlichkeit wirken. NJ 1979, 102–104
ders.: Unterstützung der Konfliktkommissionen durch die Staatsanwaltschaft. NJ 1977, 628–630
ders.: Höhere Wirksamkeit der Gesetzlichkeitsaufsicht. NJ 1973, 251–255
ders.: Zur Mitwirkung des Staatsanwalts in Zivil-, Familien- und Arbeitsrechtsverfahren. NJ 1977, 288–289
Hartmann, A./Pilz, D.: Über die Zuständigkeit der Militärgerichte und Militärstaatsanwälte. NJ 1969, 664–666
ders./Schindler, R.: Zur Unmittelbarkeit der gerichtlichen Beweisaufnahme im Strafverfahren erster Instanz. NJ 1971, 354–358
Heintze, H.: 25 Jahre erfolgreiche Arbeit der Konfliktkommissionen. NJ 1978, 190–192
Heinze, C./Roehl, U./Steffens, G. (Red.): Recht im Dienste des Volkes. Berlin 1979, 160 S.
Heller, H.: Der Schutz der Rechte der Bürger durch die anwaltschaftliche Tätigkeit in der DDR. Diss. iur. Jena 1969
Herrmann, R.: Zur Ablehnung des Parteiprinzips im Strafverfahren der DDR. NJ 1969, 366–369
ders./Schüsseler, R.: Inhalt und Bedeutung der Unabhängigkeit des Richters in der DDR. NJ 1963, 129–135
dies./Winkler, F.-K.: Zu einigen theoretischen Grundfragen der sozialistischen Rechtspflege und ihrer Entwicklung unter den Bedingungen des umfassenden Aufbaus des Sozialismus. StuR 1964, 1044–1067
Heuckendorf, H.-J./Hugot, H./Lehmann, G.: Die Stellung der Bezirks- und Kreisgerichte im System der Leitung der Strafrechtsprechung und die Aufgaben ihrer Leitungsorgane. Potsdam-Babelsberg 1968
Heuse, R.: Die Mitwirkung des Staatsanwalts in Arbeitsrechtssachen. Diss. iur. Leipzig 1967
Heusinger, H.-J.: Auf der Grundlage der Beschlüsse des IX. Parteitages der SED das neue Statut des Ministeriums der Justiz durchsetzen. NJ 1976, 377–381

ders.: Aufgaben der Schöffen bei der allseitigen Festigung der sozialistischen Staats- und Rechtsordnung. NJ 1976, 217–223
ders.: Dem 30. Jahrestag der KK entgegen. AuA 1982, 521–523
ders.: Die Erhöhung der Wirksamkeit der Gerichte und Staatlichen Notariate – ein wesentlicher Faktor bei der Gewährleistung der sozialistischen Gesetzlichkeit und der Festigung des Rechtsbewußtseins der Werktätigen. NJ 1974, 571–574
ders.: Festigung unserer Staats- und Rechtsordnung steht im Mittelpunkt. Zentrale Schöffenkonferenz in Berlin (15.3.1976). AuA 1976, 278–281
ders.: Das neue Gerichtsverfassungsgesetz – wichtige Grundlage für die weitere Erhöhung der Wirksamkeit der Gerichte. NJ 1974, 601–602
ders.: Gesetz über die gesellschaftlichen Gerichte bewährt sich in der Praxis. NJ 1984, 7 f.; auch Der Schöffe 1984, 3–6
ders.: Höhere Qualität der Leitungstätigkeit der Gerichte und Staatlichen Notariate zur Vorbereitung des IX. Parteitages der SED. NJ 1976, 1–4
ders.: Sozialistische Rechtsanwaltschaft – fester Bestandteil sozialistischer Rechtsordnung. NJ 1981, 4–5
ders.: Vereinfachung des Prozeßrechts im Interesse aller Bürger. Rede. In: Das sozialistische Zivilrecht der DDR. Materialien. Berlin 1975, 51–55
ders.: Wahlen der Direktoren, Richter und Schöffen der Bezirksgerichte 1981 im Zeichen des X. Parteitages der SED. NJ 1981, 200–201
ders.: Wahl der Direktoren, Richter und Schöffen der Kreisgerichte und der Mitglieder der Schiedskommissionen – ein bedeutendes gesellschaftliches Ereignis. NJ 1979, 150–152
ders.: Zu den Aufgaben unserer Schöffen. Der Schöffe 1979, 149–151
ders.: Zu den Wahlen der Direktoren, Richter und Schöffen der Bezirksgerichte im Jahre 1976. NJ 1976, 505–508
ders./Weichelt, W./Hengelhaupt, E./Löhn, C.: Neues Gesetz über die gesellschaftlichen Gerichte. NJ 1982, 146–150, 153
Hinderer, H./Möbus, V./Wallstabe, U.: Über die Aufgaben der Strafverteidigung. NJ 1968, 361–364
Homann, H.: Die gesellschaftlichen Gerichte im System unserer sozialistischen Rechtspflege. Sozialistische Demokratie 1968, 42., 5
Hünefeld, G.: Die führende Rolle der Grundorganisation der SED in den Justizorganen und ihre Verantwortung für die Verwirklichung der Beschlüsse der Partei. Diss. iur. Potsdam-Babelsberg (ASR) 210 S.
Hüttl, Ch.: Urteilsverkündung und Verfahrensauswertung im Betrieb. NJ 1977, 470 f.
Hultsch, S./Baumgart, A. (Red.): Die Gewährleistung der Grundrechte der Werktätigen durch die Arbeitsrechtsprechung. Symposiumsprotokoll. Potsdam-Babelsberg 1980, 192 S.
Hurlbeck, W.: Die Anforderungen an die Sachaufklärung in Zivil-, Familien- und Arbeitsrechtsverfahren. Der Schöffe 1982, 41
ders.: Die Bestätigung von Einigungen im Zivil-, Familien- und Arbeitsrechtsverfahren. NJ 1971, 577
Justizorgane der DDR. Aufbau und grundlegende Aufgaben. Hrsg. v. Ministerium der Justiz. Dresden o. J. (1977), 32 S.
Kalwert, G.: Vor den vierten Militärschöffenwahlen. Der Schöffe 1979, 6
ders./Penndorf, L.: Der Beitrag der Militärgerichte zur Festigung der sozialistischen Rechtsordnung. Militärwesen 1983, 195–199
Keil, H./Wittenbeck, S.: Die gesellschaftliche Wirksamkeit der Rechtsprechung zum Schutz des sozialistischen Eigentums erhöhen! NJ 1979, 297–300
Kellner, H.: Aufgaben der Gerichte nach der neuen Zivilprozeßordnung. StuR 1975, 1507–1514
ders.: Die Grundsatzbestimmungen der neuen Zivilprozeßordnung. NJ 1975, 542

ders.: Die Prozeßhandlungen des Gerichts. NJ 1978, 201–204
ders.: Prozeßvertretung und Mitwirkung gesellschaftlicher Kräfte im Zivil-, Familien- und Arbeitsrechtsverfahren. NJ 1977, 295–298
ders.: Richtlinien und Beschlüsse – bedeutende Leitungsakte des Obersten Gerichts der DDR. Wiss. Zs. der Humboldt-Universität Berlin. Gesellschafts- und sprachwiss. Reihe 1966, 793–795
ders.: Die mündliche Verhandlung. NJ 1970, 170–173
ders.: (LAK): Zivilprozeßrecht. Lehrbuch. Berlin 1980, 582 S.
ders.: Zur gerichtlichen Einigung der Prozeßparteien. NJ 1977, 237–239
ders.: Zur Herausbildung, Durchsetzung und Weiterentwicklung sozialistischer Prozeßprinzipien in der DDR. NJ 1972, 185–189, 217–220
ders.: Zur Vorbereitung und zum Beginn der mündlichen Verhandlung im zivil-, familien- und arbeitsrechtlichen Verfahren. NJ 1977, 416 f.
ders.: Das Zusammenwirken von Gericht und Parteien im sozialistischen Zivilprozeßrecht. StuR 1973, 290 f.
ders./Göhring, J./Kietz, H.: Zivilprozeßrecht. Grundriß. Berlin 1977, 192 S.
ders./Kaiser, F./Schulz, W.: Die Tätigkeit der Gerichte in Arbeitsrechtssachen. Berlin 1966, 374 S.
Kern, H.: Die Aufgaben der Gerichte nach dem X. Parteitag der SED. NJ 1981, 290–292
ders.: Gesellschaftliche Gerichte – Unverzichtbarer Bestandteil sozialistischer Rechtspflege. Der Schöffe 1980, 245–249
ders.: Rechtsprechung im Interesse des Volkes. NJ 1984, 301–303
ders.: Wirksame Tätigkeit der Gerichte. NJ 1981, 154–156
Kietz, H.: Zu einigen theoretischen Grundfragen der neuen ZPO der DDR. StuR 1976, 54–63
ders./Mühlmann, M.: Die Erziehungsaufgaben im Zivilprozeß und die Rolle der gerichtlichen Entscheidungen. Berlin 1962, 135 S.
dies.: Konfliktursachen und Aufgaben der Zivil- und Familienrechtspflege. Berlin 1969, 189 S.
ders./Rudelt, W.: Feststellung von Konfliktursachen im Zivil-, Familien-, Arbeits- und LPG-Rechtsverfahren. NJ 1972, 535–538
Kirmse, G./Haber, W.: Aufgaben des Staatsanwalts in Zivil-, Familien und Arbeitsrechtsverfahren. NJ 1976, 547–551
Kirschner, G.: Konfliktkommissionen verwirklichen Gesetzlichkeit im Arbeitsrecht. NJ 1979, 252 f.
Kleiner, K.: Eingaben – Instrument der Mitarbeit der Bürger. NJ 1984, 393–395
Klemm, W./Naumann, M.: Zur Arbeit mit den Eingaben der Bürger. Berlin 1977, 73 S.
Klemmer, F.: Zur Wirksamkeit von Schiedskommissionsbetrachtungen bei Schulpflichtverletzungen in dem engeren Sinne von Schulversäumnissen, zugleich ein Beitrag zur Vorbeugung und Bekämpfung der Jugendkriminalität. Diss. jur. Humboldt-Universität Berlin 1981
Klinger, G.: Stellung und Aufgaben des Staatlichen Vertragsgerichts. Vertragssystem 1966, 129–132
ders.: Zur neuen Verordnung über die Aufgaben und die Arbeitsweise des Staatlichen Vertragsgerichts. NJ 1963, 535–538
ders./Oertel, H./Panzer, W.: Aufgaben und Stellung des Staatlichen Vertragsgerichts im System der sozialistischen Wirtschaftsleitung. StuR 1963, 1477–1492
Klinkert, R.: Zu einigen Fragen bei der Durchführung von Vertragsgestaltungsverfahren. Wirtschaftsrecht 1970, 15–18
dies./Neumann, H.: Erweiterung der Aufgabenstellung des Staatlichen Vertragsgerichts durch neue gesetzliche Regelungen. Wirtschaftsrecht 1970, 264–274
Knodel, J./Krone, R.: Wahrung der Rechte der Bürger – Aufgabe des notariellen Fürsorgeverfahrens. NJ 1979, 303 f.

Die Konfliktkommission. Arbeitsmaterialien für die Tätigkeit der gesellschaftlichen Gerichte in den Betrieben. Berlin 1978, 380 S.
Kopatz, W./Becker, K.: Schiedskommissionsbeirat und Entwicklung der Schiedskommissionen. Der Schöffe 1969, 129
Kranke, R.: Neue Ordnung über die gewerkschaftliche Interessenvertretung im arbeitsrechtlichen Verfahren. NJ 1979, 398f.
ders.: Gewerkschaftliche Prozeßvertretung und Verfahrensmitwirkung neu geregelt. AuA 1979, 471–474
ders.: Wahlen der Konfliktkommissionen – weitere Stärkung der sozialistischen Rechtsordnung. NJ 1977, 388–390
Krüger, G.: Die Einleitung des Verfahrens vor dem Kreisgericht in Zivil-, Familien- und Arbeitssachen. NJ 1975, 570–573
ders.: Rechtsmittel, Kassation und Wiederaufnahme des Verfahrens in Zivil-, Familien- und Arbeitsrechtssachen. NJ 1976, 675–681
ders.: Die mündliche Verhandlung in Zivil-, Familien- und Arbeitsrechtsverfahren. NJ 1975, 657–660
ders.: Zur Ausgestaltung eines effektiven und rationellen gerichtlichen Verfahrens auf dem Gebiet des Zivil-, Familien- und Arbeitsrechts. NJ 1974, 425–429, 459–462, 489–492
ders./Wallis, P.: Rechtsstellung des Prozeßbeauftragten im Verfahren in Zivil-, Familien- und Arbeitsrechtssachen. NJ 1979, 442–444
Kube, W.: Gerichtskritiken, Hinweise und Empfehlungen zur Beseitigung der Ursachen und Bedingungen von Rechtsverletzungen. NJ 1976, 294–296
Küchler, S./Müller, R./Plitz, H.: Differenziertere und wirksamere Mitwirkung gesellschaftlicher Kräfte am Strafverfahren. NJ 1975, 130–132
Kühnau, K.-H.: Beschwerdeausschüsse und sozialistische Demokratie. StuR 1970, 35–44
Kunz, F./Thiel, W. (LAK): Arbeitsrecht. Lehrbuch. Berlin 1983, 540 S.
Langer, S.: Erweiterung der Rechte der gesellschaftlichen Gerichte. NJ 1982, 214–217
dies./Posorski, F./Winkler, R.: Die Konfliktkommission hat eingeladen ... Über die Tätigkeit der Konflikt- und Schiedskommissionen. Berlin 1984, 110 S.
Latka, H./Seifert, W.: Gerichtskritik in Zivil-, Arbeits- und LPG-Rechtsverfahren. NJ 1970, 701–703
Lehmann, G.: Wissenschaftliche Leitung der Strafrechtsprechung. Berlin 1968. 270 S.
ders.: Die wissenschaftliche Leitung der Strafrechtsprechung durch das Oberste Gericht der DDR. Hab. iur. Potsdam-Babelsberg 1966
ders./Renneberg, J./Beyer, K.-H.: Probleme der sozialistischen Rechtspflege und ihrer Leitung. 2. Bde. Potsdam-Babelsberg 1972, zus. 247 S.
ders./Schulz, H.-J.: Rechtliche Mittel und Maßnahmen der Rechtspflegeorgane zur weiteren Festigung der sozialistischen Gesetzlichkeit. StuR 1973, 1771–1784
ders./Weber, H.: Theoretische Grundfragen der sozialistischen Rechtspflege. NJ 1969, 606–615
Leitfaden für Schiedskommissionen. Hrsg. v. Ministerium der Justiz. 4. Aufl. Berlin 1977, 208 S.
Lenhart, W./Reichwagen, D.: Probleme der Gewährleistung des Zwei-Instanzen-Prinzips bei der Entscheidung der Rechtsmittelgerichte. NJ 1974, 238–240
Lieske, H.: Die Mitwirkung von Kollektivbeauftragten im Zivilverfahren. Potsdam-Babelsberg 1978, 68 S.
Löffler, K.-H.: Die Schiedsrichter beim Staatlichen Vertragsgericht. Die Schiedsrichtertätigkeit als ein Beispiel für die Einbeziehung der Werktätigen in die Leitung von Staat und Wirtschaft. Berlin 1963, 99 S.
Lörler, S.: Das Staatshaftungsrecht und seine Anwendung. Potsdam-Babelsberg 1981, 147 S.
Luther, H. (LRK): Strafverfahrensrecht. Lehrbuch. Berlin 1977, 628 S.

ders./Wolff, F.: Das Recht auf Verteidigung im sozialistischen Strafverfahren. StuR 1978, 144–152
dies.: Zur Frage, ob die Verteidigung persönliche Dienstleistung ist. NJ 1979, 308 f.
Maser, W.: Aufgaben und Ergebnisse der Weiterbildung von Richtern und Notaren. NJ 1979, 438 f.
Matthias, H./Radeck, H.: Wirksame Anwendung der Gerichtskritik und des Hinweises. NJ 1984, 446–448
Miehe, H.: Aufgaben des Rechtsanwalts zur Entwicklung und Festigung des sozialistischen Rechtsbewußtseins der Bürger. NJ 1977, 258–260
Mollnau, K. A. et al. (Redaktionskommission): Staats- und Rechtstheorie. Lehrbuch. 3. Aufl. Berlin 1980, 672 S.
Mühlberger, F.: Zum Inhalt von Weisungen und zur Selbstentscheidung des Rechtsmittelgerichts. NJ 1974, 397–400
ders.: Gewährleistung des Rechts auf Verteidigung. NJ 1973, 634–637
ders./Willamowski, H.: Wirksamere Ausgestaltung der Rechtsmittel- und des Kassationsverfahrens durch die StPO-Novelle. NJ 1975, 474–478
Müller, F.: Die staatsanwaltliche Aufsicht – eine zuverlässige Garantie der sozialistischen Gesetzlichkeit. NJ 1972, 277–281
ders.: Die wachsende gesellschaftliche Bedeutung der staatsanwaltlichen Aufsicht als einer Garantie der sozialistischen Gesetzlichkeit in der DDR. StuR 1975, 1385–1395
ders.: Das Gerichtsverfassungsrecht und einige Aufgaben der Forschung. StuR 1977, 24–33
ders.: Aktuelle Probleme der Gesetzlichkeitsaufsicht (Allgemeinen Aufsicht) der Staatsanwaltschaft. Potsdam-Babelsberg 1976, 119 S.
ders.: Tätigkeit und Wahl der Schöffen und der Mitglieder der Schiedskommissionen – Ausdruck der weiteren Entfaltung der sozialistischen Demokratie. Der Schöffe 1984, 77–80
ders.: Vervollkommnung der Rechtsgrundlagen der staatsanwaltlichen Aufsicht. StuR 1977, 823–831
ders.: Zur Entwicklung der sozialistischen Gerichtsverfassung. Studien. Aktuelle Beiträge der Staats- und Rechtswissenschaft. Heft 306. Potsdam Babelsberg 1984, 72 S.
ders.: Zusammenwirken örtlicher Volksvertretungen und ihrer Organe mit gesellschaftlichen Gerichten. NJ 1984, 56–59
ders./Fritzsche, H.: Gerichtsverfassungsrecht. Staatsanwaltschaftsrecht. Potsdam-Babelsberg 1981, 124 S.
dies./Schulz, H.-J./Rodig, R.: Aufgaben und Aufbau der Gerichte. Lesematerial. Berlin 1974
ders./Lischke, P.: Gerichtskritiken, Hinweise und Empfehlungen – wichtige Mittel zur Erhöhung der Wirksamkeit der Rechtsprechung und zur Festigung der Gesetzlichkeit. NJ 1976, 613–619
dies.: Staatsanwaltschaftsrecht. Einführung für das Studium I. Potsdam-Babelsberg 1977
ders./Müller, G.: Die Gesetzlichkeitsaufsicht – wirksamer Bestandteil der zentralen staatlichen Leitung zur Festigung der Gesetzlichkeit. NJ 1975, 380–386
ders./Rodig, R.: Das Klagerecht des Staatsanwalts – eine Garantie der sozialistischen Gesetzlichkeit und der Rechte der Bürger. StuR 1970, 1970–1983
ders./Schulze, K.: Regelmäßige Einschätzung der Wirksamkeit sozialistischer Rechtspflege – Bestandteil der Leitungstätigkeit der Rechtspflegeorgane. NJ 1972, 89–93
ders./Wünsche, K.: Zum Charakter und zur Rolle der Leitungsentscheidungen des Obersten Gerichts. StuR 1984, 409–417
Müller, G.: Neues Arbeitsgesetzbuch und staatsanwaltliche Aufsicht. AuA 1977, 643–646
ders.: Aktuelle Aufgaben der Allgemeinen Gesetzlichkeitsaufsicht der Staatsanwaltschaft. NJ 1979, 338–340
ders.: Der Staatsanwalt – Hüter der sozialistischen Gesetzlichkeit. AuA 1974, 291–293
ders.: Wirksamkeit der gesellschaftlichen Gerichte. NJ 1982, 154 f.
Müller, W.: Ergebnisse der 8. Militärschöffenwahlen und Aufgaben der neuen Wahlperiode. Der Schöffe 1984, 156–158

Naumann, K.: Die nächsten Aufgaben der Parteiorganisationen in den Rechtspflegeorganen der Hauptstadt der DDR. NJ 1970, 129–133
Neubecker, J.: Unterstützung der Konfliktkommissionen durch die Staatsanwaltschaft. NJ 1978, 223–224
Neumann, H.: Für eine höhere Effektivität des Einsatzes der Inspektionsgruppen. NJ 1966, 307–310
ders.: Verbesserung der Leitungstätigkeit der Bezirksgerichte. NJ 1965, 161–163
ders./Lehmann, G.: Stellung und Aufgaben der Inspektionsgruppe. NJ 1964, 449–452
Neumann, H.: Zu einigen Fragen der Weiterentwicklung der Arbeitsweise des Staatlichen Vertragsgerichts bei der Durchführung von Vertragsgestaltungsverfahren. Vertragssystem 1968, 429–433
ders.: Zur Mitwirkung von Werktätigen als Schiedsrichter beim Staatlichen Vertragsgericht. Erläuterung der Schiedsrichterordnung. Wirtschaftsrecht 1971, 201–204
ders./Oertel, H.: Aktuelle Fragen der Tätigkeit des Staatlichen Vertragsgerichts. StuR 1973, 1892–1903
Opitz, R./Schüßler, G.: Die Bearbeitung der Eingaben der Bevölkerung als Bestandteil staatlicher Leitungstätigkeit. StuR 1978, 220–223
Otte, S./Kusoir, S./Rösler, H.: Die Konfliktkommission. Arbeitsmaterial für die Tätigkeit der gesellschaftlichen Gerichte in den Betrieben. 2. Aufl. Berlin 1980, 380 S.
ders./Sahr, S./Herzog, B.: Die Konfliktkommission. Ein Leitfaden. Berlin 1984, 231 S.
Paul, H.: Zur Rolle des Verfahrens in Arbeitsrechtssachen bei der Lösung arbeitsrechtlicher Konflikte und die durch die Spezifik dieser Konflikte bedingten verfahrensrechtlichen Besonderheiten. Hab. iur. Jena 1967, 260 S.
Pein, G.: Der Beitrag des Verteidigers zur Erforschung der objektiven Wahrheit. NJ 1963, 18–22
ders.: Die Verteidigung in der Hauptverhandlung erster Instanz. NJ 1970, 50–56
Piehl, H./Appelfelder, W.: Zur Wirksamkeit gerichtlicher Verhandlungen vor erweiterter Öffentlichkeit. Der Schöffe 1977, 54
Pohl, H.: Die Gewährleistung der sozialistischen Gesetzlichkeit durch die Organe des Staatsapparats bei der Bearbeitung und Entscheidung von Anliegen der Bürger. Diss. B [= Hab.] Potsdam-Babelsberg 1981
ders./Schulze, G.: Gewährleistung der Gesetzlichkeit bei der Eingabenbearbeitung. NJ 1979, 246–248
dies.: Hohes Niveau der sozialistischen Gesetzlichkeit bei der Bearbeitung von Anliegen der Bürger sichern. StuR 1978, 588–597
dies.: Wachsende Rolle des Verwaltungsrechts beim Schutz der Rechte der Bürger. StuR 1981, 397–410
Polak, K.: Über die weitere Entwicklung der sozialistischen Rechtspflege in der DDR. StuR 1961, 607–657
Pommerening, F.: Die Rechtskommission. Berlin 1977, 39 S.
Poppe, E.: Der Bürger im Verwaltungsrecht der DDR. Berlin 1984, 21 S.
Posorski, F.: Die Schiedskommissionen als gesellschaftliche Gerichte – Grundsätze ihrer Stellung und ihrer Leitung als Organe der Rechtspflege der DDR. Diss. iur. Berlin 1971, 214 S.
ders.: Staat, Recht und gesellschaftliche Gerichte. StuR 1983, 178–186
ders.: Die verfassungsmäßige Stellung der gesellschaftlichen Gerichte. NJ 1969, 229–233, 295–298
Probleme bei der Mitwirkung der Bürger im gerichtlichen Hauptverfahren. Bericht. NJ 1971, 33–38
Probleme der Wirksamkeit der Rechtsprechung der Konfliktkommissionen. Bericht. NJ 1973, 442–445
Probst, K.: Stand und Aufgaben der Schöffenarbeit in der Hauptstadt Berlin. Der Schöffe 1976, 57–60

ders./Winkler, R.: Die Leitung der gesellschaftlichen Gerichte. NJ 1969, 234–237
Püschel, H.: Konzeptionelle Fragen des Entwurfs eines Gesetzes über das gerichtliche Verfahren in Zivil-, Familien- und Arbeitsrechtssachen. NJ 1970, 163–167
ders.: Neuregelung der gerichtlichen Zuständigkeit in Rechtsstreitigkeiten auf dem Gebiet des Urheberrechts. NJ 1975, 386–392
Puls, G.: Aufgaben der Gerichte bei der Verwirklichung des LPG-Rechts. NJ 1978, 292–294
Redlich, B./Müller, R.: Neue Ausbildungsdokumente für Richterassistenten. NJ 1981, 405–408
Reinwarth, H.: Die Heranziehung von Zivil-, Familien- und Arbeitsrechtssachen nach § 28 GVG als Mittel der Leitung der Rechtsprechung im Sinne des Erlasses des Staatsrates über die grundsätzlichen Aufgaben und die Arbeitsweise der Organe der Rechtspflege. Diss. iur. Berlin 1967
Renneberg, J.: Umfassender Aufbau des Sozialismus und Rechtspflege. StuR 1963, 425–441
Richter, H.: Wesen und Inhalt der Entscheidungen des Staatlichen Vertragsgerichts. Hab. iur. Leipzig 1965
ders.: Zum Charakter der Entscheidungen des Staatlichen Vertragsgerichts. StuR 1964, 2100–2117
Riemann, T.: Recht und Gesetz im Sozialismus. Eine Information über die Rechtspflege in der DDR. Berlin 1976, 64 S.
Riethig, M.: Gesetzlichkeitsaufsicht des Staatsanwalts bei Nichtbeachtung von Empfehlungen der Konfliktkommissionen. NJ 1975, 422 f.
Ritter, G.: Beschwerdeausschüsse – Instrumente der örtlichen Volksvertretungen zur Wahrung der sozialistischen Gesetzlichkeit. StuR 1973, 380–392
Ritter, T.: Eingabenarbeit – Grundsätze und Erfahrungen. Berlin 1972, 136 S.
Rudelt, W./Bunzel, E.: Entscheidung von Arbeitsstreitfällen und von Streitfällen auf dem Gebiet der Sozialversicherung der Arbeiter und Angestellten. Erläuterungen zum 17. Kapitel des Arbeitsgesetzbuches der DDR. Schriftenreihe zum Arbeitsgesetzbuch der DDR 15. Berlin 2. Aufl. 1983, 160 S.
Sahr, S.: Eine weitere Etappe in der Arbeit der Konfliktkommissionen. NJ 1982, 151–153
ders.: Wahl der Konfliktkommissionen – ein Höhepunkt gewerkschaftlicher Rechtsarbeit. NJ 1980, 11 f.
Sarge, G./Kalwert, G.: Die Entwicklung der Militärgerichtsbarkeit in der DDR. NJ 1973, 190–194
Schindler, R./Lehmann, G. (GR): Grundfragen der Durchführung des Rechtspflegererlasses. Berlin 1964, 232 S.
Schlegel, J.: Die Hauptverhandlung vor erweiterter Öffentlichkeit. NJ 1968, 172–175
ders.: Die Mitwirkung der Schöffen bei der Erhöhung der Wirksamkeit der Strafverfahren durch die Gestaltung einer effektiven Öffentlichkeitsarbeit. Der Schöffe 1970, 287
ders.: Ziel und Inhalt der Mitwirkung gesellschaftlicher Ankläger und Verteidiger. NJ 1964, 523–526
ders.: Zu einigen Problemen der Mitwirkung gesellschaftlicher Kräfte in der gerichtlichen Hauptverhandlung und bei der Strafenverwirklichung. NJ 1971, 348–352
Schmitt, R.: Fragen der Gewährleistung der sozialistischen Gesetzlichkeit bei der rechtlichen Ausgestaltung von Regelungen über Rechtsmittel gegen Entscheidungen staatlicher Organe. Diss. iur. Berlin 1976, 204 S.
Schönfeldt, M./Schönfeldt, H.: Moralische Aspekte der Beziehungen zwischen Richtern und Schöffen. Der Schöffe 1979, 101–105
Schönrath, T.: Zur staatlich-juristischen Gewährleistung des sozialistischen Rechts in der entwickelten sozialistischen Gesellschaft. StuR 1984, 91–99
Scholz, E./Schönfeldt, H.: Das Berufsethos des sozialistischen Staatsanwalts. NJ 1978, 333–335
Schulz, P.-B.: Gruppensoziologische und psychologische Elemente der Tätigkeit der Konfliktkommissionen. StuR 1967, 40–52

ders.: Über Ziele, Formen und Bedingungen des erzieherischen Wirkens der Konfliktkommissionen. Hab. iur. Berlin 1966, 238 S.
Schulze, G. (Redaktionsleitung): Verwaltungsrecht. Lehrbuch. Berlin 1979, 686 S.
Schumann, K.: Die Anleitung der Gerichte der DDR durch die zentralen Justizorgane. StuR 1960, 1634–1669
Schur, H.: Mitwirkung gesellschaftlicher Ankläger und Verteidiger im Strafverfahren. NJ 1964, 365–368
Semler, H.-J./Kern, H. (Hrsg.): Rechtspflege – Sache des ganzen Volkes. Leitfaden zum Rechtspflegeerlaß. Berlin 1963, 207 S.
Severin, E.-G.: Zur Neufassung des Gerichtsverfassungsgesetzes. NJ 1974, 737–741
Siegert, P.-P.: Sicherung der einheitlichen Rechtsanwendung durch die Konfliktkommissionen – eine wichtige Aufgabe der Gerichte. NJ 1973, 446–448
Sorgenicht, K./Weichelt, W./Riemann, T./Semler, H.-J. (Hrsg.): Verfassung der Deutschen Demokratischen Republik. Dokumente. Kommentar. 2 Bde. Berlin 1969, zus. 973 S.
Spitzner, O.: Zur neuen Verordnung über die Aufgaben und die Arbeitsweise des Staatlichen Vertragsgerichts. Vertragssystem 1963, 163–167
Splittgerber, S.: Möglichkeiten des Rechtsanwalts zur Unterstützung einer rationellen Verfahrensdurchführung in Zivil-, Familien- und Arbeitsrechtssachen. NJ 1977, 173–175
Stellungnahme des Präsidiums des Obersten Gerichts zur Verbindlichkeit von Leitungsentscheidungen des Obersten Gerichts. NJ 1970, 131–133
Stenzel, R.: Die Gerichtskritik – unter dem besonderen Aspekt ihrer Anwendung gegenüber sozialistischen Industriebetrieben. Diss. iur. Jena 1965
ders.: Die Gerichtskritik konsequenter zur Durchsetzung der sozialistischen Gesetzlichkeit nutzen! NJ 1968, 144
Strafprozeßordnung der Deutschen Demokratischen Republik – StPO – sowie angrenzende Gesetze und Bestimmungen. Textausgabe mit Anmerkungen und Sachregister. Hrsg. v. Ministerium der Justiz. Berlin 1979, 320 S.
Strafprozeßrecht der DDR. Lehrkommentar. Hrsg. v. Ministerium der Justiz. Berlin 1968, 544 S.
Stranovsky, S./Wille, G.: Erfahrungen der Beiräte für Schiedskommissionen im Bezirk Neubrandenburg. NJ 1972, 389
Strasberg, W.: Aufgaben der Familienrechtsprechung nach dem IX. Parteitag der SED. NJ 1976, 687–701
ders.: Aufgaben der Gerichte im Eheverfahren. NJ 1980, 52–54
ders.: Erfahrungen bei der Anwendung der neuen ZPO zur Verstärkung der gesellschaftlichen Wirksamkeit des sozialistischen Rechts. NJ 1977, 354–360
ders.: Zur Wirksamkeit von Leitungsdokumenten des Obersten Gerichts auf dem Gebiet des Arbeits-, Familien- und Zivilrechts. NJ 1974, 416–418
ders./Pfeuffer, A./Stranovsky, S.: Integration der gerichtlichen Tätigkeit auf dem Gebiet des Zivil-, Familien-, Arbeits- und LPG-Rechts in die komplexe Gesellschaftsgestaltung. NJ 1970, 416, 475
Streit, J.: 30 Jahre sozialistische Staatsanwaltschaft in der DDR. NJ 1982, 194–196
ders.: Entwicklung und Verfassungsauftrag der Staatsanwaltschaft. NJ 1969, 590–593
ders.: Die sozialistische Gesetzlichkeit – eine wichtige Errungenschaft der Arbeiter-und-Bauern-Macht. NJ 1974, 569–570
ders.: Das Programm der Staatsanwaltschaft zur Vorbereitung des IX. Parteitages der SED. NJ 1975, 615–617
ders.: Die Qualität der Arbeit der Staatsanwaltschaft weiter erhöhen! NJ 1984, 18 f.
ders.: Die Staatsanwaltschaft der DDR – ein stabiles Organ der sozialistischen Staatsmacht. NJ 1979, 523
ders.: Vervollkommnung der Rechtsgrundlagen für die Tätigkeit der Staatsanwaltschaft. NJ 1977, 253–255
ders.: Höhere Wirksamkeit der Gesetzlichkeitsaufsicht der Staatsanwaltschaft. NJ 1971, 663–666

ders.: X. Parteitag – Kompaß für die staatsanwaltliche Tätigkeit in den achtziger Jahren. NJ 1981, 243–245
ders.: Zur Entwicklung der Rechtspflege in der Deutschen Demokratischen Republik. NJ 1978, 238–240, 282 f., 370–372, 414–416, 510–512; 1979, 50–52
Strogowitsch, M. S.: Die Ethik der gerichtlichen Verteidigung in Strafsachen. NJ 1977, 208–210
Toeplitz, H.: Konsequente Anwendung des sozialistischen Rechts und wirksame Gestaltung des Verfahrens. NJ 1974, 33–36
ders.: Grundsätzliche Aufgaben der Gerichte beim weiteren Ausbau der wissenschaftlichen Leitung der Rechtsprechung. NJ 1969, 584–589
ders.: Die Aufgaben der Rechtsprechung der Gerichte im 25. Jahr der DDR. NJ 1974, 381–385
ders.: Aufgaben der Rechtsprechung und ihrer Leitung in Vorbereitung des IX. Parteitages der SED. NJ 1976, 33–36
ders.: Aufgaben der Rechsprechung im Zeichen des 35. Jahrestages der DDR. NJ 1984, 391–393
ders.: Beitrag der Gerichte zur Entwicklung und Gestaltung der sozialistischen Gesellschaft. NJ 1979, 534
ders.: Der Beitrag des Obersten Gerichts zur Stärkung und Festigung der sozialistischen Staatsmacht. NJ 1974, 574–577
ders.: Der Bürger und das Gericht. Berlin 1978, 141 S.
ders.: Fragen der Gesetzlichkeit und Rechtspflege in der neuen, sozialistischen Verfassung der DDR. NJ 1968, 321–328
ders.: Gerichte und Rechtsprechung sind für das Volk da. AuA 1976, 567
ders.: Grundfragen der Leitungstätigkeit der Kreisgerichte. NJ 1971, 1–7
ders.: Feste Klassenpositionen der Juristen. NJ 1979, 335–337
ders.: Die Leitung der Rechtsprechung durch das Oberste Gericht nach dem IX. Parteitag der SED. NJ 1980, 482–485
ders.: Richter des Volkes eng verbunden mit den Gewerkschaften. AuA 1977, 671–674
ders.: Erste Schlußfolgerungen für die Rechtsprechung aus dem IX. Parteitag der SED. NJ 1976, 409–414
ders.: Zu einigen Aufgaben der Gerichte in Vorbereitung auf das Inkrafttreten des AGB. NJ 1977, 625–627
ders.: Zur Entwicklung des Obersten Gerichts als Leitungsorgan. NJ 1979, 392–394
Uhlig, A.: Wirken der Schöffenkollektive – Ein Beitrag zur Durchsetzung der sozialistischen Gesetzlichkeit. Der Schöffe 1984, 167–171
Walter, G.: Stellung, Aufgaben und Arbeitsweise des Staatlichen Vertragsgerichts der DDR und Probleme seiner Weiterentwicklung unter Berücksichtigung der nächsten Schritte bei der Gestaltung des ökonomischen Systems des Sozialismus. Vertragssystem 1969, 8., Beilage, 4
ders.: Die Weiterentwicklung der Aufgaben des Staatlichen Vertragsgerichts. Vertragssystem 1969, 649–652
ders.: Zur Aufgabenstellung des Staatlichen Vertragsgerichts bei der Durchführung des Volkswirtschaftsplanes. Wirtschaftsrecht 1981, 61–65
ders.: Zur Weiterentwicklung der Tätigkeit des Staatlichen Vertragsgerichts im ökonomischen System des Sozialismus. Wirtschaftsrecht 1970, 257–260
ders.: Zur Weiterentwicklung der rechtlichen Regelung über das Staatliche Vertragsgericht. Wirtschaftsrecht 1984, 30–32
Weber, H.: Mitwirkung der Arbeitskollektive im Strafverfahren – Verwirklichung der sozialistischen Demokratie. StuR 1975, 398–411
ders.: Verwirklichung der sozialistischen Demokratie im Strafverfahren der DDR. NJ 1984. 176–178
Wendland, G.: Über die staatsanwaltliche Leitung des Ermittlungsverfahrens. NJ 1977, 7–10
Willamowski, H.: Ziel und Hauptrichtungen der Änderungen der StPO. NJ 1975, 97–102

Winkler, R. (LRK): Leitfaden für Schiedskommissionen. 4. Aufl. Berlin 1977, 208 S.
ders./Barwinsky, K.: Einige Erfahrungen bei der Anleitung der Schiedskommissionen durch die Kreis- und Bezirksgerichte. NJ 1971, 322–324
ders./Görner, K.: Zur Stellung und Tätigkeit der gesellschaftlichen Gerichte im System der Staats- und Rechtsordnung der DDR. Der Schöffe 1968, 249
Wittenbeck, S.: Beweisaufnahme und Wahrheitsfindung im sozialistischen Strafprozeß. NJ 1978, 197–200
ders.: Plenartagung des Obersten Gerichts zu Aufgaben bei der weiteren Erhöhung des Niveaus der Rechtsprechung und ihrer Leitung. NJ 1977, 15 f.
Wolf, H./Backhaus, K.: Die Kollektivberatung – eine wichtige Form der Mitwirkung der Werktätigen am Strafverfahren. NJ 1976, 225–232
Wolff, F.: Stellung, Aufgaben und Verantwortung des Verteidigers im Strafverfahren. NJ 1979, 400–402
ders.: Vertrauensvoll zum Rechtsanwalt. Berlin 1982, 125 S.
ders.: Der Werdegang der sozialistischen Rechtsanwaltschaft in der DDR. NJ 1979, 433–435
Wünsche, K.: Einige aktuelle Aufgaben der Juristen in den Rechtspflegeorganen. NJ 1971, 471–474
ders.: Die Aufgaben des Ministeriums der Justiz auf dem Gebiet der sozialistischen Rechtspflege. NJ 1969, 65–71
ders.: Die Aufgaben der Rechtspflegeorgane aus gesamtgesellschaftlicher Sicht lösen! NJ 1968, 585–587
ders.: Gesetzlichkeit und Rechtspflege in der DDR. Der Schöffe 1969, 305
ders. (LAK): Grundlagen der Rechtspflege. Lehrbuch. Berlin 1983, 208 S.
ders.: Sozialistische Rechtsordnung und Rechtspflege – Entwicklung und künftige Aufgaben. NJ 1969, 593–596
ders.: Zur Herausbildung des sozialistischen Gerichtsverfassungsrechts in der Deutschen Demokratischen Republik. Wiss. Zs. der Humboldt-Universität Berlin, Gesellschafts- und sprachwiss. Reihe 1978, 2., 231–237
ders./Ziemen, K.: Zu den Aufgaben der Rechtsprechung bei der Entwicklung des sozialistischen Rechtsbewußtseins. Wiss. Zs. der Humboldt-Universität Berlin, Gesellschafts- und sprachwiss. Reihe 1978, 1., 61–68
Ziemen, K.: Probleme der weiteren Erhöhung der Rechtskultur, speziell der Kultur der gerichtlichen Tätigkeit. NJ 1973, 559–562, 591–594
Zivilprozeßordnung und andere verfahrensrechtliche Bestimmungen. Textausgabe mit Anmerkungen und Sachregister. Hrsg. v. Ministerium der Justiz. Berlin 1978, 160 S.
Zschiedrich, A.: Juristische Garantien der Grundrechte der Bürger. Diss. iur. Halle-Wittenberg 1974, 265 S.
dies.: Probleme der juristischen Garantien der grundlegenden Rechte der Bürger. StuR 1973, 1177–1182

Frank Trommler (Hrsg.)

## Amerika und die Deutschen

Bestandsaufnahme einer 300jährigen Geschichte

1986. X, 698 S. 15,5 X 22,6 cm. Geb. mit Schutzumschlag DM 64,–

Inhalt: Vorwort – Einleitung (F. Trommler) – Eröffnungsansprache: ‚Nach dreihundert Jahren' (S. Muller) – 1. Teil: Einwanderung, Sprache Ethnizität: Einwanderung / Die Pennsylvania-Deutschen / Ethnizität und Politik / Die deutsche Sprache / Deutsch-amerikanische Literatur – 2. Teil: Die Beziehungen im 20. Jahrhundert: Deutsch-amerikanische Beziehungen 1900–1950 / Das Bündnis: Eine Bestandsaufnahme 1983 / Politische Beziehungen: Perspektiven der Forschung / Die Deutschamerikaner im 20. Jahrhundert / Einwanderung nach 1933 / Exkurs in die Psychoanalyse / Amerikanismus und Massenkultur – Namensregister.

Der reich illustrierte Band entfaltet ein kritisches Panorama der Geschichte der Deutschen in Amerika und der Beziehungen zwischen den USA und Deutschland im 20. Jahrhundert. Zum 300. Jahrestag der ersten deutschen Einwanderung nach Nordamerika vereinte eine Konferenz namhafte amerikanische und deutsche Forscher aus den verschiedensten Disziplinen. Mit den vieldiskutierten Studien u.a. von Fritz Stern, Theo Sommer, Steven Müller, Gerhard Weinberg, Kathleen Conzen, Herbert Strauss, Günter Moltmann, Kurt Sontheimer, Peter Gay ist das Buch ein Standardwerk für die Erforschung der politischen, kulturellen und ethnischen Aspekte des faszinierenden Themas ‚Amerika und die Deutschen'. Die Beiträge reflektieren den aktuellen Forschungsstand, sind jedoch für ein generell interessiertes Publikum verfaßt. Der Band enthält zahlreiche Illustrationen.

Gerhard Schwarz

## Die „Heilige Ordnung" der Männer

Patriarchalische Hierarchie und Gruppendynamik

1985. 264 S. 15,5 X 22,6 cm. Kart. DM 38,–

Inhalt: Gruppe und Einzelperson / Die Gruppe in der Entwicklungsgeschichte / Entwicklung der Kommunikation in der Gruppe / Die Standardverletzung – Systemgeschichte der Institutionen – Recht / Moral / Natur / Logik / Die Universalität der heiligen Ordnung – Definition von Konflikt / Sinn der Konflikte / Konfliktarten / Konfliktlösungen.

Die „Heilige Ordnung der Männer" ist der Versuch, die Krise des hierarchischen Systems zu analysieren und Möglichkeiten einer Weiterentwicklung aufzuzeigen. Einer der möglichen Wege ist dabei eine Neubelebung der Gruppen, die – wie gezeigt wird – in der Urgeschichte eine wichtige Bedeutung für das Zusammenleben der Menschen hatten. Die Entstehung der Hierarchie wird dabei über die Zentralisierung von Funktionen auch als eine Machtergreifung der Männer angesehen, die mit „Militär" und „Logik" bestimmte Teilaspekte der Wirklichkeit herausheben und andere – z.B. die weiblichen Dimensionen – vernachlässigen. Zum Schluß wird gezeigt, welchen positiven Sinn Konflikte für die Umstrukturierung von Hierarchien haben können.

**Westdeutscher Verlag**